Lokalisierbarkeit von User-Interface-Strings

Leipziger Studien zur angewandten Linguistik und Translatologie

Herausgegeben von Peter A. Schmitt

Band 16

PETER LANG
EDITION

Alexander Behrens

Lokalisierbarkeit von User-Interface-Strings

Übersetzerische Aspekte der Internationalisierung und Lokalisierung von Software, untersucht anhand der Übersetzungsrichtungen Englisch-Deutsch und Englisch-Russisch

PETER LANG
EDITION

Bibliografische Information der Deutschen Nationalbibliothek
Die Deutsche Nationalbibliothek verzeichnet diese Publikation in der Deutschen Nationalbibliografie; detaillierte bibliografische Daten sind im Internet über http://dnb.d-nb.de abrufbar.
Vorgl.: Leipzig, Univ., Diss. 2015

Umschlagentwurf:
Peter A. Schmitt und Thomas Richter

15
ISSN 1862-7056
ISBN 978-3-631-66194-9 (Print)
E-ISBN 978-3-653-05857-4 (E-Book)
DOI 10.3726/ 978-3-653-05857-4

Peter Lang Edition ist ein Imprint der Peter Lang GmbH.

Peter Lang – Frankfurt am Main · Bern · Bruxelles · New York · Oxford · Warszawa · Wien

Diese Publikation wurde begutachtet.

www.peterlang.com

Zusammenfassung

Mit vorgelegter Arbeit werden erstmals Ursachen für infrastrukturell bedingte Sprachnormverletzungen in humanübersetzten User-Interface-Strings von Computerprogrammen untersucht. Ausgangsproblem sind damit zielsprachliche Defekte, die dem Produktionskontext geschuldet sind und nicht Defiziten in der Sprachkompetenz des Übersetzers. Aus linguistischer Sicht ist das Untersuchungsinteresse dabei auf die Intraphrastik von Ausdrücken gerichtet, aus technischer Sicht insbesondere auf dynamische Zeichenketten, also auf solche, deren syntagmatische Präsentation sich flüchtig zur Laufzeit manifestiert.

Zur Erkundung genannter Defekte werden zunächst die Praxis der Software-Internationalisierung aus linguistischem Blickwinkel beleuchtet und Lokalisierungsbarrieren identifiziert. Mit Letzteren gerät die Untersuchung zwangsläufig auf das Terrain der Software-Lokalisierung und hier einer noch jungen Technik – des *translation scripting*, also des Einsatzes von Scripten bzw. Makros zur logischen Steuerung der zielsprachlichen Ausgabe. Im technologischen Teil der Arbeit wird anhand ausgewählter Architekturen (*Android SDK* und *iOS SDK*; *GNU gettext V.0.18.3.1*; *KDE Framework 5* und *Mozilla L20n*) theoretisch und experimentell gezeigt, dass solche Architekturen für die Planung linguistisch wohlgeformter Ergebnisse in recht unterschiedlichem Maße geeignet sein können.

Die zunächst zur Software-Internationalisierung, sodann zur Software-Lokalisierung angestellten Beobachtungen weisen schließlich den Weg zu einem dritten Themenkreis, namentlich jenem des übersetzerischen Fremd- und Selbstkonzepts und der Positionierung der Übersetzungsleistung im Produktionskontext. Als Befund wird dabei aufgezeigt, dass die bestehenden Rollenbilder im hier betrachteten Segment (kleine Unternehmen und freiberuflich tätige Übersetzer) selbst Lokalisierungsbarrieren schaffen. Zu unterschiedlich sind unter den Erbringern und Empfängern von Übersetzungsleistungen zuweilen die Vorstellungen von den Anforderungen und Möglichkeiten des jeweils anderen Prozessteilnehmers. So verwundert nicht, dass auch Übersetzer mit einschlägigem Abschluss die Bedürfnisse des Lokalisierungsmarkts mehrheitlich verfehlen und mit anderen Anbietern, etwa der Crowd, um eine subalterne Rolle im Lokalisierungsprozess konkurrieren, eine Rolle, in der sie für den Markt nicht sonderlich attraktiv sind und *vice versa*.

Neben solchen mikrosozialen Einflussfaktoren waren ferner makrosoziale Entwicklungen zu berücksichtigen. Denn es passen sich auch Märkte an Produkte an. Dieser hier Assimilation genannte Prozess tritt damit in Konkurrenz zur Lokalisierung, der Anpassung eines Produkts an einen Markt. Von der Entwicklung dieser beiden konkurrierenden Prozesse wird abhängen, ob der Softwarelokalisierungsmarkt Verwendung für Berufsübersetzer haben wird.

Die gewonnenen Erkenntnisse geben schließlich Anlass für eine kritische Auseinandersetzung mit der universitären Ausbildung von Übersetzern.

Abstract

This dissertation is the first-ever paper on the causes of forced linguistic errors in computer program user interface strings translated by humans. These are errors in the target language which are due not to shortcomings in the translator's linguistic competence, but instead to the production context. From a linguistic perspective the focus is on the intraphrastics of expressions, and from a technical perspective on dynamic character strings, i.e. strings whose syntagmatic presentation is volatile and exists only during the runtime of a computer program.

To explore the errors mentioned, first the practice of software internationalization is examined from a linguistic angle and localization barriers identified. With the latter, the examination inevitably enters the territory of software localization, and in particular that of a fledgling technology – *translation scripting*, i.e. the use of scripts or macros to logically control the target-language output. In the technological section of the dissertation, selected architectures (*Android SDK* and *iOS SDK*; *GNU gettext* V.0.18.3.1; *KDE Framework 5* and *Mozilla L20n*) are used to show, both theoretically and experimentally, that the suitability of such architectures for planning linguistically well-formed results can vary somewhat.

The observations made – initially about software internationalization and then about software localization – ultimately point the way to a third subject area, namely that of external concepts and self-concepts of translation, and of the positioning of the translation service in the production context. As a finding, it is shown that the existing role models in the sector under consideration (small businesses and freelancers whose sole or main source of income is from translation) are responsible for creating localization barriers as well. At times, the ideas which providers and recipients of translation services have about the other participant's requirements and capabilities are too divergent. So it is not surprising that the majority of translators, even those with the relevant degrees, fall short of the requirements of the localization market, instead competing with other providers, often from the crowd, for a subordinate role in the localization process, a role in which they are not particularly attractive to the market and vice versa.

Apart from these microsocial factors, the study needs to consider macrosocial trends as well. Indeed, markets also adapt to products. Referred to here as assimilation, this process is thus in competition with localization – the adaptation of a product to a market. Whether the software localization market will continue in future to have a use for professional translators will depend on how these two competing processes develop.

The findings ultimately give rise to thoughts about the future of translation and a critical examination of the university education of translators.

Inhalt

Diese Studie enthält zusätzliche Informationen als Anhang, der von unserer Website heruntergeladen werden kann. Die Zugangsdaten können der letzten Seite dieser Publikation entnommen werden.

Abbildungsverzeichnis

Anhang

Tabellenverzeichnis

1. Einleitung

1.1. Disziplinäre Einordnung der Untersuchung

Disziplinär knüpft die Arbeit an die linguistische und translatologische Forschung an. Zu berücksichtigen ist auch der technologische Kontext, in dem Softwarelokalisierung stattfindet; entsprechend ergeben sich an gegebener Stelle auch informationstechnische Bezüge.

1.2. Kurzcharakteristik des Ausgangsproblems

Im tradierten Arbeitsmodell erfolgt die regionale Anpassung eines Computerprogramms in den zwei Schritten Internationalisierung und Lokalisierung. Einer solchen modellhaften Trennung der Verarbeitungsschritte folgen übereinstimmend u. a. Kano (1995), Esselink (2000a), Schmitz (2000), Yunker (2003), Esch (2003), Beste (2006), Drewer (2006) und Lommel (2007). Während der Ausdruck *Internationalisierung* die architektonische Vorbereitung der Software für eine spätere Lokalisierung meint, steht *Lokalisierung* für die Anpassung der Oberfläche selbst. Internationalisierung ist im Modell ein sprachneutraler Arbeitsschritt; übersetzerische Fragen kommen erst in der Lokalisierungsphase zum Tragen.

Aus der translatorischen Praxis ist indes bekannt, dass bestimmte Übersetzungsprobleme[1] bereits im Internationalisierungsstadium entstehen und im Lokalisierungsstadium nicht mehr gelöst werden können. Auf diese Weise kommt es zu erzwungenen Normverstößen insbesondere in der Morphosyntax, Lexik und Textdarstellung. Vornehmlich betrifft dies die folgenden Anforderungen:

1. Berücksichtigung grammatikalischer Varianzen. Normverstöße zeigen Abbildung 1 und Abbildung 2.
2. Berücksichtigung lexikalischer Varianzen. Einen Normverstoß zeigt Abbildung 3.
3. Anpassung der Formatierung an die Konventionen der Zielkultur (Normverstöße zeigen Abbildung 33 auf S. 70 sowie Abbildung 66 auf S. 101.)

1 Zur Unterscheidung zwischen *Übersetzungsproblem* und *Übersetzungsschwierigkeit* s. Nord 1987:6.

Abbildung 1: Grammatikalisch nicht wohlgeformter Ausdruck im Deutschen, Android 4.1.2 *(Jelly Bean)*

Abbildung 2: Grammatikalisch nicht wohlgeformter Ausdruck im Russischen, Android 4.1.2 *(Jelly Bean)*

Abbildung 3: Lexikalisch nicht wohlgeformter Ausdruck im Deutschen, WAR2 Glory[2]

1.3. Zur Entstehungsgeschichte infrastrukturell bedingter Sprachnormverletzungen in User-Interface-Texten

> Übersetzen war schwere Arbeit, denn es war eine physische Anstrengung, mit einem Tastenhub in der Größenordnung von 10 bis 20 mm überhaupt einen Buchstaben aufs Papier zu bringen, geschweige denn mehrere Buchstaben in gleicher Schwärzung, und dies auch noch einen ganzen Tag lang zu tun. (Schmitt 2004a:55)

Auch wenn Schreiben auf mechanischen Schreibmaschinen nicht dem gängigen Begriff von Schwerarbeit entspricht, so macht dieser Verweis auf die früher ausgeprägt physische Komponente des Übersetzens (die häufig zu entsprechenden Berufskrankheiten wie z. B. Sehnenscheidenentzündungen geführt hat) doch deutlich, welche Revolution sich seither am Übersetzerarbeitsplatz ereignet hat. Diese Revolution manifestierte sich darin, dass traditionelle Medien mit neuen Mitteln effizienter bearbeitet werden konnten. Waren es im Industriezeitalter jedoch noch die Arbeitsmittel, die dem Übersetzer Anpassungsleistungen abforderten, so ist es im Informationszeitalter vor allem der *Botschaftsträger* (Holz-Mänttäri 1984:30), welcher neue Konzepte in der Translation erforderlich macht[3] und die Hersteller von Arbeitsmitteln seinerseits in Zugzwang bringt. In diesem Sinne haben die aktuellen Entwicklungen eine andere Qualität als jene der 1980er Jahre. Dieser von der Translatologie bislang kaum beachtete Aspekt zeichnete

2 Screenshot-Quelle: http://www.war2glory.com/uploads/pics/war2-mmo-strategie-online-spiel-bewerben_02.jpg; Auswahl des Bildausschnitts durch den Verfasser

3 Zu den Spezifika von Texten der Textsorte User Interface siehe S. 55 f.

sich bereits in den 1990er Jahren ab, als sich Bildschirmmedien[4] auch für den Übersetzer zu einem Massenmarkt zu entwickeln begannen. Bis zu dieser Zeit erfolgte die Softwarelokalisierung in der hartcodierten Quelle durch Entwickler-Übersetzer-Tandems oder durch Übersetzer mit Programmierkenntnissen. Ein solcher Werkstatt-Stil – Esch (2003:26) spricht von einer *cottage industry* – erwies sich bald als der Marktentwicklung nicht gewachsen, denn mit dem in den 1990er Jahren einsetzenden Erfolg des Internets stieg der Globalisierungsdruck in der Wirtschaft. Flankiert von der schnellen Verbreitung von *Microsoft Windows 3.1* ab 1992, führte dieser rasch zu einer industrialisierten Nachfrage nach Lokalisierungsleistungen, die mit der bis dahin praktizierten Arbeitsweise nicht mehr bedient werden konnte.

Das in Abschnitt 1.2 charakterisierte Problem resultiert aus der Entwicklung der Softwarelokalisierung zu einem Massenmarkt, einer Entwicklung, die dank zweier Ereignisse eine Zäsur bedeutete:

1. Das erste Ereignis war die industrielle Etablierung eines auf dem *generic coding*[5] basierenden Internationalisierungskonzepts. (Sachse 2005:145 spricht hier allerdings von einem *Lokalisierungskonzept.*)
2. Das zweite Ereignis war die Fragmentierung des Übersetzungsprozesses in der Softwarelokalisierung.[6]

1.4. Die Internationalisierungspraxis als Gegenstand der Übersetzungswissenschaft

Das in Abschnitt 1.2 charakterisierte Problem gewinnt für das Übersetzen mit der fortschreitenden Digitalisierung von Medien und Benutzerschnittstellen an Bedeutung. Deutlich wird dies u. a. an den Entwicklungen der Industrie 4.0 und an der Verlagerung von Aktivitäten des Alltags ins WWW (soziale Netzwerke, E-Commerce) und an der wachsenden Beliebtheit portabler Endgeräte wie Smart-

4 Die Termini *digitale Medien* und *Bildschirmmedien* beziehen sich in vorliegender Arbeit ausschließlich auf solche elektronischen Formate, die nicht, wie dies bei Textverarbeitungs- oder DTP-Formaten der Fall ist, primär für die Druckausgabe geschaffen wurden oder in der Bearbeitungsumgebung eine Printoberfläche simulieren (WYSIWYG). Vielmehr sollen hier unter *digitalen Medien* bzw. *Bildschirmmedien* primär für die Bildschirmausgabe gedachte Informationsangebote verstanden werden, insbesondere Datenausgaben von Computerprogrammen mit Mensch-Computer-Interaktion (HCI).

5 s. hierzu S. 30

6 Näheres hierzu auf S. 148 f., S. 161 und S. 171 f.

phones und Tabletcomputer. Immer mehr Alltagsgeräte, haustechnische Systeme, Arbeits- und Produktionsmittel sind mit digitaler Technologie ausgestattet und kommunizieren nicht nur untereinander, sondern auch mit dem Menschen. Infolge der Durchdringung aller Lebensbereiche mit digitaler Technik wird Software daher längst nicht mehr nur für PC-Anwender lokalisiert, sondern für praktisch alle Teilhaber an der Industrie- und Informationsgesellschaft.

Für die Gewinnung empirischer Daten wurden für die vorgelegte Arbeit an geeigneter Stelle Umfragen durchgeführt, jeweils eine unter *Text-Applikatoren* (Holz-Mänttäri 1984:109), d. h. IT-Unternehmen, und eine unter Übersetzern. (Mehr zu den Umfragen s. Abschnitt 1.8.) Für das hier betrachtete Segment kleiner Unternehmen zeigte die Befragung von Text-Applikatoren (Abbildung 4), dass der Markt aktuell von Webanwendungen (27,9 %), Desktop-Software (25,5 %), mobilen Apps (17,6 %) und Datenbanken (ebenfalls 17,6 %) angeführt wird, während Firmware mit 6,1 % ungeachtet ihrer starken Verbreitung in der Alltagstechnik in diesem Segment eine untergeordnete Rolle spielt.

Abbildung 4: „Welche Produkte entwickeln Sie?"; Ergebnis der Umfrage unter Text-Applikatoren, Multiple Choice

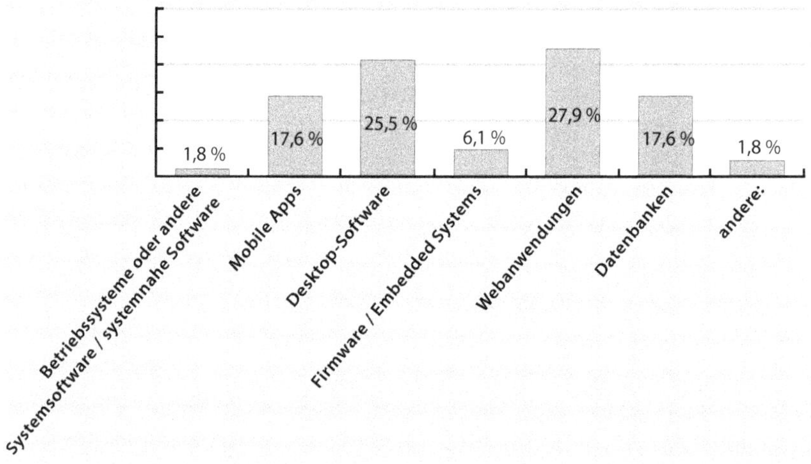

andere:

- *ERP-Systeme (2 x)*
- *Service-orientierte Architekturen (client-server-Betrieb)*
- *Serverapplikationen*
- *Industrielle Software*
- *Schnittstellen*

Mit der Industrie 4.0, so darf angenommen werden, steht die Gesellschaft erst am Anfang eines Umwälzungsprozesses, der auch den Beruf des Übersetzers erfassen wird. Dabei ist sicher dem Erfolg Deutschlands als traditionelles Industrieland zu verdanken[7], dass die digitale Revolution in diesem Land noch nicht die Dynamik erreicht hat, wie sie in den USA zu beobachten ist. Während 2013 die Umsätze des verarbeitenden Gewerbes in Deutschland 1,74 Billionen Euro[8] erreichten, konnte die IT-Branche dort nur 16,99 Milliarden Euro[9] umsetzen.

Langfristig wird die Industrie 4.0 sich nicht darauf beschränken, bestehende Bedürfnisse der modernen Gesellschaft zu erfüllen, sondern ihrerseits einen Technologiedruck (*technology push*) erzeugen, der sich schlicht aus der Vielzahl ihrer Möglichkeiten ergibt. Eine zentrale Sorge des IT-Markts besteht schon heute darin, für geschaffene Mittel einen vermarktbaren Zweck zu finden. Umso stärker wird die Dynamik in solchen Zweigen ausfallen, in denen passende Bedürfnisse schon heute da sind. Zu diesen Zweigen gehört ganz sicher die Sprachverarbeitung.

Neben der digitalen Revolution lässt aber auch die Globalisierung zumindest vorübergehend einen steigenden Bedarf an Lokalisierungsleistungen erwarten. Eine Prognose bis zum Jahr 2018 zeigt Abbildung 5. Mit voranschreitender Sättigung der Binnenmärkte ist die Vitalität von Unternehmen immer stärker an die erfolgreiche Erschließung von Auslandsmärkten geknüpft. Dies gilt gewiss auch für Deutschland. Mit einem monatlichen Exportvolumen von zuletzt (Dezember 2014) 90,1 Milliarden Euro[10] bzw. 111,2 Milliarden Dollar[11] ist die Bundesrepublik nach China und den Vereinigten Staaten die derzeit drittgrößte Exportnation der Welt[12], gleichzeitig jene mit dem weltweit höchsten Exportüberschuss (2014: 7,5 Prozent der Wirtschaftsleistung).[13]

---

7 s. hierzu Reiter

8 Quelle: Statistisches Bundesamt; VCI; hier zitiert nach „Umsätze der wichtigsten Industriebranchen in Deutschland im Jahr 2013 (in Milliarden Euro)“

9 Quelle: Lünendonk, hier zitiert nach „Umsatz von Unternehmen im Bereich IT-Services in Deutschland in den Jahren 2012 und 2013 (in Millionen Euro)“

10 Quelle: Statistisches Bundesamt, zitiert nach Statista GmbH – vgl. „Wert der deutschen Exporte von Dezember 2013 bis Dezember 2014 (Originalwerte in Milliarden Euro)“

11 Quelle: WTO – s. „Monthly merchandise trade value“; dieser Wert korrespondiert mit dem vom Statistischen Bundesamt herausgegebenen, wenn man den Wechselkurs vom 17.12.2014 zugrunde legt.

12 „Monthly merchandise trade value“

13 „Ifo-Berechnung: Deutschland hat weltweit höchsten Exportüberschuss“

Abbildung 5[14]*: Umsatz der Übersetzungsbranche in Deutschland von 2009 bis 2012*[15] *und Prognose bis zum Jahr 2018*[16] *(in Millionen Euro)*

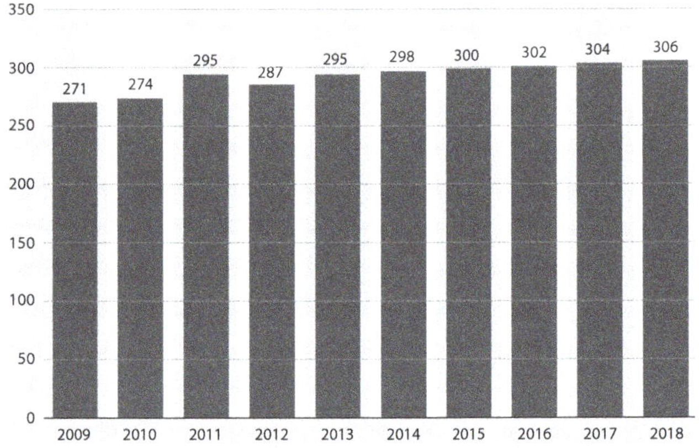

Doch bedeutet die wachsende Verbreitung digitaler Medien in einer Exportnation wie Deutschland auch tatsächlich einen wachsenden Lokalisierungsbedarf und damit eine Veränderung des Übersetzungsmarkts? Für die Beantwortung dieser Frage wurden im nächsten Schritt die Text-Applikatoren gebeten anzugeben, wie viel Prozent der von ihnen entwickelten Software lokalisiert wird (Abbildung 6).

Abbildung 6: „Ca. n *% der Software, die wir entwickeln, wird auch in weitere Sprachen lokalisiert". Umfrageergebnis*

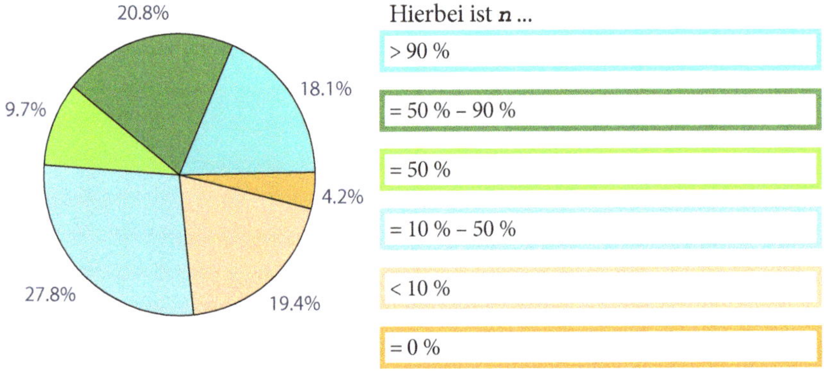

14 Bildquelle und Urheberrecht: Statista GmbH 2015

15 Quelle: Statistisches Bundesamt

16 Quelle: Statista GmbH

Drei Viertel der befragten Unternehmen lokalisieren also tatsächlich mindestens 10 % der von ihnen entwickelte Software. Vergleichbar mit dem Ergebnis in Abbildung 4 (entwickelte Softwarearten, Befragung von Entwicklern) ist das in Abbildung 7 dargestellte Ergebnis (lokalisierte Softwarearten, Befragung von Übersetzern):

Abbildung 7: „Welche Software lokalisieren Sie?"; Ergebnis der Umfrage unter Übersetzern, Multiple Choice

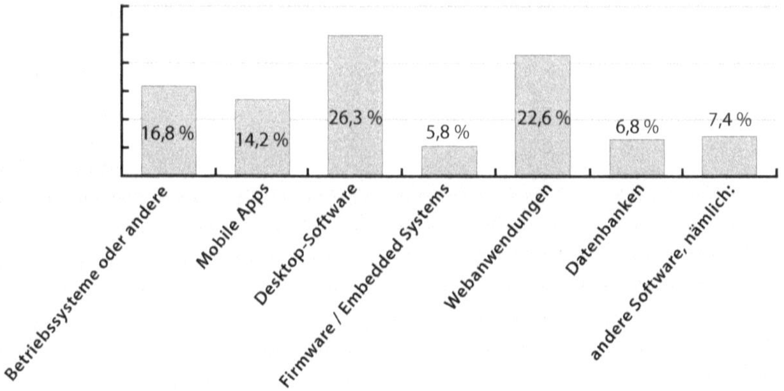

andere:

- *Videospiele (3 x)*
- *Anwendersoftware für die Gerätemedizin*
- *Computerspiele*
- *CAD-Software*
- *Unternehmenssoftware*
- *CRM-/ERP-Software*
- *CRM, ERP*
- *Anwendungssoftware (u. a. Maschinenbau)*
- *Steuerungssoftware*
- *programme für industrieanlagen*
- *Geoinformationssysteme (GIS) bzw. spezielle GIS-Fachanwendungen*
- *Spiele*

Ein überraschend hoher Anteil ergibt sich bei den Übersetzern mit 16,8 % allerdings für die Produktgruppe der Betriebssysteme / Systemsoftware. In der Befragung der Entwickler war diese Produktgruppe mit nur 1,8 % vertreten. Zur

Erklärung dieser Differenz mögen die in Abbildung 99 auf S. 156 dargestellten Antworten beitragen, aus denen geschlossen werden muss, dass die befragten Anbietergruppen (Text-Applikatoren vs. Übersetzer) zumindest teilweise unterschiedliche Märkte bedienen.

Speziell auf den Übersetzungsbedarf in der Softwarelokalisierung abzielende Statistiken fehlen bislang, dies womöglich, weil es keinen eingrenzbaren Gegenstand gibt, mit dem sich Statistiken beschäftigen könnten. Vielmehr wird die Lokalisierung häufig als Zuarbeit für die Entwicklung organisiert, wobei die Rollenverteilungen und Übergabepunkte zwischen einzelnen Arbeitsschritten von Projekt zu Projekt stark variieren können. So schreibt Esch (2003:27):

> Verlässliche Daten hinsichtlich Größe, Wachstum und Umsatz der Lokalisierungsbranche sind aufgrund der ungenauen Abgrenzung und globalen Verteilung schwer zu ermitteln.

Auch Kemmann (2005:18) beschreibt den Lokalisierungsmarkt als „undefiniert, diffus und gegenüber benachbarten Segmenten überdurchschnittlich unklar abgegrenzt".

Trotz dieser Undefiniertheit lassen sich zwei deutlich abgrenzbare Klassen an Übersetzungsproblemen nennen, die beide zu einem prozedural bedingten Kontrollverlust seitens des Übersetzers führen. Diese zwei Klassen lassen sich unmittelbar aus den zwei auf S. 3 genannten Ereignissen ableiten.

1. Aus übersetzerischer Sicht erwies sich die Internationalisierungspraxis, wie sie sich spätestens in den 1990er Jahren durchgesetzt hatte, als kontraproduktiv, weil durch das *generic coding*[17] alle Zielsprachen einer einheitlichen logischen Verarbeitung unterworfen wurden, die dann naturgemäß nach den Bedürfnissen der Ausgangssprache erfolgte. Die Paradoxie einer solchen Praxis besteht also darin, dass das *localization enablement*, wie die Internationalisierung mithin auch genannt wird, Lokalisierungsbarrieren hervorbrachte. Ausführlich wird dieses Problem auf S. 94 f. behandelt.
2. Durch eine Zerlegung des Übersetzungsprozesses in scheinbar mechanisch absolvierbare Teilschritte kommt es zu einem Kompetenzverlust seitens des Übersetzers. Auf dieses Problem wird u. a. auf S. 157 f., S. 171 und S. 181 f. näher eingegangen.

Obwohl die starke Verbreitung von Sprachnormverletzungen in Softwareoberflächen selbst dem Laien auffallen muss[18], hat die translatologische bzw. transla-

17 siehe hierzu S. 30
18 s. Abbildung 1 und Abbildung 2 auf S. 22

tionsnahe Literatur sich für die dahinter stehenden Übersetzungsprobleme über Jahrzehnte hinweg nicht interessiert. Selbst Arbeiten wie Göpferich (2002), deren Forschungsinteresse direkt der Globalisierung gilt, klammern Probleme aus, die durch die Internationalisierungs- und Lokalisierungspraxis entstehen.

Wo jedoch Übersetzungsprobleme mit bestehenden Methoden nicht gelöst werden können, ist die Übersetzungswissenschaft gefordert.

1.5. Zielsetzung

Während die Informationstechnologie etliche Anstrengungen zur Gewährleistung wohlgeformter Sprachausgaben unternommen hat, blieb die Translatologie eine Beschäftigung mit den Spezifika der Übersetzung von User-Interface-Texten bislang schuldig. Mit dem Konzept des *translation scripting*[19], also der Idee, Übersetzungen dynamischer Texte mit kleinen Scripten zu planen, stellt die Praxis speziell für die Arbeit mit User-Interface-Texten, aber auch für das in der translatorischen Literatur bislang unbeachtete Problem der Fragmentierung des Gesamtablaufs Internationalisierung / Lokalisierung seit Jahren schon technologische Lösungen bereit; entsprechend überfällig erscheint eine Diskussion der Thematik auch aus übersetzerischer bzw. translatologischer Sicht.

Vorliegende Arbeit hat das Ziel, die Ursachen infrastrukturell bedingter Sprachnormverletzungen zu identifizieren und Methoden zur Sicherstellung morphosyntaktisch und lexikalisch wohlgeformter Übersetzungsergebnisse vorzuschlagen. Dies erfolgt exemplarisch für die Übersetzungsrichtungen Englisch-Deutsch und Englisch-Russisch am Beispiel der Software Development Kits[20] (SDK) *Android SDK* und *iOS SDK*, ferner der Lokalisierungsbibliothek *GNU gettext* V.0.18.3.1[21] sowie der Frameworks *KDE Framework 5* und *Mozilla L20n*.

Hierfür sind zunächst die beobachteten Sprachnormverletzungen unter Zugrundelegung der im Feld und in der (vorwiegend nichtwissenschaftlichen) Fachliteratur etablierten Begriffe und Strategien herzuleiten und für den Zweck der Arbeit in ein einheitliches System zu bringen.

---

19 Dieser Terminus wurde von Chusslove Illich (Belgrad) für das das *KDE Framework 5* geprägt (s. „Localization/Concepts/Transcript“). In einem älteren Beitrag verwendet derselbe Autor zunächst den Ausdruck *Programmable UI translations* (s. „Programmable UI translations“).

20 Zur Erläuterung des Terminus s. Glossar.

21 s. “GNU ‘gettext’ utilities”; Quellcode: http://ftp.gnu.org/pub/gnu/gettext/gettext-0.18.3.1.tar.gz

Ausgehend hiervon soll ermittelt werden, welche Bedingungen vorliegen müssen, damit textuelle UI[22]-Inhalte lokalisiert werden können, dergestalt, dass hieraus Lösungen abgeleitet werden können oder anderenfalls die Nichtbehebbarkeit der Sprachnormverletzungen konstatiert werden kann.

Da die Lokalisierbarkeit von UI-Inhalten u. a. von den eingesetzten Lokalisierungstechnologien abhängt und damit an entsprechende Medienkenntnisse geknüpft ist (Medien hier i. S. v. Botschaftsträgern gem. Holz-Mänttäri 1984:30), sollen einschlägige Anforderungen an die Translationskompetenz beleuchtet und in diesem Sinne auch Grundlagen für die Didaktisierung der Softwarelokalisierung in der universitären Lehre geschaffen werden.

Als übergeordnetes Ziel kann genannt werden, dass ein Beitrag zum Abbau der schon von Prunč (1997:104) beklagten und auch heute noch bestehenden „Diskrepanzen zwischen den Anforderungen der Berufswelt und der realen Qualifikation der Translatoren" geleistet werden soll.

1.6. Zu beantwortende Fragen

Damit das Ziel vorgelegter Arbeit erreicht werden kann, sind als Ausgangspunkt die folgenden Fragen zu stellen:

1. Welche Mechanismen sind für die zu untersuchenden Sprachnormverletzungen in grafischen Benutzeroberflächen verantwortlich?
2. Lassen sich diese Mechanismen durch strukturelle Maßnahmen (etwa durch Etablierung standardisierter Prozesse oder durch Bereitstellung geeigneter Toolchains[23]) anpassen, dergestalt, dass Sprachnormverletzungen vermieden werden können?
3. Welche universellen Bedingungen kann man für die Lokalisierbarkeit von UI-Texten formulieren?

1.7. Quellen und Methoden

In der Übersetzungswissenschaft existieren zum Thema noch keine qualifizierten Untersuchungen, sodass mit vorgelegter Arbeit zunächst Grundlagen zu schaffen sind. Mit Blick auf deren interdisziplinären Charakter ist an Einzelergebnisse aus unterschiedlichen Forschungsdisziplinen anzuknüpfen, namentlich aus

---

22 Abkürzung für *user interface* (Benutzerschnittstelle); zur Verwendung des Terminus s. Glossar.

23 Zum Terminus *Toolchain* s. im Glossar auf S. 289 des Anhangs.

der Übersetzungswissenschaft, der Sprachwissenschaft und der Informatik. Auf Letztere gehen die hier verwendeten Grundbegriffe des *GILT*[24]-Begriffssystems und der Schichtenmodellierung zurück. Auf informationstechnischer Seite bildet die anerkannte Praxis den Ausgangspunkt. Auf translatorischer Seite ist neben übersetzungswissenschaftlicher Literatur auch die translationsnahe Literatur zu konsultieren. Eine wichtige Basis bieten dabei anwendungsorientierte Beiträge zu den folgenden Teilproblemen:

- Fragmentierung von Ausdrücken bzw. Verkettung von Strings. Diskussionsbeiträge liefern u. a. Esselink (2000a:24), Savourel (2001:279), Vine (2002:17), Horvath (2007:3), Yunker (2007:181), Akkaş (2010), Lorenz (2010) und Massion (2011:19). Quellen aus der Praxis sind u. a. „String-Related Issues", „Mozilla Localizability Guidelines", „Autodesk Maya Plugin Internationalization White Paper", hier s. 8, und „Qt Internationalization".
- Begriffs- vs. Benennungsorientierung in Ressourcen. Hierzu äußern sich Vine (2002:17) sowie Massion (2011:17); thematisiert wird dies auch in „Mozilla Localizability Guidelines".
- Valenz bei Numerusformen. Siehe hierzu Best et al. (2008:17). Quellen aus der anwendungsorientierten Literatur sind u. a. "Localization and Plurals", "Language Plural Rules", "Translation Rules for Plurals", "ngettext", "11.2.6 Additional functions for plural forms", "Writing Source Code for Translation" und "Склонение существительных с числительными".
- Internationalisierung von Strings, hierzu äußert sich Vine (2002:17).

Ausführlich haben sich translationsnahe Fachperiodika wie *MultiLingual*[25], *technische kommunikation*[26] und *MDÜ*[27] mit der Internationalisierung und Lokalisierung digitaler Medien auseinandergesetzt, dies zumindest bis in die ersten Jahre nach der Jahrtausendwende. In diese Periode fallen auch Monografien und Sammelbände wie Esselink (2000c), Schmitz / Wahle (Hrsg.)(2000), Yunker (2003), Reineke / Schmitz (Hrsg.)(2005) und Beste (2006). Schon bald aber schien das Thema erschöpft, und die Beiträge wurden seltener.

Wenn der technologische Teil der Arbeit sich auf die englischsprachige Literatur konzentriert, so soll hieraus nicht abgeleitet werden, dass anglophone Volkswirt-

24 Das Initialwort *GILT* steht für *Globalisierung-Internationalisierung-Lokalisierung-Translation*.

25 http://www.multilingual.com/issueDetail.php (15.12.2014).

26 http://www.tekom.de/publikationen/technische-kommunikation.html (15.12.2014)

27 http://www.bdue-fachverlag.de/fachverlag/fachzeitschrift (15.12.2014).

schaften immer noch[28] die Technologie anführen; doch ist es auf informationstechnischem Gebiet teilweise beim Englischen als Lingua franca geblieben.

Einen empirischen und theoretischen Vorlauf bei der Erkundung solcher Probleme hat die vergleichende Sprachwissenschaft geleistet, insbesondere die Sprachtypologie in Arbeiten wie Sapir (1949^2)(1921) oder Greenberg (1960). Die Sprachtypologie stützt sich auf umfängliche Textkorpora sehr unterschiedlicher Sprachen und kann auf eine lange Tradition der Theoriebildung zurückblicken.

In der klassischen Phase, deren Anfänge bei von Humboldt (1836), mitunter aber auch schon früher[29] gesehen werden, versuchte man, den Sprachen der Welt unäre morphologische Typen zuzuweisen, also solche, die mit einem (einteiligen) Attribut wie *analytisch, isolierend, fusionierend* oder *flektierend* gekennzeichnet wurden.[30] Diese damals gefundenen Sprachtypen stellten sich jedoch bald als allzu modellhaft, zuweilen wohl auch reichlich wertend[31] heraus. Termini wurden in der Geschichte der Sprachtypologie zudem uneinheitlich verwendet.[32] Spätestens mit Sapir (1921) galten die holistischen Ansprüche der Romantiker als veraltet (Bossong 2001:251), woran auch der Begriff der *Typenmischung* (Kuhn 1977:13) nichts mehr zu ändern vermochte. Statt Sprachen zu typisieren, begann man im 20. Jahrhundert, einzelne Parameter zu identifizieren und zu vergleichen. Mit solchen Parametern hat die Sprachtypologie ein Instrumentarium für den über-

28 Dass dies durchaus einmal so war, hat Spuren auch in der jüngeren Literatur hinterlassen, in der *English* häufig metonymisch für den Begriff der Ausgangssprache in der Softwarelokalisierung steht.

29 Greenberg (1974) setzt bei den Schlegel-Brüdern an (von Schlegel 1808 und von Schlegel 1818), Coseriu (1970) bei Smith (1767). Vor einer allzu willkürlichen Datierung der Anfänge der Sprachtypologie warnt Skalička (1958:312). Frühe (durchweg morphologische) Ansätze sind in Smith / Coseriu (1970) und von Schlegel (1808) sowie, an Letzteren anknüpfend, in von Schlegel (1818) anzutreffen; entwickelte morphologische Typologien entstanden u. a. mit von Humboldt (1836), verstärkt im 20. Jahrhundert dann mit Sapir (1921), Skalička (1966) (Prager Schule) und Кузнецов (1956).

30 Universalistische Überlegungen wurden allerdings schon in der Vorgeschichte, namentlich in spekulativen (u. a. Petrus Helias), später modistischen (hier u. a. Roger Bacon und Robert Kilwardby, sodann auch Thomas von Erfurt) und allgemeinen Grammatiken (hier v. a. Antoine Arnauld) angestellt (Lehmann 2002:6 f.).

31 Siehe etwa von Humboldt (1836:130), wo agglutinierenden Sprachen attestiert wird, der „Schwäche des innerlich organisierenden Sprachsinnes" zu entspringen. Zur Wertung sprachlicher Evolution in der Geschichte äußert sich auch Sgall (1979:4 f.).

32 Siehe hierzu überblickshalber Vennemann (1982:327 f.)

einzelsprachlichen morphosyntaktischen Vergleich bereitgestellt und hier konkret für die Beantwortung der Frage, mit welchen Klassen von Veränderungen beim Sprachsystemwechsel überhaupt gerechnet werden muss. Orientierung bieten etwa die von Sapir (1949^{2}:61 f.) identifizierten, die Topologie und Morphologie tangierenden Kodierungsstrategien (*grammatical processes*):

1. (Differenzierung durch) Wortstellung (ebenda, S. 62 f.)
2. Komposition (ebenda, S. 64 f.)
3. Affigierung (ebenda, S. 67 f.)
4. Stammmodifikation oder Modifikation eines grammatischen Elements, darunter auch quantitative Prozesse wie Vokallängung oder Vokalkürzung und Konsonantenverdopplung (ebenda, S. 73 f.)
5. Verdopplung von Stammelementen (ebenda, S. 76 f.)
6. Akzentwechsel (Betonungs- oder Tonwechsel) (ebenda, S. 78 f.)

Die linguistische Übersetzungswissenschaft (Übersetzungslinguistik, Translationslinguistik, linguistisch orientierte Übersetzungstheorie) arbeitet wie die kontrastive Linguistik am konkreten Sprachkontakt, denkt dabei jedoch direktional bzw. prozedural, es gibt also eine Ausgangs- und eine Zielsprache. Wilss (1992:182) spricht folgerichtig von *Transferregularitäten*. Ziel der linguistischen Übersetzungswissenschaft ist u. a., auf der Grundlage von *Übersetzungseinheiten* (Kade 1968:89) aus verallgemeinerbaren strukturellen Operationen[33] eine Art *Technik des Übersetzens* (Friederich 1977) abzuleiten. Dabei haben sich innerhalb der linguistischen Übersetzungswissenschaft etliche Gegenstände herausgebildet, zu deren wichtigsten Koller (2004:185) die folgenden zählt: Morphologie und Syntax, Phraseologie, Lexikologie, Semantik, Text- und Pragmalinguistik, Soziolinguistik, Stilistik und Psycholinguistik. Gleichwohl geht es in der Softwarelokalisierung nicht nur um Transformationsregeln, wie sie in Arbeiten wie Фёдоров (1958:179 f.), Jakobson (1959), Jumpelt (1961), Nida (1964), Catford (1965), Koschmieder (1965), Kade (1968), Friederich (1977^{2})(1969), Jäger (1975), Diller / Kornelius (1978), aber auch in relativ späten Arbeiten wie Newmark (1988) und Wilss (1992) noch Thema waren, sondern um intralinguale Prozesse.

Bei der Behandlung translationssoziologischer Aspekte bezieht sich die Untersuchung in erster Linie auf Prunč (1997, 2005, 2008 und 2012) und Beste (2006),

33 Für diese Operationen konnte die Literatur sich nicht auf eine einheitliche Terminologie einigen. Verbreitete Termini im Deutschen sind *Übersetzungsverfahren*, *Übersetzungsprozess*, *Übersetzungsprozedur*, *Transpositionstyp*, *Umformungsgesetz* etc. Zur Terminologie s. auch Henschelmann (2004) sowie Schreiber (1993:212 f.).

ebenso aber auch auf Diskussionen aus Fachperiodika, hier López-Ebri (2004), Beste (2006:60), Imhof (2010:2), Kruse (2014) und Rösner (2014).

Für eine Erkundung der genannten Probleme sind sowohl theoretische als auch empirische Methoden hinzuzuziehen.

Eine theoretische Herangehensweise ist nötig, weil die Frage nach der Lokalisierbarkeit von User-Interface-Strings nur im Kontext sehr unterschiedlicher Faktoren (Hart- und Software-Plattform, SDK[34], verwendetes Lokalisierungsframework, Ausgangs- und Zielsprache) beantwortet werden kann.[35] Durch die Vielfalt dieser Faktoren und deren gegenseitige Abhängigkeit käme es unweigerlich zu einer kombinatorischen Explosion möglicher Szenarien, die eine Theoriebildung auf empirischem Wege unmöglich macht. Das Wort *Software* im Singular sollte hier nicht zu der Vorstellung verleiten, Software sei etwas geschlossenes Ganzes. Tatsächlich können sich hinter einer Bedienungsoberfläche mannigfaltige Architekturen und Abhängigkeiten verbergen, was der Anwender (wie in Abbildung 76 auf S. 108) nur im Fehlerfall zu spüren bekommt. Selbst ein und dieselbe Software kann sich auf unterschiedlicher Hardware unterschiedlich verhalten. Überdies befindet sich die digitale Revolution noch im Anfangsstadium; sie kann ihre Auswirkungen auf das Übersetzen als Beruf also noch nicht voll entfaltet haben. Die gewünschten Erkenntnisse können daher nur projektiv durch Einordnung der Übersetzungsleistung in den Produktionskontext und in die gesellschaftliche Entwicklung gewonnen werden. Die theoretische Leistung muss hier darin bestehen, einschlägige technologische (Kapitel 4) und translationssoziologische (Kapitel 5) Sachverhalte gegenüberzustellen und hieraus Schlussfolgerungen zu ziehen.

Eine empirische Herangehensweise ist erforderlich, weil bislang weder Daten zu den Prozessteilnehmern noch Daten zum Markt im nötigen Umfang vorliegen, sodass diese erhoben werden müssen. Dies gilt umso mehr, als die wissenschaftliche Literatur zur hier untersuchten Problematik bislang noch keinen Beitrag geleistet hat und die übersetzungstheoretisch ermittelten Befunde, vornehmlich jene, die die Lokalisierbarkeit dynamischer Strings[36] betreffen, experimentell zu verifizieren / zu falsifizieren sind.

34 Software Development Kit; zum Terminus s. Glossar.

35 Näheres zu solchen Faktoren s. S. 189 f. und S. 203 f.

36 Zeichenketten; zur Wortbedeutung s. Glossar auf S. 287 des Anhangs

Da das von einem Programm verwendete Ressourcen-Format weniger von der Programmiersprache abhängt als von der Entwicklungsumgebung, soll die Untersuchung in Abschnitt 4.2 von zwei SDK[37] ausgehen, namentlich von den folgenden:

- Android SDK. *Android* ist mit einem Marktanteil von 51 % das am stärksten verbreitete Betriebssystem[38].
- iOS SDK. *iOS* ist mit einem Marktanteil von 40,8 % das am zweitstärksten verbreitete Betriebssystem[39].

Hierüber hinaus existieren aber auch Technologien, die als Erweiterungen bestehender Plattformen speziell für die Lokalisierung dynamischer Strings konzipiert wurden; von diesen sollen Abschnitt 4.2 die folgenden untersucht werden:

- GNU gettext V.0.18.3.1. *gettext* ist als Basisfunktionalität im Betriebssystem von Linux, aber auch dank verfügbarer Sprachanbindungen die weltweit am stärksten verbreitete Lokalisierungsbibliothek.
- KDE Framework 5 (Qt). Das *KDE Framework 5* war mit dem Veröffentlichungsjahr 2008 die erste unter GPL[40] nutzbare Architektur, die das Scripten von Übersetzungen (*translation scripting*) erlaubte und damit dem Übersetzer ein Mittel zur logischen Steuerung der zielsprachlichen Ausgabe in die Hand gab. Als Teil von *Qt*, einer für C++ geschriebenen Klassenbibliothek, ist das *KDE Framework 5* plattformübergreifend einsetzbar. Das *KDE Framework 5* verwendet *gettext*-Ressourcen.
- L20n-Framework (Gecko). L20n ist die erste und bislang einzige unter GPL-Lizenz nutzbare Architektur zum Scripten von Übersetzungen, die native Ressourcen verwendet.

Konsultationscharakter und damit empirischen Charakter haben der Austausch über Foren und Mailinglisten sowie die mündliche Diskussion mit IT-Konsultanten im Feld.

1.8. Felderhebungen

Für die Gewinnung fehlender Felddaten wurden zwei Umfragen durchgeführt, jeweils eine unter Text-Applikatoren, d. h. IT-Unternehmen, und eine unter Übersetzern. Für eine bessere Handhabbarkeit der Ergebnisse sind dabei Single-Choice- und Multiple-Choice-Fragen zum Einsatz gekommen. Diese Beantwor-

---

37 *Software Development Kit*; zum Terminus s. Glossar auf S. 285 des Anhangs.
38 Stand: Juli 2015; s. „Android festigt Vorherrschaft im Mobile Web"
39 Stand: Juli 2015; s. „Android festigt Vorherrschaft im Mobile Web"
40 Abkürzung für *General Public License*.

tungsmethoden gewährleisteten ausreichend differenzierte und mit praktikablem Aufwand auswertbare Ergebnisse. Da von den Befragten nicht erwartet werden konnte, dass sie die Analyse ihrer Haltungen selbst vornehmen, aber auch, um eine Verfälschung der Antworten durch „Erwünschtheitsreaktionen“ zu vermeiden, wurde der Fokus der betreffenden Fragen an gegebener Stelle auf sekundäre Indizien gerichtet, dies etwa in Form klischeehafter Statements, die im Single-Choice-Verfahren vorgelegt und ausgewertet werden konnten. Für die Ausformulierung solcher Statements standen untersuchungsrelevante Stereotype Pate, wie sie in der einschlägigen Literatur und im Austausch mit Angehörigen des betreffenden Fachs (d. h. Softwareingenieuren und Übersetzern) anzutreffen sind. Gleichwohl wurde jeweils für den Fall, dass der Teilnehmer sich mit keinem Statement identifizieren konnte, die Möglichkeit bereitgestellt, auf einen frei formulierten Kommentar auszuweichen. Als Umfragemedium kam eine gewerbliche Serversoftware[41] mit Webinterface zum Einsatz, weil angenommen wurde, dass ein solches Medium sich in der Zielgruppe einer besonders großen Akzeptanz erfreut; überdies konnte die Erhebung durch die elektronische Form algorithmisch und entsprechend kurz gestaltet werden. Die Auswertung der Umfrage einschließlich der Visualisierung der Ergebnisse erfolgte ebenfalls durch diese Software. Die Erhebung erfolgte aus den folgenden Gründen anonym:

- Es bestand nicht die Notwendigkeit einer Identifikation des Teilnehmers.
- Es wurden Daten abgefragt, die als Betriebsgeheimnis hätten eingestuft werden können.
- Es wurden Fragen gestellt, die u. U. als Wissensprüfung hätten empfunden werden können.
- Es wurden Wertungen abgefragt, die u. U. individuell internalisierten Erwünschtheitserwartungen unterworfen waren und entsprechend einem gewissen Verfälschungsrisiko unterlagen, das bei anonymer Befragung niedriger ausfallen dürfte.

1.8.1. Erhebung unter Text-Applikatoren

Ziele dieser Erhebung waren die folgenden:

- ermitteln, welche Erwartungen an Übersetzer gerichtet werden
- ermitteln, welches Fremdkonzept[42] vom Übersetzen auf dem Softwarelokalisierungsmarkt wirksam ist

41 s. „Online Umfragen kostenlos erstellen, durchführen und auswerten“
42 Zur Definition dieses Terminus s. S. 182 f.

Befragt wurden insgesamt 76[43] kleine Unternehmen (von 200 kontaktierten – Rücklaufrate 38 %) mit 1 bis 35 Mitarbeitern und Sitz in Deutschland. Diese Eingrenzung wurde getroffen, weil die Abläufe großer, mit eigenen Lokalisierungsabteilungen ausgestatteter Unternehmen wegen der dort anzutreffenden hohen Granularität der Arbeitsprozesse auf den freien Markt nicht zwangsläufig übertragen und ohne Mitwirkung des betreffenden Unternehmens auch nicht abgebildet werden können. Motivierend für die Wahl war ferner, dass die großen Softwareproduzenten sich an einer Offenlegung eigenen Wissenskapitals für die vorliegende Untersuchung nicht ausreichend interessiert gezeigt haben.

Auf S. 243 f. des Anhangs werden der Wortlaut der Umfrage dokumentiert und die Auswahl der Fragen begründet.

1.8.2. Erhebung unter Übersetzern

Ziele dieser Erhebung waren die folgenden:

- ermitteln, welche Rolle Übersetzer aus ergonomischer und unternehmerischer Sicht in Lokalisierungsprozessen einnehmen
- ermitteln, welche Innensicht auf das Qualifikations- und Berufsbild des Übersetzers vorherrscht

Befragt wurden insgesamt 98[44] überwiegend freiberuflich tätige Übersetzer (von 200 kontaktierten – Rücklaufrate 49 %), die Lokalisierungsleistungen anbieten.

Wo Perspektiven miteinander verglichen werden sollten, waren gleiche oder ähnliche Fragen sowohl von Text-Applikatoren als auch von Übersetzern zu beantworten. Dabei ist einzuräumen, dass die befragten Übersetzer in den Antworten der Text-Applikatoren mit nur 18,8 % zu Buche schlagen[45] bzw., umgekehrt, die Antworten der Text-Applikatoren sich zu 81,2 % auf andere Anbieter als die hier berücksichtigten beziehen.

Im Anhang, S. 256 f., werden der Wortlaut der Umfrage dokumentiert und die Auswahl der Fragen begründet.

---

43 Da die Befragung Weichen enthielt, können Auswertungen einzelner Fragen auf einer niedrigeren Anzahl Antworten basieren.

44 Da die Befragung Weichen enthielt, können Auswertungen einzelner Fragen auf einer niedrigeren Anzahl Antworten basieren.

45 s. Abbildung 99 auf S. 156

1.9. Struktur und Darstellungsweise

Nach der Einleitung (Kapitel 1) und der Aufstellung der Arbeitshypothesen (Kapitel 2) sollen in Kapitel 3 zunächst zugrundeliegende Begriffe vorgestellt und in ein Begriffssystem gebracht werden. Die in Abschnitt 1.2 vorgestellten Sprachnormverletzungen werden im weiteren Verlauf der Arbeit mit Blick auf technologische (Kapitel 4) und sozioökonomische (Kapitel 5) Kontextfaktoren erkundet.

Nach einem Zwischenfazit in Kapitel 6 sollen in Kapitel 7 aus den gewonnenen Erkenntnissen Rückschlüsse für die universitäre Ausbildung von Übersetzern gezogen werden.

Durch die Interdisziplinarität der Untersuchung bei gleichzeitiger Verwandtschaft der Disziplinen Linguistik und Informationstechnik ist eine gemischte Verwendung von polysemen Ausdrücken aus den Fachgebieten Translatologie / Linguistik auf der einen Seite und Informatik auf der anderen nicht immer zu vermeiden. Dies betrifft Wörter wie *Sprache, Übersetzen, Skript, Objekt, Argument* usw. Um dieser Interdisziplinarität Rechnung zu tragen, wird im Anhang auf S. 263 f. ein Glossar mit Fachausdrücken aus der Translatologie bzw. translatorischen Praxis und der Informatik bereitgestellt. Darin soll für Angehörige des jeweils komplementären Fachs die hier vorliegende Verwendung der betreffenden Termini in möglichst gemeinsprachlicher Form verständlich gemacht werden.

Quelltext wird in `nichtproportionaler Schrift` dargestellt, Datentypen werden darin in MAJUSKELN wiedergegeben.

Wörter zur Kennzeichnung von Personen werden zur besseren Lesbarkeit jeweils in der männlichen Form verwendet, wobei grundsätzlich beide natürlichen Geschlechter gemeint sind.

In den Umfragen gegebene frei formulierte Antworten werden faksimilierend (mit etwaigen Fehlern) zitiert und durch eine *gesonderte Schriftart* gekennzeichnet.

2. Zwischenfazit und Arbeitshypothesen

Im Vorfeld der Untersuchung haben sich Positionen herauskristallisiert, die der Arbeit ihre Richtung gegeben haben und an dieser Stelle deswegen referiert werden sollen.

Das Interesse vorgelegter Untersuchung richtet sich zunächst auf solche Übersetzungsprobleme, die unmittelbar auf Barrieren des technologischen Umfelds zurückgeführt werden können. Zu Übersetzungsproblemen kommt es u. a. bei Vorliegen der folgenden Bedingungen:

- Teilstrings in dynamischem Kontext wurden statisch festgelegt.[46]
- Der Stringbestand wurde normalisiert.[47]
- Ressourcen wurden benennungsorientiert bzw. rein typografisch konsolidiert.[48]

Solche Übersetzungsprobleme lassen sich mit dem tradierten Begriff der *Übersetzbarkeit*[49] nicht beschreiben. Denn wohl sind isolierte Ausdrücke, die nach einem dem Übersetzer unbekannten Plan miteinander verbunden werden sollen, „unübersetzbar", dies aber nicht wegen des Fehlens von *Informationsübertragbarkeit* (Neubert 1975:5), sondern wegen der Art ihrer Repräsentation und Verarbeitung. Was hier *Lokalisierbarkeit* genannt werden soll, manifestiert sich also nicht im Begrifflichen, sondern in der Herstellbarkeit einer morphosyntaktischen oder lexikalischen[50] Wohlgeformtheit des Zielausdrucks. Für die Bestimmung

---

46 Siehe die Beispiele in Abbildung 1 und Abbildung 2 auf S. 22.

47 Es wurden also Strings in Teilstrings zerschlagen, dergestalt, dass Redundanzen eliminiert werden konnten.

48 Siehe die Beispiele in Abbildung 63 bis Abbildung 65 auf S. 99 f. Auch das Beispiel in Abbildung 100 auf S. 160 mag durch eine unsachgemäße Konsolidierung entstanden sein.

49 Zum Begriff s. überblicksweise Koller (2004:189).

50 Von lexikalischer Wohlgeformtheit wird hier gesprochen, wenn für das Verständnis des Gesamtausdrucks geeignete Lexeme verwendet werden. Kollokationsfehler, Malapropismen oder ungeeignete Synonyme, allgemein also unmittelbar humane Fehler müssen die lexikalische Wohlgeformtheit nicht zwangsläufig verletzen, umso mehr aber tendenziell nichtsprachmittlerische Fehler, etwa solche, die zur Einsetzung eins falschen Homonyms führen. Zu solchen Fehlern gehören eine benennungsorientierte Konsolidierung (Näheres hierzu auf S. 72 und auf S. 98) und eine Dekontextualisierung durch die Normalisierung des Stringbestands (ein Beispiel für Dekontextualisierung wird auf S. 159 f. geliefert). Einen Verstoß gegen die lexikalische Wohlgeformtheit zeigt

der Lokalisierbarkeit eines UI-Strings ist damit vornehmlich die Frage nach der Kontrollierbarkeit des zielsprachlichen Ausdrucks für den Übersetzer zu stellen.

Diese Überlegungen motivieren zur Formulierung von Hypothese 1: Lokalisierbarkeit ist keine textuelle, sondern eine kontextuelle Eigenschaft.

Es ist deswegen legitim, mit der Kritik im Internationalisierungsstadium anzusetzen. Das Desideratum wäre damit, so ließe sich schlussfolgern, in der Informatik bzw. Informationstechnik anzusiedeln, der man antragen könnte, dem Übersetzer geeignete Kontrollstrukturen in die Hand zu geben. Tatsächlich hat die Informationstechnik mit Lokalisierungsbibliotheken und dem Konzept scriptfähiger Ressourcen[51] schon geeignete Strukturen hervorgebracht. Dieser Tatbestand mag als Ausgangspunkt für die Formulierung von Hypothese 2 dienen: UI-Texte sind schon heute uneingeschränkt lokalisierbar.

Mit einer solchen Hypothese wird freilich vorausgesetzt, dass die einschlägigen Technologien praxistauglich sind, was angesichts der nach wie vor zu beobachtenden Verbreitung natürlichsprachlicher Defekte in Softwareoberflächen tatsächlich erst gezeigt werden muss.

In Letzterem muss eine Aufgabe der Translationsforschung gesehen werden. Indes sind qualifizierte Beiträge zu diesem interdisziplinären Thema ausschließlich in der informationstechnischen Literatur anzutreffen; aus translatorischer Richtung gab es bislang keine über ein bloßes Benennen des Problems hinausgehenden Äußerungen. Dass die Translationsforschung sich für einen solchen Gegenstand bisher nicht zuständig gefühlt hat, mag überraschen. Denn der Internationalisierungspraxis kann die Beherrschung linguistischer Themen nicht angetragen werden, und für die Linguistik ergeben sich aus dem untersuchten Problem keine neuen bzw. bislang ungelösten Aufgaben. So wird die Translationsforschung bei der Überwindung infrastruktureller Barrieren auf sich gestellt sein.

Mit dieser Position gerät diese Arbeit jedoch in Konflikt mit tradierten Haltungen in der Translatologie bzw. der translationsnahen Literatur, namentlich dort, wo eine Trennung von Sprachmittlung und Engineering gefordert bzw. vorausgesetzt wird. Zum Ausdruck kommen solche Positionen in Austermühl (2001b:52), Schmitz (2000:3) und Ottmann (2005:102), aber auch in den Modellen von Sikes und Cadieux / Esselink.[52] Damit stellt sich eine Frage allgemeiner Natur, nämlich jene nach dem Berufsbild. Denn das Berufsbild entscheidet letztlich darüber, ob

---

Abbildung 3. Hier wurde mit dem Wort *bewerben* der englische Ausdruck *apply* falsch wiedergegeben (korrekt: *übernehmen*).

51 Siehe hierzu die schematische Darstellung in Abbildung 92 auf S. 138.

52 zu Letzteren siehe Abbildung 36 und Abbildung 35 auf S. 74

die beschriebenen Probleme ein Gegenstand der Übersetzungsforschung sein können, und folglich auch darüber, ob die Probleme gelöst werden können. Tentativ soll deswegen Hypothese 3 wie folgt aufgestellt werden: Das übersetzerische Selbstkonzept hat Einfluss auf die Entstehung bzw. Vermeidbarkeit untersuchter Sprachnormverletzungen.[53]

Angesichts der in Abschnitt 1.4 dargestellten Entwicklungen (erinnert sei etwa an den Vormarsch des Internets der Dinge) ist zu erwarten, dass die Textsorte UI immer mehr Anwendungs- und Fachgebiete erobern wird. Hieraus ergeben sich Schlussfolgerungen für das Berufsbild des Übersetzers, für die universitäre Forschung und Lehre und letztlich auch für die disziplinäre Ansiedlung des Desiderats, namentlich als eines, welches von der Translationsforschung zu bearbeiten ist. Aus diesem Befund ergibt sich Hypothese 4: Im Zuge der digitalen Revolution werden die Grenzen zwischen den Begriffen *Übersetzen* und *Lokalisieren (von Software)* immer schwerer aufrecht zu erhalten sein.

53 Zur Definition Terminus *Selbstkonzept* s. S. 162 f.

3. Begriffliche Grundlagen

Im Folgenden sollen zunächst die dieser Untersuchung zugrunde liegenden Begriffe vorgestellt und in ein System gebracht werden.

3.1. Globalisierung

Der Globalisierungs-Begriff wurde in der Literatur bereits ausführlich behandelt, so in Schmitz (2000:2), Esselink (2000a:3), Esch (2003:108), Yunker (2003:475), Beste (2006:27), Drewer (2006) und Lommel (2007:49). Entsprechend genügt es hier zu skizzieren, wie der Terminus *Globalisierung* im Kontext dieser Untersuchung verwendet wird.

Der Terminus *Globalisierung* bezieht sich hier auf den Begriff der Globalisierung als Teil des *GILT*-Begriffssystems.[54] Für die Teilhabe am globalen Markt muss ein Unternehmen bestimmte wirtschaftliche, personelle und infrastrukturelle Voraussetzungen erfüllen. Der Terminus *Globalisierung* überschreibt alle hierauf abzielenden unternehmerischen Entscheidungen und Maßnahmen.

3.2. Items und Werte

Aus Sicht des Internationalisierers lassen sich Produktkomponenten und die von diesen ausgelösten Ereignisse und Prozesse mithilfe eines Konstrukts aus internationalisierungsrelevanten Größen beschreiben.

Eine solche Größe sei hier *Item* genannt. Ein Item ist eine immaterielle Größe und kann nur mithilfe eines Itemnamens identifiziert bzw. adressiert werden. Die Itemnamen in Abbildung 8 lauten *Farbton* und *Tönungsgrad*. In der Softwarelokalisierung kann ein Itemname etwa ein Ressourcenschlüssel (z. B. *string_1*) sein.

Die Eigenschaft eines Items heiße hier *Wert*. Ein Wert kann materiell (beispielsweise ein Warnschild oder ein Griff) oder immateriell (z. B. eine Rastergrafik oder eine Farbe) sein.

Jedes Item hat pro Gebietsschema genau einen Wert. In Abbildung 8 lauten die Werte *distelfarben*, *hellgrau*, *20 %* und *25 %*. In der Softwarelokalisierung könnte der Wert des Items *string_1* etwa *Hallo Welt!* lauten.

---

54 s. hierzu die Modelle nach Sikes und Cadieux / Esselink in Abbildung 35 und Abbildung 36 auf S. 74

Abbildung 8 veranschaulicht die hierarchischen Beziehungen zwischen den eingeführten Begriffen. Wie stark unterschiedlicher Natur Items sein können, zeigen die Beispiele in Tabelle 1.

Abbildung 8: Produktkomponente, Items und Werte

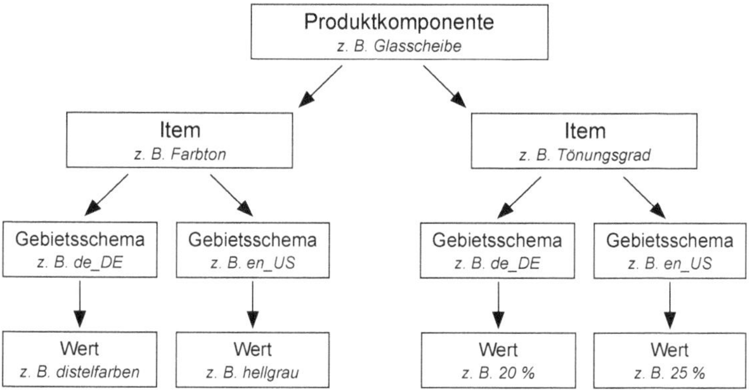

Tabelle 1: Items und deren Werte

Itemname	**Wert**
Einbauort der Tachoanzeige	mittig
string_1	Hallo Welt!
bildpfad_1	../res/ru/images/1.jpg
Netzspannung	100 V
Ton bei Fehleingabe	deaktiviert
Warnschild „Stromschlaggefahr"	9.3 (Australien)

Produktkomponenten, deren Items einen regions- bzw. kulturneutralen Wert annehmen, sollen hier *universal* genannt werden. Solche Produktkomponenten müssen nicht lokalisiert werden. Abbildung 9 zeigt ein industrielles Beispiel für Universalität, hier das Armaturenbrett eines PKW jeweils in Ausführung für den Links- und für den Rechtsverkehr. Durch seine Symmetrie ist das Armaturenbrett sowohl für Links- als auch für Rechtslenker-Märkte geeignet und mit Blick auf diese Eigenschaft universal. Bei Software kann Universalität etwa dadurch hergestellt werden, dass UI-Strings durch grafische Elemente ersetzt werden wie in Abbildung 22 auf S. 56.

Abbildung 9: Symmetrisches Armaturenbrett beim Rechts- und Linkslenker[55]

Produktkomponenten, die über keine Items verfügen, sollen hier *generisch* genannt werden. Eine generische Produktkomponente mag die Steuerkette eines PKW oder der Mauszeiger einer Desktopumgebung sein – allgemein alles, was keinen regionalen Vorschriften oder Kulturspezifika unterliegt.

Der Unterschied zwischen Universalität und Generizität besteht darin, dass bei Universalität das Item deregionalisiert und die Produktkomponente damit internationalisiert wurde, bei Generizität hingegen kein Item vorliegt und damit auch kein Internationalisierungspotenzial besteht. Aus Sicht des Lokalisierers unterscheiden sich universale und generische Produktkomponenten idealerweise jedoch nicht, denn beide müssen nicht lokalisiert werden.

3.3. Internationalisierung

Der Internationalisierungsbegriff als Teil des *GILT*-Begriffssystems ist in der wissenschaftlichen und anwendungsorientierten Literatur schon seit langer Zeit etabliert. Begriffsbestimmungen finden sich u. a. in Esselink (2000a:1), Schmitz (2000:2) und Beste (2006:26); Beiträge aus der Praxis finden sich u. a. in Sachse (2004:1), Best et al. (2008) und Herrmann (2011:5). Apple Inc. beschreibt den Begriff in „Internationalization Programming Topics. User Experience"; die Microsoft Corporation greift auf dasselbe Begriffssystem zurück, schafft teilweise aber eigene Benennungen. So benutzt Microsoft u. a. für den Internationalisie-

55 Bildquellen: http://www.7-forum.com/bilder/news/2006/issigonis/austin_mini_1000_mk2_p0031408-b_jpg.html?ref=http://www.7-forum.com/news/2006/issigonis/galerie.php&ort=13 (für den Rechtslenker) und http://www.7-forum.com/bilder/news/2006/issigonis/mini_special_p0031407-b_jpg.html?ref=http://www.7-forum.com/news/2006/issigonis/galerie.php&ort=12 (für den Linkslenker) (beide Links 12.09.2015)

rungsbegriff mitunter das Wort *world-readiness*[56], gebraucht *globalization* und *internationalization* hingegen synonymisch.[57]

Der Terminus *Internationalisierung* bezeichnet hier die modulare oder universale Gestaltung eines Produkts oder einer Produktkomponente. Wirtschaftliches Ziel von Internationalisierung ist die Reduzierung des Lokalisierungsaufwands (Modularität) oder das Überflüssigmachen des Lokalisierungsschritts (Universalität).

Modularität liegt vor, wenn zu lokalisierende und nicht zu lokalisierende Produktkomponenten voneinander getrennt umgesetzt werden. Bei Software wird Modularität durch die Externalisierung von UI-Strings hergestellt, also durch deren Auslagerung in Resource-Dateien (Näheres hierzu auf S. 87 f.). Abbildung 10 illustriert den modularen Charakter internationalisierter Software am Beispiel einer *gettext*-Verzeichnisstruktur für die Gebietsschemata *de_DE* und *ru_RU*. Damit die richtige Oberflächensprache angezeigt wird, muss das Programm nach dem Prinzip des *generic coding*[58] lediglich das Verzeichnis des betreffenden Gebietsschemas auswählen, bleibt selbst aber unberührt.

Abbildung 10: Verzeichnisbaum in einer internationalisierten Software

Gegenstand von Überlegungen zur Internationalisierung von Software können recht unterschiedliche Parameter sein, namentlich die folgenden:

- natürliche Sprache (Näheres hierzu auf S. 49 f.)
- Geschäftslogik (Näheres hierzu auf S. 47 f.)
- Kodierung (Bereitstellung einer globalen Zeichenkodierung)
- Formatierung (Näheres hierzu auf S. 66 f.)
- Farben, Formen und Gesten (Abschnitt 3.3.3)
- Schallereignisse (Abschnitt 3.3.4)

56 s. "Globalization Step-by-Step. Understanding Internationalization".
57 s. "Developing International Software. Internationalization".
58 siehe hierzu S. 47.

- User Experience Design (Abschnitt 3.3.5)
- Hardware (Abschnitt 3.3.6)
- Prozessplanung, etwa durch Einplanung des für die Lokalisierung erforderlichen Personals und der für die Lokalisierung aufzuwendenden Zeit

Damit den Anforderungen von Single-Source-Architekturen Rechnung getragen werden kann[59], soll im Folgenden unter den Internationalisierungsbegriff die Herstellung von Universalität nicht nur für Märkte, sondern auch für Software (z. B. für unterschiedliche Betriebssysteme) und für Hardware (z. B. für unterschiedliche Eingabetypen) subsumiert werden, also alles, was Plattformneutralität[60] und Brandingfähigkeit ausmacht.[61]

Ein solcher Internationalisierungsbegriff mag das Lexem sprengen, korreliert aber durchaus mit der anerkannten Praxis, denn Internationalisierung bietet mehr (auch tatsächlich genutzte) Vorteile als nur jenen des *localization enablement*.

3.3.1. Internationalisierung der Geschäftslogik

Goldfarb (1990:567) führt das Konzept der Trennung von *content* und *format* – in der Schichtenmodellierung würde man heute wohl von *Daten* und *Präsentation* sprechen – auf den US-amerikanischen Informatiker William W. Tunnicliffe zurück.[62] Damit hätte die Idee des *generic coding*, wie Tunnicliffe es nannte, seinen Ursprung in den späten 1960er Jahren. Tunnicliffe war während seiner Tätigkeit für die Internationale Organisation für Normung (ISO) maßgeblich an der Erarbeitung des SGML-Regelwerks (ISO 8879) beteiligt, in dem das Konzept des *generic coding* auch tatsächlich umgesetzt wird. Die Zielplattformen besaßen hier freilich noch offene Architekturen, bei denen der Renderer separat betrieben wurde (HTML, DocBook usw.). Gleichwohl lag es nahe, diese Trennung für geschlossene Architekturen fortzuschreiben, in denen die Geschäftslogik[63] getrennt von den Daten und der Präsentation zu organisieren sind. Dass dies spätestens Mitte der 1980er Jahre tatsächlich praktiziert wurde, zeigen Rothe / Uhlig (1986:53) in der Beschreibung der Datenbanksprache AID (*Action and Item Description*):

---

59 Siehe die Darstellungen auf den Seiten 71 f., 106 f. und 109 f.

60 Ein Framework für die plattformübergreifende Entwicklung ist beispielsweise *PhoneGap* (s. http://phonegap.com/).

61 Zur Brandingfähigkeit von Produkten siehe S. 80 f.

62 Dabei bezieht sich Goldfarb wohl auf den Vortrag „The Separation of Information Content of Documents from their Format" aus dem Jahr 1967 von William W. Tunnicliffe.

63 Zum Terminus *Geschäftslogik siehe* Glossar, Eintrag *Drei-Schichten-Architektur* auf S. 271 des Anhangs.

> Der Grundgedanke bei der Konzeption von AID liegt darin, alle nicht ursächlich mit dem Dialogablauf zusammenhängenden Probleme losgelöst von diesem zu betrachten. Die Ablaufsteuerung des Dialogs wird durch Dialogprozeduren (DIPRO), die nicht Bestandteil der AID-Programme sind ..., und einen allgemeinen Monitor, der stets mit AID-Programmen zusammenarbeitet, übernommen.

Das Konzept des *generic coding* hat als Vorbild für die heute praktizierte Trennung von Logik und Daten bis heute seine Gültigkeit behalten, auch wenn es durch eine weitere Diversifikation der Präsentation in Layout und Design, wie sie mittlerweile in der Software-[64] und Webentwicklung[65] zur anerkannten Praxis gehört, später noch ausdifferenziert wurde. Ganz sicher hätte sich das Modell des *generic coding* nicht bis heute gehalten, wäre es nicht zumindest technologisch schlüssig. Sachse (2005:145) führt den Erfolg aber auch auf die große Popularität der DOS-Erweiterung *Windows 3.1* zurück, die in der Gründerzeit des WWW veröffentlicht wurde und damit praktisch als Inkubator des *generic coding* fungieren konnte.

Wie auf S. 28 bereits erwähnt und auf S. 94 f. noch ausführlich zu begründen sein wird, sind durch diese Praxis der Internationalisierung jedoch auch Lokalisierungsbarrieren entstanden. Ob sich diese Barrieren in der konkreten Oberflächenausgabe tatsächlich als Behinderung bemerkbar machen, hängt von einer Vielzahl an Faktoren ab (s. zusammenfassend hier Kapitel 6). Speziell mit Blick auf die Organisation der UI-Strings kann die Geschäftslogik dann als vollständig internationalisiert gelten, wenn sie folgenden Forderungen erfüllt:

- Es wurde dafür Sorge getragen, dass Sinneinheiten (und damit i. d. R. wohl auch ausgangssprachliche Syntagmen) nicht zerschlagen werden.[66]
- Wo dynamische Strings zur Anwendung kommen, wurde dem Lokalisierer die Möglichkeit einer logischen Steuerung der zielsprachlichen Ausgabe in die Hand gegeben. Aufgabe des Internationalisierers ist in diesem Sinne also auch die Zugänglichmachung eines geeigneten Lokalisierungsframeworks (s. hierzu Abschnitt 4.2).

Abbildung 61 und Abbildung 62 auf S. 96 zeigen jeweils einen nichtlokalisierbaren Teilstring einer unvollständig internationalisierten Geschäftslogik. Auf die Technologie der Internationalisierung wird näher in Abschnitt 4.1 eingegangen.

---

64 Beispiel: Beschreibungssprache XUL (*XML User Interface Language*) für Gecko
65 Beispiel: Einführung von Stylesheets
66 Näheres hierzu S. 101 f.

3.3.2. Internationalisierung natürlicher Sprache

Internationalisiert werden auch Texte. (Zum Textbegriff s. unten auf S. 158.) Internationalisieren von Texten bedeutet in erster Linie die Herstellung von Übersetzungsgerechtheit. Hierzu können die folgenden Methoden gehören:

- Erarbeitung und konsistenter Einsatz einer umkehrbar eindeutigen Terminologie in der Ausgangssprache (s. hierzu Göpferich 2002:339 f. und Schmitz 2007a:537)
- Vermeidung von Realia (s. beispielsweise Abbildung 11)
- Konnotationsfreiheit von Ausdrücken
- Einsatz kontrollierter Sprache
- Bereitstellung von Kommentaren bzw. Kontextinformationen in der Resource-Datei

Abbildung 11: UI-String mit Realia in CSV-Ressource

```
-0;"web";"Kennwort";"KennwortFehlerhafteZeichen";0;"Das
Kennwort enthält nicht erlaubte Zeichen. Bitte verwenden sie
keine Umlaute, nicht den Buchstaben ß und kein Akzentzeichen
in Ihrem Kennwort.";
```

Plansprachen, die beginnend mit dem 17. Jahrhundert entwickelt wurden, zeugen von Bemühungen der Internationalisierung natürlicher Sprache, konnten sich dabei jedoch nicht gegen die Stellung verschiedener Nationalsprachen (vor allem des Spanischen, Französischen und Englischen) als Linguae francae durchsetzen. Geschichtlich bedingt spielt im User Experience Design (UX-Design) von Software das Englische als Lingua franca eine wichtige Rolle. Abbildung 12 zeigt ein Beispiel für die Verwendung der englischen Sprache als Lingua franca in der Oberflächenausgabe eines eingebetteten Systems.

Abbildung 12: Englisch als Lingua franca[67]

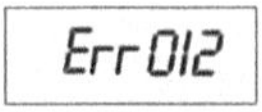

Den Status einer Zugehörigkeit zum Englischen als Lingua franca mag man u. U. auch Defekten wie falschen Freunden und Direktübertragungen in der nicht-

67 Bildquelle: http://www.thermomess.de/content/10_wohnungsnutzer/104–555-556.php (17.02.2013)

englischen Zielsprache zubilligen, sobald diese konventionalisiert sind. Beispiele zeigen hier Abbildung 42 und Abbildung 44 unten auf S. 82 f.

Die Grenze zwischen der Verwendung des Englischen als Lingua franca einerseits und Interferenzen als Lokalisierungsdefekt andererseits sind dabei sicherlich fließend; namentlich werden es wohl eher Faktoren wie Distribution und Assimilationsgrad[68] sein, anhand derer sich entscheidet, ob es sich um das Eine oder um das Andere handelt. So mag das in Abbildung 46 auf S. 84 dargestellte Symbol, ein Haus-Icon mit der Bedeutung *zur Homepage*, für den deutschen Anwender geläufig und verständlich sein, das Symbol in Abbildung 47, ein Zauberstab für die Bedeutung *Assistent*, hingegen befremdlich wirken.

Gegenstand von Überlegungen zur Internationalisierung können ferner auch Eigennamen sein. Zu beachten bei der Internationalisierung von Namen sind u. a. die folgenden Kriterien:

- Unterschiede in der onomatopoetischen Anmutung und in den artikulatorischen Prägungen
- eine etwaige lautliche Ähnlichkeit oder typografische Übereinstimmung mit einem Wort der Zielsprache und hieraus resultierende appellativische Assoziationen[69]
- artikulatorische Universalität[70]
- die pragmatische Ladung des Namens

Ein Beispiel für Letzteres, die pragmatische Ladung von Namen, liefert Abbildung 13. Diese Abbildung zeigt drei Logos der russischen Trickfilmserie *Смешарики*, namentlich jenes für den russischen, für den deutschen und für den US-amerikanischen Zielmarkt. Das Diminutivsuffix *-ик* im russischen Original-Logo lässt dabei an kleine „Schlingel" als Namensträger denken, oder genauer daran, dass der Sprecher in den Protagonisten der Trickfilmserie etwas „Schlin-

68 Näheres zur Assimilation auf S. 81.

69 Der Name der DDR-Marke *GERMED* des gleichnamigen pharmazeutischen Kombinats etwa stand für engl. *German Medicaments*, stellte sich wegen der Übereinstimmung mit der Vergangenheits- / Partizipform des englischen Verbs *germ* (verkeimt) aber ausgerechnet im englischsprachigen Raum als missverständlich heraus.

70 Bei der Wahl beispielsweise des Namens *Euro* für die gemeinsame europäische Währung wurde die Regel artikulatorischer Universalität verletzt. Durch den Diphthong *eu* variieren die nationalen Aussprachevarianten des Worts *Euro* teilweise deutlicher variieren, als dies bei den nationalen Währungen der Fall war: / 'jⁱɛˑvrə / für das Russische, / 'jʊərəʊ / für das Englische (UK) und / 'ɔɪ̯ʀo / für das Deutsche.

gelhaftes“ sieht (pragmatische Ladung). Für einen männlichen Namensträger mit dem Diminutivsuffix *-ик* formuliert Vežbickaâ (1996:125) als Anmutung wie folgt:

> я испытываю по отношению к тебе какие-то хорошие чувства вроде тех, которые испытывают по отношению к маленьким мальчикам

Die vom Diminutivsuffix *-ик* mit Blick auf einen weiblichen Namensträger ausgelöste Anmutung formuliert Vežbickaâ (ebenda) wie folgt:

> я испытываю по отношению к тебе какие-то хорошие чувства
> я испытываю хорошие чувства, говоря с тобой
> я не хочу говорить с тобой так, как говорят с тобой другие люди
> я хочу говорить с тобой так, как если бы ты была маленьким мальчиком, а не девочкой

Dass von solchen Wesen allerlei Possen zu erwarten sind, ist eine Konnotation, die in den lokalisierten Namensformen freilich verloren geht. Dennoch wurde das Suffix *-ик* im deutschen Namen *Kikoriki* erhalten. Möglicherweise hat man bei der Nachschöpfung an den Hahnenschrei *kikeriki!* gedacht (Dislokation[71]), sodass in *Kikoriki* mit dem (rein graphematisch) erhaltenen Diminutivsuffix *-ик*, der erhaltenen Pluralendung *-и* und der erhaltenen Hervorhebung von *-шар* (= deutsch *Kuller*) als *O* eine konservierende Transkreation vorliegen dürfte.

Abbildung 13: Transkreation eines appellativischen Kofferworts[72]

Das vorstehende Beispiel lässt schnell erahnen, dass bei der Erschaffung von Namen dem Anspruch auf Universalität schnell Grenzen gesetzt sind. Anstelle einer tatsächlichen Internationalisierung wird es im Bereich der natürlichen Sprache daher u. U. zur Herausbildung von Locale-Clustern kommen, d. h. zu einer Lokalisierung für eine möglichst große Anzahl an Zielmärkten wie in Abbildung 14.

---

71 Der Terminus wird im Glossar auf S. 270 des Anhangs erklärt.

72 Bildquellen v. l. n. r.: „Смешарики“, „Kikoriki“, http://uptherivermusic.com/songs.html (06.01.2013).

Abbildung 14: Lokalisierung eines Namens für verschiedene Locale-Cluster[73]

Die in Abbildung 14 genannten Namen verteilen sich auf die Zielmärkte wie folgt:

Tabelle 2: Namen und Locale-Cluster

Markenname	Märkte des dazugehörigen Locale-Clusters
Algida	Albanien, Kosovo, Griechenland, Kroatien, Italien, Serbien, Mazedonien, Tschechien, Polen, Rumänien, Russland, Slowakei, Türkei, Ungarn, Bulgarien und Zypern
Bresler	Chile, Bolivien
和路雪	Volksrepublik China
Eskimo	Kroatien, Österreich, Slowenien, Norwegen
Frigo	Spanien

Tabelle 2 lässt erkennen, dass die Zuweisung eines Zielmarkts zu einem Cluster nicht zwingend durch die regionale oder sprachliche Nachbarschaft motiviert sein muss.

Die Möglichkeit zumindest eines Nebeneinanders von Internationalisierung und Lokalisierung kommt auch im Flächenmodell von Seewald-Heeg (Abbildung 34, S. 74) zum Ausdruck, hier im Gegensatz zur hierarchischen Darstellung in den Modellen von Sikes (Abbildung 36, S. 74) und Cadieux / Esselink (Abbildung 35, S. 74). Die Überlegungen zur Strategie der Substitution eines *GILT*-Prozesses durch einen anderen sollen auf S. 63, S. 81 und S. 84 fortgesetzt werden.

3.3.3. Internationalisierung von Farben, Formen und Gesten

Probleme der Gestaltung von Farben im interkulturellen Kontext werden u. a. von Symmonds (2002:2 f.) und Yunker (2003:303 f.) diskutiert. Stellungnahmen speziell mit Blick auf den Bereich der Software-Internationalisierung finden sich u. a. in Russel (2005:4), Schmitz (2005:10 f.), Ottmann (2005:113 f.), Beste (2006:71 f.) und Heumann (2010:31). Ausführlich wird auf das Problem in Vine (2002:18 f.) und Best et al. (2008:33 f.) eingegangen. Bedeutung kommt dabei

73 Quelle: „Langnese (Eismarke)“

zunächst der Semiotik einzelner Farben[74], Farbschemata oder Farbkombinationen[75] in den jeweiligen Kulturkreisen zu. Speziell zur Semiotik von Farben äußern sich u. a. Vine (2002:19 f.), Beste (2006:72), Yunker (2003:483 f.) und Best et al. (2008:40 f.)

Neben der Semiotik von Farben variiert zwischen den verschiedenen Regionen aber auch jene von Formen und Gesten. Zu Formen referiert die Literatur vornehmlich im Zusammenhang mit Tiersymbolen, politischen und religiösen Symbolen, hier u. a. Esselink (2000a:2), Vine (2002:18 f.) und Best et al. (2008:33 f.), sowie mit Unterschieden in der prototypischen Form von Alltagsobjekten, hier etwa Göpferich / Schmitt (1996:374). Zu berücksichtigen sind aber auch die Ergebnisse der Gestikforschung und insbesondere etwaige Konventionen im *emotionalen Interaktionsdesign* (Dorau 2011).

Als besonders sensibel gilt die bildliche Darstellung von Personen, Körperteilen und (Hand-)Gesten – hierzu äußern sich Best et al. 2008:37 und Vine 2002:18 f. Einige Aspekte solcher Darstellungen in Benutzerschnittstellen sollen hier anhand von Abbildungen erläutert werden:

- Das Icon in Abbildung 15 zeigt eine weibliche Person. Mit der hervortretenden Haartracht und mit erkennbarer Haar- und Hautfarbe ist dieses Icon nicht universal, ganz im Gegensatz zu der Darstellung in Abbildung 16, bei der in augenfälliger Weise versucht wurde, von einer kulturellen oder regionalen Fixierung Abstand zu nehmen.
- Abbildung 17 zeigt den Ausschnitt einer Emoji-Tastatur (*iOS 8.3*). Die Basis-Emojis dieser Tastatur sind zunächst gelb (Internationalisierungsstrategie der Entfremdung für alle, s. auch unten Abbildung 27 und Abbildung 28 auf S. 58). Lässt man den Finger auf dem gewählten Basis-Emoji liegen, so öffnet sich eine neue Ebene mit dem Emoji in unterschiedlichen Hautfarben (Strategie der ersatzweisen Lokalisierung, s. auch Abbildung 13 und Abbildung 14 auf S. 51). Im Unterschied zur Darstellung in Abbildung 16 wurde hier jedoch nicht auf das Zeigen der Haare verzichtet; auch sind die physiognomischen

74 Die in verschiedenen Gebieten Deutschlands eingeführte Hygieneampel (rot-gelb-grün) etwa greift spezielle in Westeuropa geltende Farbbedeutungen auf und würde nicht in allen Teilen der Welt sofort verstanden.

75 Ein Beispiel liefert Галаджий (2013). Dort wird berichtet , dass die der Reinigungsmittel-Hersteller Henkel in der Ukraine einen WC-Reiniger zurückziehen musste, weil er in einem Werbespot das Spülwasser mit den Farben Blau (für Frische) und Gelb (für Zitronenduft) koloriert und damit die Staatsfarben der Ukraine „heruntergespült“ hatte.

Merkmale recht deutlich festgelegt, wodurch die kulturelle Universalität einen oberflächlichen – durch die pseudodifferenzierende Bereitstellung mehrerer Brauntöne gar farcenhaften – Charakter bekommt. Dass Emojis expliziter sind als Emoticons, macht sie weniger universell als diese.

- Abbildung 18 zeigt ein Beispiel für einen Internationalisierungsfehler durch Verwendung einer kulturell nicht universalen Geste. Die Verwendung des Englischen als Lingua franca (das Wort *zero* bei gleichzeitiger Nutzung der in angelsächsischen Kulturen verbreiteten Bedeutung *O = 0*) kommt hier als Internationalisierungstechnik nicht zum Tragen, weil diese Geste für Adressaten aus anderen als der Ausgangskultur eine provokative Bedeutung haben kann.[76]
- Abbildung 19 schließlich zeigt ein Beispiel für die semantische Ladung von Raumgesten (hier Wink mit der rechten Rückhand für das Ablehnen eines eingehenden Anrufs).

Abbildung 15: Nicht universales Icon[77]

Abbildung 16: Möglichst universale Personendarstellung in einem Icon[78]

Abbildung 17: Ausschnitt einer Emoji-Tastatur (iOS 8.3).[79]

---

76 Laut Payer kann diese Geste in Deutschland, Sardinien, Malta, Tunesien, Griechenland, Türkei, Russland, im nahen Osten sowie in Teilen von Südamerika die folgenden Bedeutungen haben: *Arschloch*, *Homosexueller* (= *Arschficker*). Andere Quellen zur Semantik dieser Geste: „Handzeichen Andere Länder, andere Gesten" „Liste von Gesten"

77 Bildquelle: The Bat! 5.0.36.2. © Ritlabs S.R.L.

78 Bildquelle: „Richtlinien und Empfehlungen"

79 Bildquelle: http://www.spiegel.de/fotostrecke/ios-8-3-bilder-des-neuen-iphone-systems-fotostrecke-125490-3.html (09.04.2015) Wahl des Bildausschnitts durch den Verfasser

Abbildung 18: Nicht universale Geste[80]

Abbildung 19: Raumgeste in einem PKW[81]

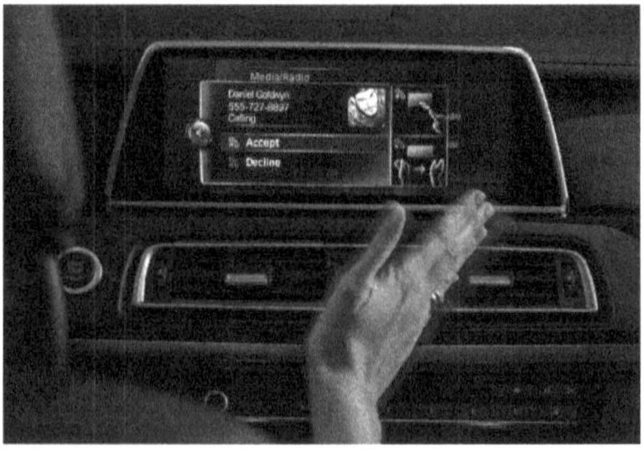

Internationalisierte Grafiken sind idealerweise frei von natürlichsprachlichen Bezügen. Zum Verzicht auf solche Bezüge gehört indes mehr als ein bloßes Vermeiden linguistischer Symbole, da auch Formen und Gesten mitunter linguistischen Regeln folgen. Was hier gemeint ist, soll anhand einiger Beispiele verdeutlicht werden:

- Abbildung 20 zeigt eine Graphik, die mit dem Wort *NEW* linguistische Symbole enthält und damit nicht vollständig internationalisiert ist.
- Die in Abbildung 21 dargestellte Form wird nur in englischsprachigen Regionen mit dem Objekt *Tabelle* assoziiert (Homonymie der Wörter *table* = *Tisch* und *table* = *Tabelle*).
- In Abbildung 22 werden die Informationen seriell dargeboten und damit eine bestimmte Leserichtung erzwungen – die dargestellte Grafik kann trotz des Verzichts auf linguistische Symbole nicht als vollständig internationalisiert gelten.
- Abbildung 23 zeigt eine arabischsprachige Oberfläche und einen Fortschrittsbalken mit einem Stand von rund 10 %. Balkendiagramme folgen *per se* einer bestimmten Leserichtung und müssen lokalisiert werden
- Im Gegensatz hierzu würde die Darstellung des Fortschritts in Form eines Kreisdiagramms eine größere Anzahl Locales abdecken, wenn nicht gar als internationalisiert gelten dürfen (Abbildung 24; der Internationalisierungseffekt geht in hier freilich durch zusätzliche Ausgabe eines Balkendiagramms wieder verloren).

80 Bildquelle: http://www.dpd.com/lu_de/Home/Responsibility/Planet2/Total-Zero/Downloads-Total-Zero (07.02.2013); Wahl des Bildausschnitts durch den Verfasser

81 Bildquelle: http://www.spiegel.de/fotostrecke/neue-bediensysteme-touchscreens-gestensteuerung-und-eye-tracking-fotostrecke-122628–3.html (08.01.2015)

Abbildung 20: Grafik mit linguistischen Symbolen[82]

Abbildung 21: Nichtlinguistisches, aber dennoch natürlichsprachlich geprägtes Symbol[83]

Abbildung 22: Nicht vollständig internationalisierte Grafik[84]

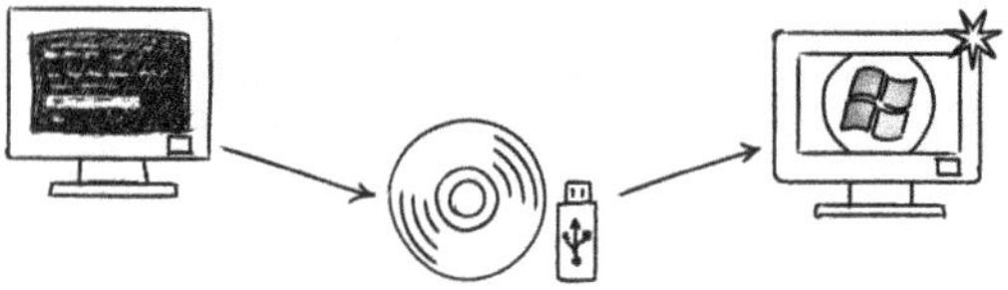

Abbildung 23: Fortschrittsanzeige als Balken[85]

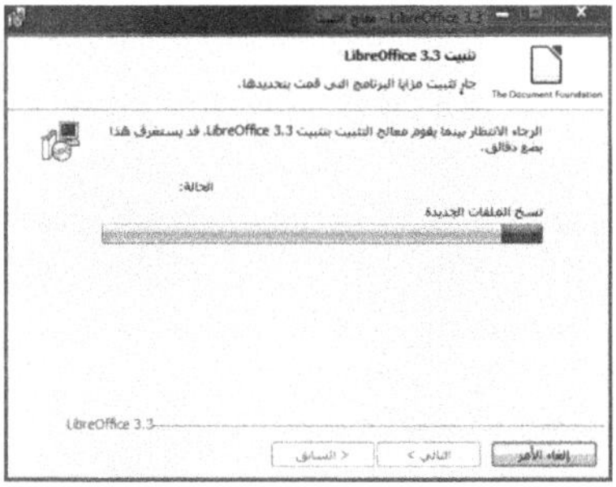

Abbildung 24: Fortschrittsanzeige als Balken und als Kuchendiagramm[86]

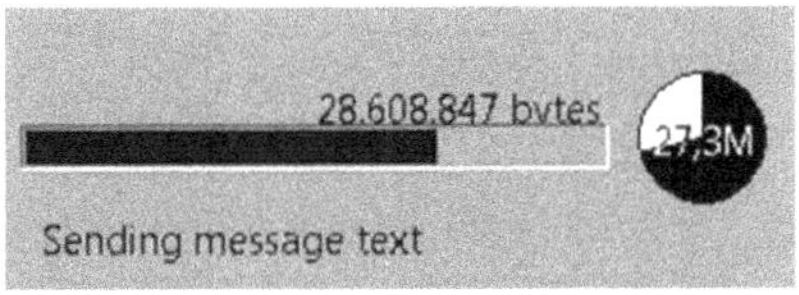

82 Screenshot-Quelle: Acronis True Image Home 2014, Update 2, Build 7119, Acronis, Inc.; Wahl des Bildausschnitts und Hervorhebungen vom Verfasser

83 Quelle: Zielinsky (2012:37)

84 Screenshot-Quelle: Acronis True Image Home 2014, Update 2, Build 7119, Acronis, Inc.; Wahl des Bildausschnitts und Hervorhebungen vom Verfasser

85 Bildquelle: https://ar.libreoffice.org/assets/Screenshots/3.png (17.03.2015)

86 Screenshot-Quelle: TheBat Version 5.0.36.2. Auswahl des Bildausschnitts durch den Verfasse.

Speziell mit Blick auf Icons schreiben Best et al. (2008:35):

> Die Icon-Grammatik ist wie eine Sprache und unterliegt deshalb den gleichen kulturellen Einflussfaktoren. Nimmt man z. B. die Funktion „Beenden einer Applikation", so sind beispielsweise im englischen Sprachgebrauch eine Vielzahl unterschiedlicher Formulierungen möglich, wie „Shut down", „Terminate", „Abort", „Switch off", „Stop", „Kill", „Close", „Exit", „Finish", etc. Jeder dieser Begriffe legt eine bestimmte Auswahl des Bildmotivs nahe: Der Begriff „Switch off" würde vielleicht zu einer Schalterdarstellung führen, der Begriff „Stop" wiederum zu einem Stoppzeichen und „Exit" zu einem Ausgangssymbol [Zeichensetzung und Terminusgebrauch so im Original, der Verfasser].

In der Literatur, u. a. Sachse (2001:207) und Zielinsky (2012:49), sind weitere Anwendungsbeispiele zu finden, in denen Äquivokation für die Herstellung ausgangssprachlicher Assoziationen genutzt wird. Kritisch ist eine solche Strategie, weil sie ungewollt zu einer Regionalisierung der betreffenden Form führen kann. Als Beispiele für ein Spielen mit Äquivokation werden u. a. die folgenden genannt:

- Homonymie (ein Beispiel zeigt oben Abbildung 21).
- Polysemie (ein Beispiel zeigt Abbildung 47 unten auf S. 84).
- Homophonie: etwa im Tatzen-Icon für die Schaltfläche *Pause* – es wird die Homophonie von *pause* und *paws* ausgenutzt

Es ist leicht erkennbar, dass das Entwerfen einer möglichst universalen Grafik Expertise erfordert und mit einem entsprechenden zeitlichen und finanziellen Aufwand verbunden ist. Dennoch ist das Internationalisieren von Grafiken mittlerweile anerkannte Praxis. Verschiedene Strategien der Schaffung von Universalität in Icons werden in den nachstehenden Abbildungen vorgestellt.

Abbildung 25: Nicht internationalisiertes Browser-Icon (Erdglobus)[87]

Das Icon in Abbildung 25 ist nicht internationalisiert, denn es bildet den Globus aus einem regionalen und für Anwender anderer Regionen u. U. befremdlich wirkenden Blickwinkel ab.

87 Bildquelle: http://icondatabase.net/icons/slp-catalyst/glass-orbs/glass-orbs-htc-sense-browser-icon (01.08.2013)

Abbildung 26: Internationalisiertes Browser-Icon (Erdglobus)[88]

Im Gegensatz hierzu verzichtet das Icon in Abbildung 26 auf die Darstellung von Kontinenten. So wird ein regionaler Blickwinkel vermieden.

Abbildung 27: Darstellung von Phantasie-Kontinenten in einem Browser-Icon[89]

Während das Icon in Abbildung 26 auf die Darstellung von Kontinenten ganz verzichtet, werden im Webbrowser-Icon in Abbildung 27 zur Vermeidung regionaler Bezüge Phantasie-Kontinente abgebildet.

Abbildung 28: Darstellung der Erdkontinente aus nichtprototypischem Blickwinkel[90]

Eine weitere Möglichkeit der Herstellung von Universalität ist die Darstellung der Erdkontinente aus einem für alle Kulturen untypischen Blickwinkel (Abbildung 28).

88 Bildquelle: http://icondatabase.net/icons/samantha-conner-sammyycakess/shady-icon-pack/shady-icon-pack-browser-icon (31.07.2013)

89 Bildquelle: http://icondatabase.net/icons/browser-icon (31.07.2013)

90 Bildquelle: http://icondatabase.net/icons/browser-icon (31.07.2013)

3.3.4. Internationalisierung von Schallereignissen

Zur Internationalisierung von Schallereignissen äußern sich Vine (2002:19) und Topping (2002:5). Auch akustische Zeichen (etwa für die barrierefreie Meldung von Ereignissen eines Betriebssystems oder einer Anwendung) werden in internationalisierter Software idealerweise locale-neutral gestaltet. Gleichwohl ist eine Möglichkeit der Personalisierung von Schallereignissen auf Multimedia-Geräten anerkannte Praxis (Abbildung 29, Abbildung 30):

Abbildung 29: Personalisierung von Schallereignissen in Android 4.1.2

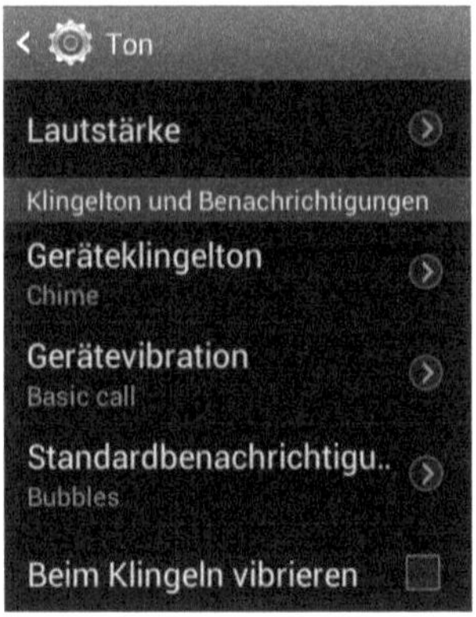

Abbildung 30: Unterdrückung von Schallereignissen in Windows 7

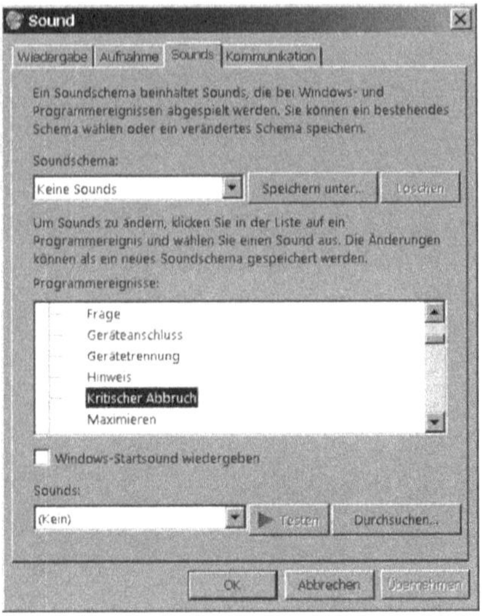

Auf ein Spezialproblem weist Vine (ebenda) hin. In Japan, so führt sie aus, würde bei Bedienungsfehlern ein akustisches Feedback als Bloßstellung gegenüber anderen Personen in Hörweite empfunden werden. Entsprechend, so lässt sich schlussfolgern, müssen sich Überlegungen zur Internationalisierung mitunter nicht nur auf die Gestaltung von Zeichen, sondern auch generell auf die Entscheidung erstrecken, ob ein Zeichen – spätestens im Personalisierungs-Schritt – bereitgestellt oder unterdrückt werden kann (s. oben Abbildung 30).

3.3.5. Internationalisierung des User Experience Designs

Best et al. (2008:50 und 58) führen aus, dass die Erwartungen an die Oberflächengestaltung eines Produkts regional variieren können. So merken sie an:

> … Dies hat Auswirkungen auf das Interaktionsdesign der Maschine in Bezug auf die Gestaltung des Layouts (komplex vs. einfach), der Informationsdichte (hoch vs. gering), der Menüstruktur (breit vs. tief), der Personalisierung (stark vs. gering), der Sprache (Icons vs. Schriftzeichen) und der Hilfeverwendung (häufig vs. selten).

So wird ebenda auch auf die mögliche Erfordernis einer simultanen Mehrsprachendarstellung[91] verwiesen, die entsprechend vom Layout unterstützt werden muss. Zu den fertigungsplanerischen Aspekten der Software-Internationalisierung gehört damit konkret auch die Bereitstellung der Möglichkeit, die Makrostruktur des Textes zu verändern. Ein verbreitetes Anwendungsbeispiel für solche makrostrukturellen Anpassungen sind Formulare für die Erfassung personenbezogener Daten wie Personen- (Vaters- oder Geburtsnamen) oder Adressdaten (Provinz, Bundesstaat, Wohnungsnummer[92] usw.).

Ausgangspunkt für das User Experience Design (UX-Design) von Benutzerschnittstellen sind damit den Kognitionsstil[93] beeinflussende Kulturdimensionen, aus denen sich ebenfalls spezifische Erwartungen an den Inhalt und dessen Präsentation ergeben:

> Diese kulturellen Unterschiede haben unweigerlich einen Einfluss auf die Wahrnehmung von und Erwartungen an das Interaktions- und Interfacedesign. Beispielsweise darauf, welche Arten von Prozessen (z.B. im Checkout) bevorzugt werden, wie viel „Freiheit" die Nutzer bei der Interaktion brauchen, welche Aspekte in der jeweiligen Kultur Vertrauen schaffen, welcher Ablauf der „klassische" für eine Online-Bestellung ist, etc. (Beschnitt)

Beschnitt identifiziert fünf lokalisierungsrelevante UX-Parameter einer Benutzerschnittstelle:

- Metaphern: Konzepte, die Funktionsweise verdeutlichen (z.B. Desktop, Papierkorb)
- Mentale Modelle: Struktur; wie sind Inhalte angeordnet und miteinander verbunden (Hierarchie von Content, Funktionen, Informationen, Aufgaben)

---

91 Bei einer simultanen Mehrsprachendarstellung werden nach dem Begriffsverständnis von Best et al. entweder auf einem Bildschirm zwei Sprachen gleichzeitig angezeigt oder an zwei visuellen Schnittstellen ein und derselben Maschine zwei unterschiedliche Sprachversionen.

92 s. Schmitz (2000:3)

93 s. hierzu den Vergleich China / Korea / Vereinigte Staaten in Dong / Lee (2008)

- Navigation: Ermöglichen die Bewegung durch das mentale Modell (z. B. über Icons, Fenster, Menüs, Pop-up)
- Interaktion: Alle Ein- und Ausgabeelemente und -möglichkeiten (Mouse, Tastatur, Lautsprecher)
- Erscheinung: Alle Attribute, die man wahrnehmen kann z. B. Farbe, Grafiken, Icons, Abbildung von Personen, Töne etc. (Beschnitt)

Solche Parameter können wiederum herangezogen werden im Versuch, regionale Personas[94] für die Mensch-Maschine-Interaktion und damit Richtlinien für die Modularisierung des UX-Designs zu entwickeln.[95] Beschnitt tut dies exemplarisch auf der Grundlage des *Power Distance Index* nach Hofstede (1991) (Abbildung 31, Spalte 1, dort grob eingeteilt in „hoch" und „niedrig") wie folgt:

Abbildung 31: Die Kulturdimension der Machtdistanz und deren Einfluss auf die Interface-Komponenten nach Beschnitt[96]

Ausprägung	Metaphern	Mentale Modelle	Navigation	Interaktion	Aussehen
hoch	Objekte mit klarer Hierarchie (z. B. Schulen, Regierung, menschl. Körper, Gebäude)	Hoch organisiert und strukturiert	Beschränkter Zugang/beschränk te Auswahl von Optionen, Passwörter, vorgegebener Pfad	Deutliche Fehlermeldungen (schwerer Fehler), Wizards leiten die Nutzung	Nationale Bilder, Bilder von Führungspersonen , einzelne Personen, formelle Texte, offizielle Icons, Texte, Musik
niedrig	Informelle Organisationen, Bilder, die Gleichheit ausdrücken etc. (z. B. Spiele, öffentliche Plätze)	Wenig strukturiert, Objekte einer Ebene können unterschiedliche Relevanz haben	Offener Zugang, viele Optionen, offene Pfade	„freundliche" Fehlermeldungen; Nutzer kann weitgehend selbstständig mit dem System interagieren	Bilder von Gruppen, täglichen Aktivitäten, informelle/ populäre Icons, Texte, Music

Zu den Metaphern kann auch die Semiotik von Zahlen gezählt werden. Best et al. (2008:39) führen hierfür ein Beispiel aus einem tetraphobischen Kulturkreis an:

> In Japan ist die On-Lesung des Kanji-Zeichens für die Zahl 4 (shi), was in dieser Aussprache gleichzeitig auch „Tod" bedeutet. Deshalb wird die Zahl 4 vermieden. Das heißt, dass in Japan auch eine Anordnung von vier Elementen vermieden wird. Sollte sich eine solche Unterteilung dennoch abzeichnen, wird alles dafür getan um auf Drei zu reduzieren oder auf Fünf zu erweitern. In Deutschland ist dagegen die Zahl 4 eher eine bewusst angestrebte Zahl, da sie uns harmonisch und symmetrisch erscheint. In abgeschwächter

94 Zum Begriff der Persona s. die Definition im Glossar auf S. 283 des Anhangs.

95 Näheres hierzu s. http://www.uni-hildesheim.de/en/fb3/institute/iwist/forschung/abgeschlossene-projekte/personas-fuer-internationale-anwendungskontexte-pia/ (26.08.2015)

96 Quelle: Screenshot aus Beschnitt

> Form gilt dasselbe für die Neun, da die On-Lesung des Kanjis für die Zahl 9 „ku" lautet, was in dieser Aussprache auch „Schmerz, Sorge" bedeutet … Dieser Umstand könnte ebenfalls eine von vielen Ursachen sein, warum manche westlichen Produkte im asiatischen Raum nicht gern angenommen werden. Sie vermitteln eben kein gutes Gefühl. [Zeichensetzung so im Original, der Verfasser]

Zu Unglückszahlen in der Softwarelokalisierung referiert Ebner (2006:85 f.)

3.3.6. Internationalisierung von Hardware

Zur Internationalisierung von Hardware äußern sich allgemein Vine (2002:16), Yunker (2003:19) und Lommel (2007:12 f., 23 f.). Als Beispiel für die Internationalisierung von Hardware kann die Bereitstellung der von Unicode benötigten Ressourcen (CPU, RAM, Datenträgergröße) genannt werden. Probleme der Internationalisierung von Hardware – hier vornehmlich an Benutzerschnittstellen – können aber auch für den Übersetzer von unmittelbarer Bedeutung sein, dies spätestens dann, wenn die Hardware durch Beschränkungen auf sich aufmerksam macht. Augenfällig ist dies beim Einsatz von nicht-vollgrafischen Displays – also Segment- und Matrixdisplays –, da Strings hier wegen der physischen Beschaffenheit des Displays eine bestimmte Länge nicht überschreiten dürfen. Solche Begrenzungen, können – insbesondere bei tendenziell expandierenden Übersetzungsrichtungen wie Englisch → Deutsch oder Englisch → Russisch – die Kreativität des Übersetzers umso stärker herausfordern, je kürzer die Texte sind. Die nachstehenden Aufstellungen veranschaulichen typische Expansionen in den genannten Übersetzungsrichtungen (hier für eine bessere Visualisierung in nichtproportionaler Schrift):

Englisch	`Create new user`
Deutsch	`Neuen Benutzer erstellen`
Russisch	`Создать нового пользователя`

"Translation Text Expansion: How it affects Design" orientiert an den folgenden Expansionsraten: Englisch-Deutsch: +10 % bis +35 %, Englisch-Russisch: +15 %. Diese Zahlen decken sich annähernd mit jenen in „Text expansion during translation" und in „Исходный и целевой язык". Einzuräumen (aber die Gültigkeit der hier gemachten Aussagen nicht schmälernd) ist, dass solche Werte recht ungenau ausfallen müssen, solange sie unabhängig von der Textsorte erhoben werden, da – auch hierauf wird in „Translation Text Expansion: How it affects Design" hingewiesen – die Expansionsrate von der Textsorte abhängen kann. Anzumerken ist schließlich, dass Expansionsbegriffe wie die in Thome (1978:310 f.), Wotjak (1985:32) und Schreiber (1993:221) verwendeten sich an der Wortzahl eines

Textes ausrichten, wohingegen für den hier behandelten technischen Kontext allein die Zeichenzahl relevant ist. Der Unterschied ist von Bedeutung, weil eine Übersetzung, wie Зимовец / Кобзарева (2013:1729) darstellen, mit Blick auf die Wortmenge kontrahieren, in der Zeichenmenge jedoch expandieren kann und umgekehrt. Dieses Phänomen, das sicherlich umso stärker ausgeprägt ist, je deutlicher sich Ausgangs- und Zielsprache im Isolations- bzw. Synthesegrad unterscheiden, lässt sich am folgenden Beispiel gut nachvollziehen:

Englisch	`Unable to save configuration.`
Russisch	`Невозможно сохранить конфигурацию.`

Die Anzahl der pro Zeile verfügbaren Zeichen in nicht-vollgrafischen Displays ist ein wichtiger Kosten- und damit Wettbewerbsfaktor: Um die Kosten für ein Display und damit für das Gesamtprodukt so niedrig wie möglich zu halten, ist auch heute noch die Bestrebung da, das Display möglichst klein zu halten, dies besonders bei eingebetteten Systemen. Ein eingebettetes System ist ein Rechner, der mit Firmware ausgestattet und fest in der von ihm gesteuerten Hardware verbaut ist.[97]

Zur Internationalisierung von Hardware gehört daher auch das Bewusstsein, dass der Zielausdruck u. U. länger sein kann als der Ausgangsstring. Ausführlicher äußert sich Massion (2011:17 f.) zu dieser Problematik. Bei vertikaler Expansion von Schriftzeichen[98] muss i. d. R. die Zeichenmatrix des Displays vergrößert werden, was eine behelfsmäßige Lokalisierung des Displays (d. h. seinen Austausch) erforderlich machen kann. Dabei ist anzumerken, dass bei Segment- und Matrixdisplays die Zeichensatztabellen fest im Display-Controller einprogrammiert sind. Als Zulieferteil bezogene Displays sind i. d. R. geschlossen, eine Veränderung der Bildpunkt-Ansteuerung ist technologisch nicht vorgesehen. Die Festlegung des Zeichensatzes erfolgt hier deswegen nicht in der Software, sondern durch die Auswahl der passenden Hardware. (Zur Konkurrenz traditionell hierarchisch angeordneter Verarbeitungsschritte s. auch die Ausführungen auf den Seiten 51, 81 und 84.) Eine wichtige Strategie der Internationalisierung von Hardware ist daher deren Modularisierung dergestalt, dass zu lokalisierende Werte ökonomisch ausgetauscht werden können.

Abbildung 32 zeigt die Zeichensatztabelle eines Matrixdisplays mit lateinischen und kyrillischen Zeichen. Wegen vorhandener physischer Beschränkungen werden in diesem Display typografisch ähnliche Zeichen von beiden Alphabeten gemeinsam verwendet.

---

97 Näheres hierzu s. im Glossar auf S. 272 des Anhangs.

98 Näheres hierzu auf S. 93

Abbildung 32[99]*: Zeichensatztabelle (Codepage) eines Matrixdisplays*

Mit Blick auf bestehende Haftungsrisiken nimmt die Internationalisierung von Hardware insofern eine Sonderstellung ein, als Fehler i. d. R. mit hohen Materialkosten verbunden sind. Weil die Zeichen in nicht-vollgrafischen Displays fest einprogrammiert sind, kann so die Nichtverfügbarkeit eines Buchstabens in einem Display zur Untauglichkeit des Gesamtprodukts für einen bestimmten Markt führen.

Speziell bei Hardware ist zu beachten, dass diese bei der Internationalisierung zuweilen nicht nur mit Blick auf unterschiedliche Anwender möglichst neutral gestaltet wird, sondern auch für unterschiedliche Einsatzbedingungen (Temperatur, Wasser-, Staub- oder Salzgehalt der Luft, Vibrations- und Stoßlasten usw.) vorzubereiten ist.

Auch bei Hardware kommt es neben der behelfsmäßigen Lokalisierung von Items mitunter auch zu ihrer Personalisierung, hier vornehmlich durch das Branden von Produkten.[100]

---

99 Bildquelle: TQ-Systems GmbH

100 Näheres hierzu auf S. 77 f.

3.4. Lokalisierung

Beiträge zum Lokalisierungs-Begriff finden sich u. a. in Kano (1995:10), Schmitz (2000:3), Esselink (2000a:2 f.), Esch (2003:110), Yunker (2003:477), Beste (2006:25), Drewer (2006) und Lommel (2007:11).

Für den Terminus *Lokalisierung* gilt wie folgt:

- nichtinternationalisiertes Produkt: Lokalisierung ist die Anpassung an ein *Locale*.
- internationalisiertes Produkt: Lokalisierung ist die Erweiterung eines Produkts um ein *Locale*.

Der Terminus *Locale* bezeichnet das Einstellungsprofil eines Absatzmarkts.

> Ein *locale* ist im geografischen Sinne ein Ort (eine Region, z. B. der französischsprachige Teil Kanadas, oder ein beliebiges Land), im softwaretechnischen Sinne ein Satz von Informationen oder Codes, der mit diesem Ort assoziiert ist. (Gerhardt 1999:214)

Ein Locale kann identisch sein mit einem bestimmten Land (Verwendungsland).

Ziel der Lokalisierung ist allgemein eine Erhöhung der Akzeptanz eines Produkts im Zielmarkt. Je nach Produktkategorie und Zielregion ist eine Lokalisierung (auch jene von Softwareoberflächen) u. U. auch rechtlich verpflichtend.

Während für den Locale-Begriff vornehmlich in anwenderadressierten Textsorten synonymisch auch der Terminus *Gebietsschema* gebräuchlich ist, sprechen Best et al. (2008:60) technisch von einem *Regionenset*. Ein solches Regionenset besteht aus einem festgelegten Satz (zunächst leerer) Items (z. B. *Schriftgröße* oder *Landeswährung*), denen im Lokalisierungsschritt konkrete Werte (z. B. *11px* oder *USD*) zugewiesen werden. Zu den Items eines solchen Satzes zählen u. a. die in Tabelle 3 genannten:

Tabelle 3: Ausgewählte Items eines Gebietsschemas

Item	Anmerkung
Zeitzone	
Sommerzeitregelung	Russland verwendet beispielsweise keine Sommerzeit.
Kalendersystem	z. B. gregorianischer Kalender, julianischer Kalender
Kalendarische Regeln	z. B. Festlegung des ersten Tags der Woche oder der ersten Woche des Jahres, etwa unter Zugrundelegung von ISO 8601; wichtig ist hier auch die Frage, ob in der betreffenden Region auf Sommerzeit zurückgestellt wird

Item	Anmerkung
Ruhetagsregeln	oft abhängig vom traditionellen Gebetstag der vorherrschenden Staatsreligion
Maßsystem	beispielsweise für Länge, Fläche, Volumen, Gewicht, Temperatur, Druck, Kraft, Geschwindigkeit; zu diesem Thema schreibt ausführlich Schmitt (1999a)
Währungseinheit	z. B. USD, US$
Format	z. B. für Uhrzeit, Datum, Adresse, Telefonnummer, Währung, Grund- und Ordnungszahlen, hier insbesondere Tausender- und Dezimalseparatoren; mathematische Operatoren, Eigennamen, Papierformat; bei Zahlen auch die Ausschreibung als Zahlwort
Zeichensatz	Zeichensatztabelle (*codepage*), sofern nicht Unicode
Schriftsystem	z. B deutsches
primäre Schreibrichtung	Anordnung der Zeichen auf der Zeile. Möglichkeiten sind *waagerecht* und *senkrecht*. Subcharakteristika sind sodann *rechtsläufig*, *linksläufig* (waagerechte Schriften) resp. *von oben nach unten* (senkrechte Schriften). Deutsch ist eine waagerecht-rechtsläufige Sprache. Furchenwendige Schriften sind historisch und spielen in der Softwarelokalisierung keine Rolle. Bei dieser primären Schreibrichtung hat man die neue Zeile dort fortgeführt, wo die alte Zeile aufhörte, so, dass die Schrift auf dem „Rückweg" spiegelbildlich dargestellt wurde und über das Blatt eine Schlängellinie formte.
sekundäre Schreibrichtung	Anordnung der Zeilen auf der Seite. Möglichkeiten sind: von oben nach unten, von unten nach oben, von rechts nach links, von links nach rechts. In der deutschen Sprache verläuft die sekundäre Schriftrichtung von oben nach unten.
andere Linearitätsmerkmale im Textkörper	Beispiele: *von Seite zu Seite*, *von Spalte zu Spalte*, Ausrichtung der Bindung (von Blättern) *vom Titelblatt aus gesehen links*, *vom Titelblatt aus gesehen rechts*. Die zuweilen für Letzteres anzutreffende Formulierung *Anordnung der Seiten* (dann *von oben nach unten / von unten nach oben*) ist nicht brauchbar, weil sie im Versuch, die Unterschiede zwischen den jeweiligen Systemen zu beschreiben, das eigene System zugrundelegt. (Liest man ein arabisches Buch rückwärts?)

Item	Anmerkung
Schriftart	insbesondere muss diese im Schriftsystem des Zielmarkts vorhanden sein; jedes Schriftsystem kennt prototypische Schriftarten – diese können auch im Locale mit hinterlegt sein
Schriftgrad	Ideografische Schriftzeichen beispielsweise erfordern i. d. R. einen größeren Schriftgrad als alphabetische.
Regeln der Sprachverarbeitung	z. B. Silbentrennungsregeln, Sortierregeln (engl. *collating sequences*), Transliterationsregeln beispielsweise für die Romanisierung, etwa gem. „Romanization Systems and Policies"
Layout	z. B. Aussehen des Aufzählungszeichens, Feldlängen, Schaltflächen-Koordinaten, Anordnung und Anzahl der Schaltflächen (s. etwa die Ausführungen zu Metaphern auf S. 61)
Farben, Formen, Gesten, Schallereignisse	
User Experience Design	betreffend insbesondere Layout (s. insbesondere Dong / Lee 2008), Tastaturbelegung, Eingabemethode, Tastenkombinationen in Accelerator-Tabellen (Abbildung 122 unten auf S. 263 des Anhangs zeigt eine solche Tabelle in einem Lokalisierungswerkzeug) sowie Zugriffstasten
andere Items mit kultureller Relevanz	Neben Metaphern gehört hierzu auch der Gestaltung der Beziehung zum Leser. Die Entscheidung etwa, ob der Anwender zu duzen oder zu siezen ist, kann von Sprachvarietät zu Sprachvarietät bzw. von Region zu Region variieren.
andere Items mit rechtlicher Relevanz	Beispiele sind hier die Bereitstellung / Unterdrückung auf dem Zielmarkt geforderter / nicht erlaubter Funktionalitäten oder die Gestaltung eines Registrierungsprozesses nach Maßgabe regionaler Rechtsvorschriften. Mitunter gelten auch unterschiedliche Vorgaben für die Barrierefreiheit. Manche Geräteklassen dürfen in bestimmten Ländern außerdem nicht unlokalisiert / in einer Fremdsprache bedient werden. Als betroffene Produktklassen nennt Koch (2014:156) Steuerungssoftware im Maschinenbau und medizinische Geräte.

Bei internationalisierter Software werden die Items in der Geschäftslogik festgelegt und die Werte in der Datenschicht. Die nachstehende Tabelle zeigt ausgewählte Items und deren Werte für das Gebietsschema Deutsch (Belgien), wie sie in der ICU[101]-Bibliothek hinterlegt sind.

Tabelle 4: Ausgewählte Items mit Werten für das Gebietsschema de_BE

Item / Item-Familien	Wert(e)
Skript	`Latin`
Sortierung	`[a ä b c d e f g h i j k l m n o ö p q r s ß t u ü v w x y z]`
Zeichensatz	`abcdefghijklmnopqrstuvwxyzßäöü`
Default-Kalender	`Gregorianischer Kalender`
Tag Abkürzung	`So. Mo. Di. Mi. Do. Fr. Sa.`
Tag Tagesname	`Sonntag Montag Dienstag Mittwoch Donnerstag Freitag Samstag`
Monat Abkürzung	`Jan. Feb. Mär. Apr. Mai Juni Juli Aug. Sep. Okt. Nov. Dez.`
Monat Tagesname	`Januar Februar März April Mai Juni Juli August September Oktober November Dezember`
Ären	`v. Chr. n. Chr.`
Vollständige Zeitangabe	`HH:mm:ss zzzz`
Lange Zeitangabe	`HH:mm:ss z`
Mittellange Zeitangabe	`HH:mm:ss`
Kurze Zeitangabe	`HH:mm`
Vollständige Datumsangabe	`EEEE, d. MMMM y`
Lange Datumsangabe	`d. MMMM y`
Mittellange Datumsangabe	`dd.MM.yyyy`
Kurze Datumsangabe	`dd.MM.yy`
Muster für Datum und Uhrzeit. Zeit: {0}, Datum: {1}	`{1} {0}`
Erster Tag der Woche	`2 (1=SUNDAY)`

101 International Components for Unicode, s. „ICU Home Page"; es ist anzumerken, dass die ICU-Bibliothek im Gegensatz zu gettext nicht nur Internationalisierung anbietet.

Item / Item-Familien	Wert(e)
Mindestanzahl von Tagen in der ersten Woche	`4`
Zahlenmuster	`#,##0.###`
Währungsmuster	`#,##0.00 ¤`
Prozentangabe	`#,##0 %`
Wissenschaftliche Zahlen	`#E0`
Währung für de_Latn_DE	`EUR`

Solche Werte können in einer Lokalisierungsbibliothek hinterlegt und bei der Ausführung des Programms abgefragt werden. Der Übersetzer wird freilich häufiger noch mit einem in vorstehender Tabelle nicht genannten Item-Typ zu tun haben, namentlich mit Inhaltsstrings:

Tabelle 5: Beispiele für Items vom Typ String

Itemname (hier String-ID)	Wert (Ausgabestring)
string_1	`Hallo`
string_2	`Welt!`

Während durch Internationalisierung Strukturen geschaffen werden, die es erlauben, ein Gebietsschema hinzuzufügen, besteht Lokalisierung also konkret darin, für die verschiedenen Items jeweils Werte festzulegen. Konstrukthaft ließe sich Internationalisierung mit der Bereitstellung einer Tabellenstruktur beschreiben, bei der jeder Bedingung (jedem Locale) eine Spalte entspricht und jedem Item eine Zeile. Lokalisierung wäre hier das Ausfüllen einer Spalte:

Tabelle 6: Organisation von Items und Werten in internationalisierter Software

Bedingung / Itemname	en_US	de_LU	ru_RU
string_1	`Hello world!`	`Hallo Welt!`	`Привет, мир!`
string_2	`USD`	`EUR`	`RUB`
Datumsformat	`EEEE, MMMM d, y`	`EEEE, d. MMMM y`	`EEEE, d MMMM y 'г'.`
Schriftfamilie	`serif`	`sans-serif`	`serif`
Hintergrundfarbe	`weiß`	`weiß`	`beige`

Wohlgemerkt: das in Tabelle 6 für das Gebietsschema `ru_RU` genannte Formatmuster `EEEE, d MMMM y ,г'.` aus der ICU-Bibliothek wird zu einer fehlerhaften Ausgabe ähnlich jener in Abbildung 33 führen; an dieser Stelle ist die Bibliothek von regionalen Sprachnormen, hier wohl des Englischen, überprägt.

Abbildung 33: Verketteter Zielausdruck in Formatierung aus Lokalisierungsbibliothek[102]

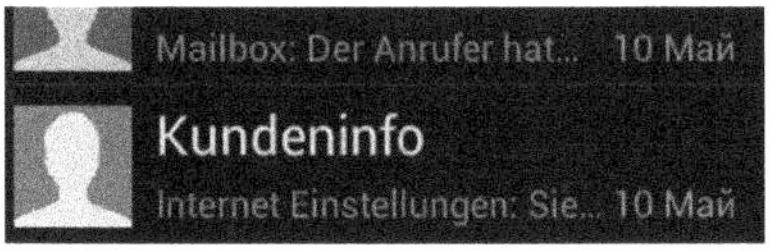

Vine (2002:15) weist darauf hin, dass für locale-spezifische Formate keine öffentlichen Vorgaben existieren; auch könnten Formatierungs-Konventionen je nach Plattform unterschiedlich ausfallen. Allerdings werden Locale-Daten vielfältig gemeinsam, auch plattformübergreifend, genutzt, sodass etwaige Formatierungs-Unterschiede schon aus wirtschaftlichen Gründen sich in Grenzen halten dürften. (Siehe hierzu auch die Ausführungen zum *Common Locale Data Repository* unten auf S. 110.)

Vergegenwärtigt man sich, dass der Begriff der Globalisierung als Fundament des *GILT*-Begriffssystems primär ein marktstrategischer ist, so nimmt es nicht wunder, dass einige Quellen alternativ zu *Locale* vom *Markt* sprechen. Zu diesen Quellen gehören Gerhardt (1999:213), Esselink (2000a:2), Yunker (2003:171), Beste (2006:25), Lommel (2007:11) und Herrmann (2012:6); aus dem applikativen Umfeld kommen Publikationen wie Apple Inc. 2012:7 und Microsoft Corporation „Globalization Step-by-Step. Understanding Internationalization") hinzu. Versteht man den Begriff des Markts nun als etwas Überregionales im Sinne aller Konsumenten einer Marke, so liegt es nahe, zur Gewährleistung von Brandingfähigkeit eine weitere und nicht zwangsläufig regionale Kenngröße in die Liste der Locale-Items aufzunehmen, namentlich die Produktmarke.[103] In der Tat gibt es für eine Abkehr von einem allzu regionsbezogenen Locale-Begriff gute Argumente. Zum einen nämlich ist eine starre Verbindung von Sprache (auch Sprachvarietät bzw. Sub-Sprache) und Region nicht immer praktikabel, denn natürliche Sprache ist vor dem Hintergrund der Globalisierung kein *per se* regionales Item mehr (dies wegen der Mobilität von Anwendern, Endgeräten und wegen der wachsenden Verbreitung von Cloud-Technologien[104]). Folglich muss es möglich sein, Sprache und Region unabhängig voneinander zu konfigurieren. Zum anderen zeichnen

102 Screenshot-Quelle: Android 4.1.2.
103 Näheres hierzu auf S. 77 f. und auf S. 109.
104 Näheres hierzu auf S. 106 f.

sich Bestrebungen ab, Ressourcen nicht nur markt-, sondern auch software- und hardwareneutral zu gestalten.[105] Nachdem oben vorgeschlagen wurde, die Produktmarke in die Liste der Locale-Kenngrößen aufzunehmen, drängt sich nun auf, zwei weitere potenziell überregionale Items als Locale-Kenngrößen zu berücksichtigen, namentlich die Ziel-Plattform (hier im Sinne der Zugehörigkeit des Endgeräts zu einem Betriebssystem und zu einer für dieses entwickelten Hardware, z. B. Web-Interface, *Android*, *iOS*, *Windows Phone*) und den Eingabetyp.[106]

Während die translatologische Literatur *Lokalisierung* wie in Schmitz (2000:3) und Esselink (2000a:2) mit *Software-Lokalisierung* quasi gleichsetzt, werden in der industrienahen Literatur auch Fragestellungen der Lokalisierung materieller Güter diskutiert – s. hierzu Czarnecki / Deitsch (2001:1), Vine (2002:16), Yunker (2003:172 f.) oder Lommel (2007:23 f.). Letzterer isoliert im Begriff der Lokalisierung die vier Problemfelder *Linguistic Issues, Business and Cultural Issues, Technical Issues* sowie *Physical Issues.* Zu Letzteren zählt er exemplarisch die technische Anpassung von Automobilen an den Rechts- bzw. Linksverkehr oder die Anpassung elektrischer Geräte an 110-V- bzw. 230-V-Netze.
Speziell für den Bereich der Softwarelokalisierung werden traditionell grob drei Textsortenklassen unterschieden:

- Texte, die die Bedienung der Software ermöglichen: die Ressourcen, d. h. Dialoge, Menüs, Accelerator- und String-Tabelle, das Versionsfenster
- Texte, die über die Bedienung der Software informieren: Hilfedatei, Dokumentation
- Texte, die keinen unmittelbaren inhaltlichen Bezug zur Bedienung der Software haben, sogenannte Begleitmaterialien (engl. *collateral materials*), etwa Verpackung, Lizenzvertrag, Produkt-Website

Beste (2006:39 f.) spricht hier von Softwaretexten ersten, zweiten und dritten Grades. Für die erste Klasse ergeben sich Spezifika, die die ergonomischen und kognitiven Abläufe des Übersetzungsprozesses beeinflussen. Zu diesen Spezifika gehören u. a. die folgenden:

1. Oberflächenausgaben sind flüchtig[107]. Sie entstehen erst zur Laufzeit. Die der Ausgabe und dem Übersetzungsvorgang zugrundeliegende permanen-

105 s. hierzu die Ausführungen auf S. 109 f.

106 beispielsweise Maus-, Stift- oder Toucheingabe; zum Terminus s. im Glossar auf S. 272 des Anhangs

107 Mit dem Wort *Flüchtigkeit* wird hier nicht das Gleiche gemeint wie mit dem Ausdruck *Kurzlebigkeit* (Sandrini 2009:141). *Flüchtig* sei hier ein Text genannt, wenn

te Datenrepräsentation erfolgt in Resource-Dateien, die nicht zwangsläufig semantische Ausdrücke, sondern zunächst lediglich Symbolvorräte für die Erzeugung solcher Ausdrücke enthalten. Während der Symbolvorrat dieser Repräsentation begrenzt ist, können die aus ihr erzeugten Inhalte theoretisch unbegrenzt sein.[108] Dabei erfolgt die Datenrepräsentation in den Resource-Dateien akontextuell fragmentiert. Für die Herstellung des Translats ist der Übersetzer deshalb auf sein Abstraktions-, Imaginations- und Kooperationsvermögen angewiesen. Der Ausgangstext ist in diesem Sinne wohl fixiert, wird aber nicht permanent dargeboten (vgl. in anderem Kontext Kade 1968:35).

2. Zu übersetzende Ausdrücke bleiben oft unter der Syntagmenebene, was im Zusammenspiel mit vorerwähnter Akontextualität eine enge Zusammenarbeit zwischen Lokalisierung und Internationalisierung erforderlich macht und gewisse Iterationen erzeugen kann. Beispiel: Ein übersetzter Teilstring fügt sich syntaktisch oder semantisch nicht fehlerfrei in die Umgebung des Gesamtstrings. Ein solcher Teilstring wird optimaler Weise nach einem Anwendertest reklamiert und durch den Übersetzer korrigiert. Bei einem neuen Testdurchlauf mag der korrigierte Teilstring sich an besagter Stelle nun unauffällig verhalten, diesmal aber an anderer Stelle den Gesamtausdruck stören. Nach neuerlicher Reklamation mag sich nun herausstellen, dass für den Ausgangsstring in der Resource-Datei zwei Instanzen erforderlich sind, die vom Entwickler bereitgestellt und vom Übersetzer übersetzt werden müssen.
3. In einer konsolidierten Ressource abgespeicherte Strings werden für die Ausgabe mitunter – auch textübergreifend – mehrfach genutzt. Da eine Konsolidierung der Daten oft maschinell und damit benennungsorientiert und ohne Berücksichtigung syntaktischer Abhängigkeiten erfolgt, ist der Übersetzer zuweilen mit Einschränkungen der Lokalisierbarkeit konfrontiert, die nur im engen Kontakt mit dem Entwickler gelöst werden können.
4. UI-Texte sind stark konventionalisiert (Beste 2006:60) und idealerweise konnotationsfrei. Gerade Letzteres, das Streben nach Konnotationsfreiheit, führt zur Verwendung von Konstruktionen, die beim Systemwechsel sehr wahrscheinlich einem morphosyntaktischen Transfer unterliegen. Speziell im Deutschen sind dies indikativische Imperativ-Ersatz-Konstruktionen mit ab-

---

er nur zur Laufzeit eines Programms existiert. Über die Lebenszeit eines flüchtigen Texts entscheidet also die Maschine, über die eines kurzlebigen Textes der Mensch, wobei digital dargebotene Texte in der Praxis freilich flüchtig und kurzlebig zugleich sein werden.

108 s. die Ausführungen auf S. 110

strahierten semantischen Rollen[109] (im Deutschen etwa *Abbrechen* oder *Nicht vom nächsten Absatz trennen*), Konstruktionen mit unpersönlichem Subjekt (*Es ist nicht ausreichend Speicher vorhanden.*) sowie Passiv-Konstruktionen (*Der Dienst konnte nicht gestartet werden.*).
5. Benutzerschnittstellen und damit auch UI-Texte unterliegen einem hohen Assimilationsdruck (s. unten auf S. 81 f.).
6. Es bestehen häufig Längenbeschränkungen für Zielausdrücke. Hieraus ergeben sich spezifische Maßstäbe für die Translationsqualität. Dabei müssen sich Bildschirminhalte oft dynamisch an die Gegebenheiten des jeweiligen Endgeräts (Größe und Auflösung des Bildschirms) anpassen, was selbstverständlich auch für Längenbeschränkungen gilt. Entsprechend variiert mitunter nicht nur der begriffliche oder syntaktische Kontext einer Benennung (s. oben Punkt 3), sondern auch ihre grafische Umgebung. In diesem Sinne muss die verwendete Hardware zum Kontext gezählt werden.
7. Der Anteil nicht unmittelbar sprachmittlerischer Teilprozesse der Translation ist hoch. Beispiele für solche nicht unmittelbar sprachmittlerischen Prozesse sind Engineering-Tätigkeiten, das Einpassen des Translats in den grafischen Kontext und ein erhöhter administrativer Aufwand durch Iterationen.
8. Durch den hohen Anteil noch unbekannter oder schwer quantifizierbarer Variablen im Projektablauf wird dem Übersetzer im Planungs- bzw. Angebotsstadium eine hohe *operationale Kompetenz* (Kalverkämper 2004:66 f.) bzw. *Dienstleistungskompetenz* (EMT-Expertengruppe 2009) abgefordert, hier besonders im Bereich der unternehmerischen Aufwands- und Risikobewertung. Solche schwer quantifizierbaren Variablen betreffen u. a. den Engineering-Aufwand, den Grad der erwartbaren Iterativität und den Grad der erforderlichen Mobilität (Reiseaufwand).
9. Die Verarbeitung des Ausgangstextes erfolgt mithilfe von Übersetzungsumgebungen wie Translation-Memory-Systemen (TM-Systemen) und Lokalisierungswerkzeugen. Hieraus ergeben sich spezifische sozioökonomische[110] und linguistische[111] Fragestellungen.

Mit Blick auf den Umfang der einzelnen *GILT*-Begriffe wurde in der Literatur wiederholt diskutiert, welche konkreten Operationen der Übersetzer nun absolvieren muss, inwieweit Lokalisieren sich vom translatorischen Begriff des Übersetzens unterscheidet und inwiefern Lokalisieren mehr sei als „nur" Übersetzen. Jüngere Diskussionsbeiträge zum Thema finden sich in Kemmann (2005),

109 Zur Verwendung des Terminus *semantische Rolle* s. Glossar.
110 Siehe die Ausführungen auf den Seiten 74 f. und 180.
111 Siehe hier Abbildung 83 auf S. 114 und Abbildung 84 auf S. 114.

Ottmann (2005:115), Sandrini (2005:2 f.), Beste (2006), Lommel (2007:12 f.) sowie Sikes (2009:6). So wird im *GILT*-Begriffssystem das Übersetzen zuweilen als separater, der Lokalisierung vorgeschalteter Prozess gesehen (Sachse / Lieske 2012:7), häufiger als Teilprozess der Lokalisierung wie in den Flächenmodellen von Seewald-Heeg (Abbildung 34) und Cadieux / Esselink (Abbildung 35) oder im Pyramidenmodell von Sikes (Abbildung 36).

Abbildung 34: Flächenmodell von Seewald-Heeg (2012)[112]

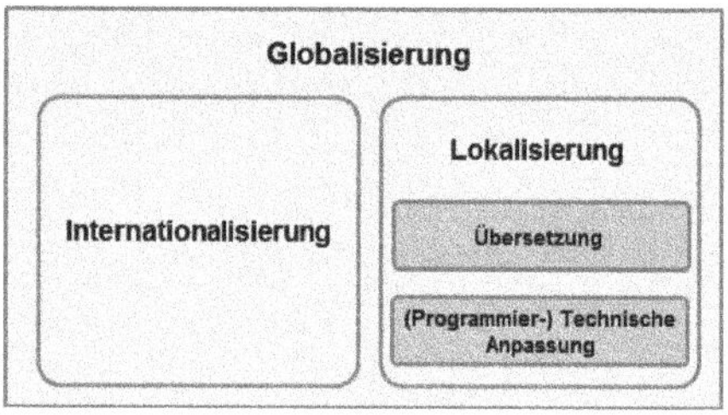

Abbildung 35: Flächenmodell von Cadieux / Esselink[113]

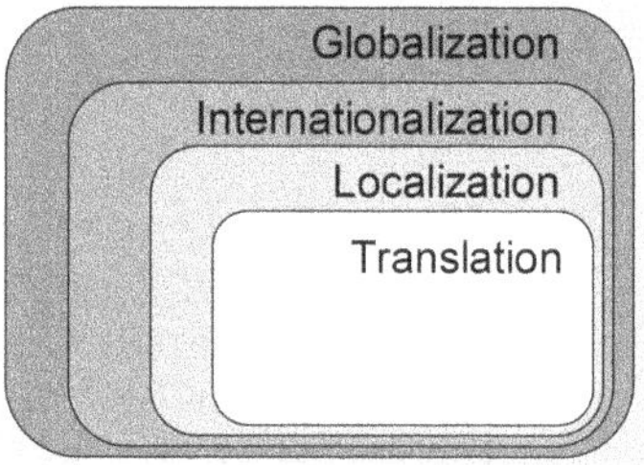

Abbildung 36: Pyramidenmodell in Sikes (2009:4)

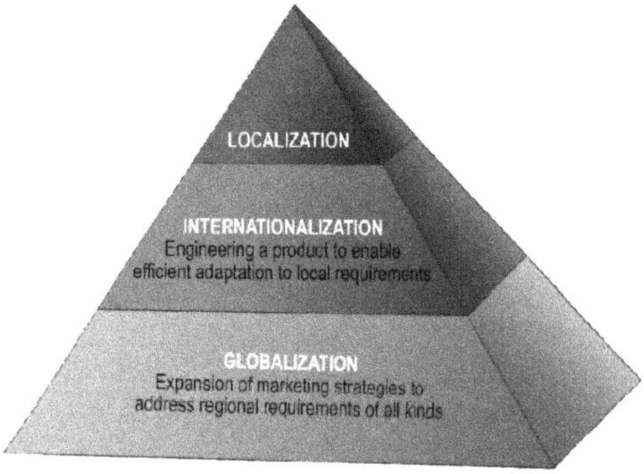

Anfechtbar sind solche differenzierenden Modelle m. E. insofern, als sie der Tendenz, in der Translation eine subalterne Teilleistung im Lokalisierungsprozess zu sehen, Vorschub leisten können. Zu Recht weist Kemmann (2005:23) auf eine „sachlich unzutreffende Vorstellung von der ‚klassischen' Übersetzungstätigkeit" hin. Umso mehr überrascht, wenn auch nach der pragmatischen Wende noch an

112 Bildquelle: Seewald-Heeg (2012:86).
113 Bildquelle: Seewald-Heeg (2010:15).

einem rein linguistischen Übersetzungsbegriff festgehalten wird. Esselink (2000b) schließt Tätigkeiten aus, die durchaus zum Übersetzungsprozess gezählt werden können, wie TM-Verwaltung und Text-Alignment:

> Examples of activities in localization which are not necessarily part of traditional translation are multilingual project management, software and online help engineering and testing, conversion of translated documentation to other formats, translation memory alignment and management, multilingual product support, and translation strategy consultancy.

Auch Austermühl (2001b:52) als jüngerer Vertreter der Übersetzungswissenschaft konstatiert: „Kundenwünsche, die über den Bereich der Translation hinausgehen, gehören zum Übersetzungsalltag" und nennt als Beispiel „zusätzliche Aufgaben" wie die Informationsrecherche und die Erarbeitung fachbezogener Terminologien (ebenda S. 64). Damit schafft er eine Einengung des Übersetzungsbegriffs, die eine Einschränkung der übersetzerischen Selbstwirksamkeit zur Folge haben muss.[114] In diesem Sinne schließe ich mich der in Kemmann (2005:23), Sandrini (2005:2) und Ahmann (2012:151) geäußerten Skepsis gegenüber den Translationsbegriff einengenden Versuchen einer begrifflichen Trennung von *Übersetzen* und *Lokalisieren* an. Schwierig ist eine solche Trennung aus den folgenden Gründen:

- Die Abläufe und Rollenverteilungen des Lokalisierungsprozesses sind nur schwach konventionalisiert (Kemmann 2005:19 f., Esch 2003:27).
- Der digitale Markt wird zunehmend solche Medien erfassen, die derzeit noch mit dem Printbereich assoziiert werden. Aus diesem Grund wäre es verfehlt, Lokalisierung den Status eines eigenen hierauf reduzierten *Sachfachs* Holz-Mänttäri (1984:159)[115] zuzuweisen und auf diese Weise mediale[116] Kompetenzen zu exotisieren.[117] Schon Reineke (2005:73) beobachtete, dass die Grenzen „z. B. zwischen Translation-Memory-Systemen und Lokalisierungswerkzeugen zunehmend verwischen".
- Einer solchen Trennung sind die in vorgelegter Arbeit untersuchten Defekte mit anzulasten, zumindest dort, wo sie zur Fragmentierung der Lokalisierung[118] und damit zu *struktureller Suboptimalität* (Prunč 1997:120 f.)[119] geführt hat. Letztere manifestiert sich u. a. in der Zerschlagung der Übersetzungsleistung in die Teilprozesse Sprachmittlung und Lokalisierungs-Engineering.

---

114 Zum Verständnis des Worts *Selbstwirksamkeit* in dieser Arbeit s. die Ausführungen oben auf S. 158.

115 EMT-Expertengruppe (2009:7) spricht von *Fachkompetenz*

116 *medial* hier mit Bezug auf den Botschaftsträger gem. Holz-Mänttäri 1984:30

117 Ausführlicher hierzu auf S. 187.

118 Näheres hierzu auf S. 158 und S. 171

119 s. hierzu die Ausführungen auf S. 169

Als Beispiel für einen integrativen Übersetzungsbegriff sei hier auf Schmitt (1998a:2) verwiesen:

> Hierzu [zum Einsatz von Übersetzungsstrategien und Arbeitsmitteln – d. V.] gehören keineswegs nur Aspekte, die sich auf Wortebene behandeln lassen, sondern unter anderem auch globalere Textmerkmale, wie etwa das Papierformat, die Makrostruktur (z. B. sind typische Verträge im Deutschen und Italienischen unterschiedlich gegliedert), die Beschreibungstiefe (weil unterschiedliches Vorwissen zu berücksichtigen ist) und die Typographie (es gibt z. B. kultur-, thema- und textsortenspezifische Schriftpräferenzen ...)

Zu Recht schlägt Schmitt (1998b:155) vor, den Textbegriff – weniger figürlich als in der gängigen Wortverwendung – aus dem lateinischen Wort *textus* abzuleiten, d. h. auf mehr als nur verbale Inhalte anzuwenden. Doch mehr noch: eine Besonderheit von Bildschirmmedien ist, dass deren Texte mindestens drei Teilrepräsentationen haben, die jeweils von oder für unterschiedliche Aktanten geschaffen wurden, namentlich die folgenden (s. S. 71, Punkt 1):

1. den permanenten Stringvorrat (Ressource)
2. Anweisungen für die logische Verarbeitung dieses Stringvorrats (Quellcode)
3. die flüchtige Ausgabe für den Anwender (UI)

Speziell für digitale Medien wird deshalb ein statischer Textbegriff (unter Rückgriff auf die Bedeutung *Textur*, *Gewebe*) zu kurz greifen und an seine Stelle wohl ein prozeduraler Begriff treten müssen, der verbale Zeichen und Strukturdaten als ein Potenzial begreift, welches in Abhängigkeit von der Geschäftslogik und den Anwendereingaben auf eine bestimmte Weise genutzt werden (zur grafischen Ausgabe gelangen) kann. Da Software unterschiedlich komplex sein oder werden kann, sind die an der Erstellung, Verarbeitung oder Rezeption beteiligten Aktantengemeinschaften ebenfalls offen. Mit der Einbeziehung von Strukturdaten in den Textbegriff schließlich ist formale Sprache auch im Berufsbild des Übersetzers angekommen.

Näheres zur Technologie der Lokalisierung s. Abschnitt 4.2.

3.5. Personalisierung

Neben regionalen Unterschieden in den Erwartungen der Anwender existieren freilich auch individuelle. Um die Akzeptanz eines Produkts zu erhöhen, werden daher in Produkten oft zusätzlich Möglichkeiten der Personalisierung bereitgestellt.

Unter dem Terminus *Personalisierung* soll hier die Anpassung eines Produkts an eine *Persona* verstanden werden. Personalisierung kommt also dort zum

Einsatz, wo die Lokalisierung eines Produkts für seine Anpassung an objektive Bedingungen nicht ausreicht, oft aber auch dort, wo über die Lokalisierung hinausgehende Differenzierungen angeboten werden sollen, um die Akzeptanz oder Adressatengerechtheit eines Produkts zu steigern. Wirtschaftlich erfüllt Personalisierung damit u. a. ergonomische und verkaufspsychologische Ziele. Aus technischer Sicht ist Personalisierung eine Form der Lokalisierung.

Der Terminus *Persona* bezeichnet im Software-Kontext zunächst einen prototypischen Anwender, dem ein bestimmter Einstellungssatz zugeordnet wird. Mögliche Items eines solchen Einstellungssatzes sind u. a. die folgenden:

- Nutzungsszenarien: Fertigkeiten des Anwenders und / oder Art der Nutzung der Software
- Ergonomische Präferenzen des Anwenders
- Markenidentität (siehe unten S. 79)

Die Wahl der Persona erfolgt durch den Anwender oder – wie bei der Sonderanfertigung oder dem Branding – werkseitig. Statt geschlossener Einstellungssätze oder Zusatzfunktionen können oft Programmen aber auch einzelne Werte angepasst werden; verbreitete Menüpunkt-Namen hierfür in grafischen Oberflächen sind im Deutschen „Einstellungen“ oder „Optionen“. Gegenstand von Personalisierung sind dabei grundsätzlich dieselben Kenngrößen wie jene der Lokalisierung[120]. Abbildung 37 zeigt den Dialog für die Einstellung der Sprache und das Sprachregister einer Anwendung.

Abbildung 37: Personalisierung der Oberflächensprache und des Sprachregisters in einer PC-Anwendung[121]

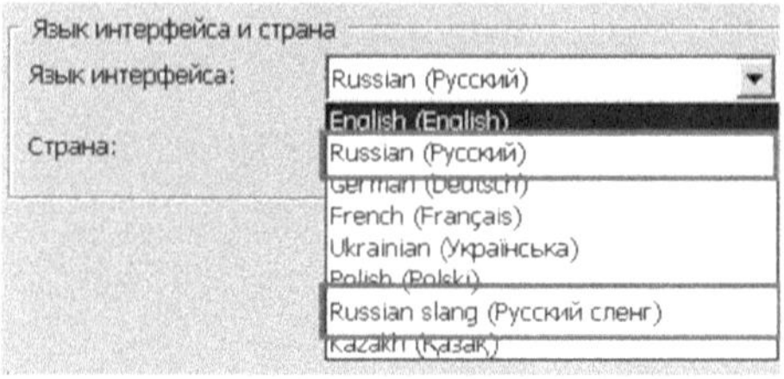

Eine Sonderform der Personalisierung (und damit eine Form der Lokalisierung) ist das Branding. Branding ist die Einkleidung eines Produkts mit einer Marke für

120 s. hier Tabelle 3 auf S. 65 f.

121 Screenshot-Quelle: ABBYY Lingvo x3, Build 14.0.0.596, ABBYY; Wahl des Bildausschnitts und Hervorhebungen durch den Verfasser

dessen Alleinstellung gegenüber anderen identischen Produkten, d. h. es wird eine scheinbare Unterschiedlichkeit erzeugt. Abbildung 38 zeigt die Weboberfläche einer Applikation, Abbildung 39 ein Haushaltsgerät in verschiedenen Brands:

Abbildung 38: Weboberflächen einer Applikation in verschiedenen Brands

Abbildung 39: Haushaltsgerät in verschiedenen Brands

In diesem Sinne kann sich Personalisierung – wie auch Internationalisierung – des Prinzips der Trennung von Form und Inhalt bedienen. Die *Persona* ist beim Branding der Konsument einer konkreten Marke. Branding erlaubt es, ein Produkt an individuelle Einstellungen zu bewusst oder unbewusst vorausgesetzten

Produktmerkmalen wie ökologische Bilanz, Regionalität, Fair-Trade oder Qualität anzupassen, ohne diese Merkmale tatsächlich zu verändern, aber auch, Markenbindungen, u. U. auch den Wunsch nach sozialer Zugehörigkeit oder Distinktion zu bedienen. Beim Branding werden die Konsumenten einer bestimmten Marke als ein Markt verstanden – durch das Branden eines Produkts wird folglich auch dessen Markt um die Konsumenten der betreffenden Marke erweitert.

Von übersetzerischer Bedeutung ist Branding als Personalisierungsstrategie insofern, als Terminologie markenabhängig sein kann. Entsprechend erfordert Brandingneutralität die Bereitstellung von Mechanismen, die die Diversifikation eines Begriffs in seine jeweiligen markenspezifischen Benennungen ermöglicht. Zu den markenspezifischen Zielbenennungen gehört auch eine plattformabhängige UI-Terminologie. Ein Vergleich von Abbildung 40 und Abbildung 41 offenbart zwei lexikalische Diversifikationen in der Übersetzungsrichtung Englisch → Deutsch, namentlich *save* → *sichern* (Apple) / *speichern* (Microsoft) sowie *desktop* → *Schreibtisch* (Apple) / *Desktop* (*Windows*). Der Screenshot von Abbildung 40 lässt im Kopfabschnitt zudem mit dem String *Datei speichern* (sic!) *unter* einen Lokalisierungsfehler erkennen:

Abbildung 40: Dialog Sichern unter, *Browser* Safari, *Apple*[122]

122 Screenshot-Quelle: http://www.apfeltalk.de/community/attachments/auf-png.6391/ (07.08.2015)

Abbildung 41: Dialog Speichern unter, *Browser* Safari, Windows

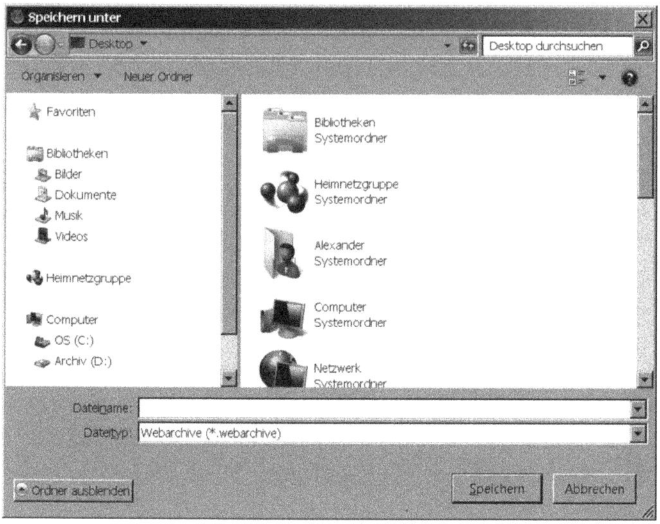

Da Branding eine Personalisierungs- und damit auch Lokalisierungsstrategie ist, liegt es nahe, die Marke als Itemfamilie zu verstehen und in der Locale-ID separat auszuweisen. (Näheres hierzu unten auf S. 110.) Umgekehrt dürfen konventionsgerecht internationalisierte Produkte bzw. Produktbestandteile *per se* als brandingfähig gelten.

Zu den Technologien der Personalisierung von Anwendungen gehören auch Add-ons und Plug-ins. Ein Add-on ist ein Programmmodul, das zur Erweiterung eines Programms vom Anwender in dieses eingebunden werden kann. Während das Add-on dieselben Ressourcen wie die Hauptanwendung nutzt, ist ein Plug-in ein autonomes Programm mit eigenen Bibliotheken, das über eine Schnittstelle mit einem anderen Programm interagieren kann.

3.6. Beziehungen zwischen den Teilprozessen Internationalisierung, Lokalisierung und Personalisierung

Vine (2002:18 f.) und Best et al. (2008:33 f.) machen deutlich, dass wirkliche Neutralität vor dem Hintergrund der bestehenden Faktorenvielfalt und der regionalen Unterschiede in der Wertung von (hier: visuellen) Informationen letztlich ein Ideal ist. Diese Erkenntnis darf auch für andere Items von Software in Anspruch genommen werden, denn es wird wohl kaum möglich sein, schon im Stadium der Entwicklung eines Software Development Kits[123] (SDK) für das Auftreten aller denkbaren Werte aller denkbarer Items[124] in allen denkbaren Einsatz-Szenarien einer Software Vorsorge zu tragen. Das Streben der Internationalisierung nach Universalität kann mit Blick auf einzelne Items daher gleichbedeutend sein mit dem Versuch, die Software für eine möglichst große Zahl von Locales anzupassen; an Stelle einer Internationalisierung eines Items wird es u. U. also zur Herausbildung von Locale-Clustern kommen.[125]

Auch an der Grenze zwischen Lokalisierung und Personalisierung kann es bei bestimmten Produktkomponenten zu einer Konkurrenz dieser traditionell sequenziell-hierarchischen Arbeitsschritte kommen.[126] Ein Anwendungsszenario für die Substitution von Lokalisierung durch Personalisierung wäre etwa Software für die biometrische Authentifizierung, da biometrische Items (Fingerabdruck, Retinamuster, Stimmformanten usw.) nicht regional sondern individuell sind. So wird für Sprachauthentifizierungs-Software das beim Erlernen einer Anweisung verwendete Sprachsystem irrelevant sein, also ganz gleich, ob der Befehl für das Abschließen einer Tür / ˈapʃliːsn̩ / („abschließen“), / lɒk ðə dɔː / („lock the door“) oder / zəpʲɪˈrʲetʲ / („запереть“) heißt.

Eine weitere Alternative zur Internationalisierung, für die hier der Ausdruck *Assimilation* vorgeschlagen wird, liegt schließlich vor, wenn es nicht das Produkt ist, das an die Zielkultur angepasst wird, sondern die Zielkultur, die sich (über das Produkt und unter wirtschaftlichem Hegemonialdruck) an die Ausgangskultur anpasst. Assimilation kann damit in ihrem Wesen als Pendant zur Lokalisierung (hier in konkurrierender Stellung zur Internationalisierung[127]) verstanden werden.

Auf natürlichsprachlicher Ebene manifestiert Assimilation sich dort, wo in einer Sprache Ausdrücke oder Konstruktionen etabliert werden, die auf eine andere Sprache zurückgehen. Abbildung 42 zeigt ein Beispiel für eine Interferenz durch Übernahme eines in der Ausgangssprache gebräuchlichen Verbmodus (Imperativ) sowie durch Übernahme der ausgangskulturellen Rhetorik (Subordination der Kernaussage: *Learn why* …):

---

123 Zur Erläuterung des Terminus s. Glossar.

124 Beispiele s. hier auf S. 65 f.

125 s. hierzu auch die Ausführungen auf S. 81, S. 63 und S. 84.

126 s. auch S. 84.

127 s. hierzu S. 84, Punkt 1.

Abbildung 42: Grammatikalische und rhetorische Interferenz aus dem Englischen[128]

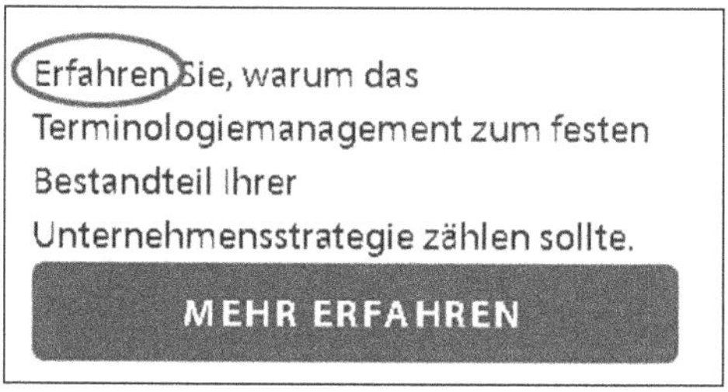

Abbildung 43 zeigt den Dialog *Datei Löschen* aus dem Betriebssystem *MS Windows 7*, in dem das Wort *permanently* gemäß der Microsoft-Windows-Terminologie für die Betriebssysteme *Windows Vista / Windows 7, Windows 8 / Windows 8.1* und *Windows 10* mit dem Wort *unwiderruflich* übersetzt wurde:

Abbildung 43: Dialog „Mehrere Elemente Löschen“, MS Windows 10

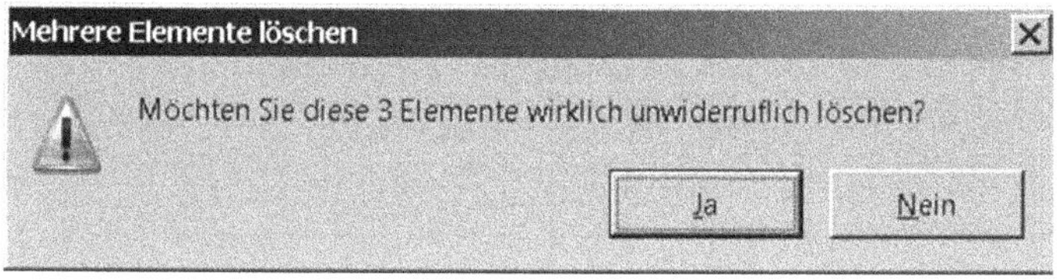

Abbildung 44 zeigt einen ähnlichen Dialog aus der Anwendung *CCleaner*, hier mit lexikalischer Interferenz[129] aus dem Englischen:

Abbildung 44: Lexikalische Interferenz aus dem Englischen[130]

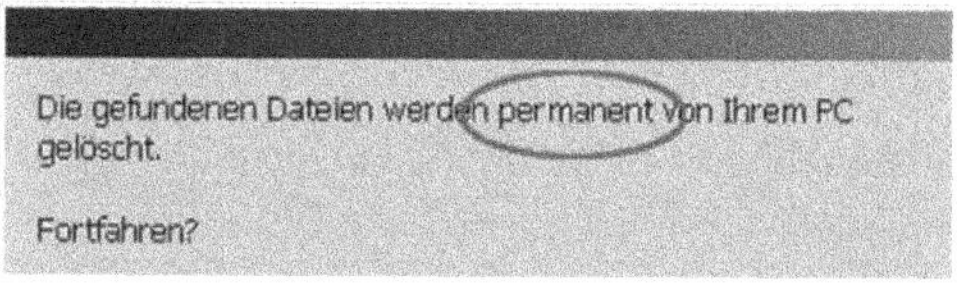

128 Screenshot-Quelle: http://www.sdl.com/de/cxc/language/translation-productivity/studio-groupshare/multiterm-workflow.html (09.05.2015).

129 Das Wort *permanent* hat im Deutschen die Bedeutung *immer wieder, ununterbrochen, ständig.*

130 Screenshot-Quelle: CCleaner v.3.03.1366: Auswahl des Bildausschnitts durch den Verfasser

Dabei können überblicksweise die folgenden Etappen der Assimilation abgeleitet werden:

- Die Entscheidung, das Wort *permanently* mit dem Wort *unwiderruflich* zu übersetzen, ist eine Lokalisierungshandlung (Abbildung 43).
- Die Wiedergabe von *permanently* als *permanent* wie in Abbildung 44 ist zunächst eine Interferenz, also ein Lokalisierungsfehler und in diesem Sinne ebenfalls eine Lokalisierungshandlung.
- Die nicht ausgangstext-induzierte Verwendung von *permanent* (Abbildung 45) zeugt von einer Konventionalsierung dieses Worts, ist also ein Ergebnis von Assimilation. Die Verwendung dieses Terminus in Übersetzungen wird hiernach nicht mehr als Direktübertragung wahrgenommen.

Abbildung 45: Beispiel für Assimilation[131]

Interferenzen können aber auch durch die Übernahme regional bzw. linguistisch geprägter Symbole zustande kommen. Abbildung 46 zeigt ein Beispiel für eine Interferenz durch Übernahme eines erstarrten Symbols, in der Quellkultur motiviert durch die Polysemie-Beziehung zwischen dem (hier gemeinten) Adverb *home* (*nachhause*, hier übertragen in der Bedeutung *going back*, z. B. zur Homepage) und dem Substantiv *home* (*Haus, Heim*, in den USA oft ein Eigenheim). Auch Abbildung 47 zeigt ein verbreitetes Beispiel für die Übernahme eines erstarrten Symbols, in der Ausgangskultur motiviert durch die Polysemie von *clipboard – Klemmbrett*; *Zwischenablage*.

131 Screenshot-Quelle: http://www.chip.de/bildergalerie/360Amigo-System-Speedup-Free-Starke-Alternative-zu-CCleaner-Galerie_55185051.html?show=18 (21.09.2015)

Abbildung 46: Home-Schaltfläche eines Internetbrowsers

Abbildung 47: Klemmbrett als Symbol für die Zwischenablage (Windows 10)

Konventionalisierte Interferenzen werden vom Anwender kaum noch als Defekte wahrgenommen. Dennoch mindern sie den Wirkungsgrad der Lokalisierung und begünstigen auf diese Weise den Assimilationsprozess.

Assimilation führt zum selben Ergebnis wie Lokalisierung, namentlich zur Akzeptanz eines Produkts in einem Auslandsmarkt. Während jedoch Internationalisierung und Lokalisierung menschengemachte Prozesse sind und Geld kosten, geschieht Assimilation autonom. Dies gilt auch dort, wo auf den sozialen Mechanismus der Assimilation bewusst gesetzt wird. Gezielt wird, wie Göpferich (1998:294) ausführt, etwa die Prestigewirkung anglo-amerikanischer Produkte in bestimmten Regionen ausgenutzt, also der Wunsch des Anwenders nach sozialer Distinktion, indem eben nicht lokalisiert wird.

In den vorstehenden Darstellungen wurde deutlich, dass das etablierte *GILT*-Begriffssystem für die Bewältigung des Gegenstands ergänzungs- oder präzisierungsbedürftig ist. Als Gründe hierfür sind die folgenden zu nennen:

1. Das tradierte *GILT*-Begriffssystem ist hierarchisch aufgebaut und impliziert wie in den auf S. 74 abgebildeten Modellen eine sequenzielle Abarbeitung der einzelnen Verarbeitungsstufen (erst internationalisieren, dann lokalisieren, dann übersetzen); tatsächlich aber treten die Grenzen zwischen den Arbeitsschritten Internationalisierung / Lokalisierung-Personalisierung in jedem Anwendungsfall – ja bei jedem Item auch innerhalb einer Anwendung – an anderer Stelle auf, wobei die jeweiligen Unterbegriffe teilweise miteinander konkurrieren oder schwer voneinander abzugrenzen sind. Der in der englischsprachigen Literatur für den Internationalisierungsbegriff auch verwendete Terminus *localization enablement* greift in diesem Sinne zu kurz und gilt allenfalls für die technologische Basis von Produkten, nicht aber oder nicht immer für das ganze Produkt oder einzelne Produktkomponenten.

2. Wirkliche Universalität ist mit Blick auf die materielle Basis von Produkten, aber auch auf semiotische Aspekte des Produktdesigns nicht immer möglich. In diesem Sinne bleibt die in der Internationalisierung angestrebte Neutralität ein Ideal.
3. Während der Begriff der Globalisierung ein unternehmerischer, soziologischer und politischer ist, sind der Internationalisierungsbegriff und der LokalisierungsBegriff produktbezogen. Der Globalisierungsschritt lässt sich prozedural mit den anderen *GILT*-Begriffen nicht in ein System bringen und ist für den Übersetzer nicht unmittelbar relevant.
4. Das tradierte *GILT*-Begriffssystem ist nicht geeignet, einer Einengung des Übersetzungsbegriffs auf das linguistische Umkodieren entgegenzuwirken. Die Beschreibung von Übersetzen als Teilschritt der Lokalisierung ist wegen der Gefahr einer Desintegration einzelner Lokalisierungsschritte im Kontext der Softwarelokalisierung auch aus prozeduraler Sicht nicht zweckmäßig.
5. Der Schritt der Personalisierung kann übersetzerisch durchaus relevant sein, weil zu personalisierende Items auch UI-Texte erzeugen. (Näheres hierzu in den Ausführungen zur Markenneutralität unten auf S. 109.) Der Personalisierungsschritt fehlt aber im Begriffssystem.

Die begrifflichen Konsequenzen aus diesen Erkenntnissen lassen sich für die vorliegende Untersuchung wie folgt zusammenfassen:

- Der Globalisierungsschritt wird aus den weiteren Betrachtungen ausgeschlossen.
- Der Personalisierungsschritt wird in die Betrachtungen mit aufgenommen.
- Die traditionell hierarchisch verstandenen Arbeitsstufen Internationalisierung – Lokalisierung – Personalisierung werden als Einheit verstanden, d. h., es wird anerkannt, dass die Grenzen zwischen diesen Arbeitsstufen aus prozeduraler Sicht fließend, und deren hierarchische Beziehungen in unterschiedlichen Produktteilen jeweils andere sein können.
- Anknüpfend an Kemmann (2005:22), der eine fortschreitende Auflösung der Dichotomie in Übersetzung und Lokalisierung konstatiert, wird hier auf eine Abgrenzung dieser Begriffe verzichtet.
- Der Begriff der Translation schließt das Scripten von Übersetzungen mit ein (*translation scripting*).

Für die weiteren Betrachtungen werden nun empirische Daten benötigt. Konkret sollen zunächst die verfügbaren Technologien dargestellt und mit Blick auf das in ihnen verborgene Lösungspotenzial bewertet werden (Kapitel 4); anschließend gilt es, das sozioökonomische Arbeitsumfeld mit in die Betrachtungen einzubeziehen (Kapitel 5).

4. Technologische Aspekte

4.1. Technologie der Internationalisierung

4.1.1. Technologie der Internationalisierung der Geschäftslogik

Best et al. (2008:60) machen darauf aufmerksam, dass Internationalisierung nicht in einer bestimmten Schicht der Software stattfindet, sondern alle Schichten erfasst; besonders augenfällig ist jedoch der Unterschied zwischen nichtinternationalisierter und internationalisierter Software in der Geschäftslogik. Beim Internationalisieren einer Software wird deren Geschäftslogik so organisiert, dass Locales (Gebietsschemata, siehe die Erläuterung auf S. 65) idealerweise ohne eine Veränderung der Quelle hinzugefügt werden können. Anerkannte Praxis ist hierbei, Inhalte – neben UI-Strings können dies auch Layout- und Bilddaten sein – aus der Logikschicht in die Datenschicht auszulagern, konkret aus der Quelldatei in eine Resource-Datei.[132] Die nun um UI-Daten bereinigte Geschäftslogik bietet sich hierbei als Schicht für eine Art metasprachliches *tertium comparationis* an, theoretisch gar für eine Universalsprache, wie sie von den Relativisten in der Tradition von Wilhelm von Humboldt (1836), Whorf (1963) und Weisgerber (1962) ausgeschlossen und von der strukturalistisch beeinflussten linguistischen Übersetzungswissenschaft später postuliert wurde. Für den erwähnten Auslagerungsprozess stellen einige SDK native Mechanismen mit grafischen Oberflächen (Externalisierungswerkzeuge) bereit. In der Quell- und Resource-Datei werden die UI-Inhalte dabei durch Schlüssel eineindeutig gekennzeichnet. Von der ursprünglichen Stelle des Strings in der Quelle verweist ein Platzhalter (häufig ein Funktionsaufruf) auf den externalisierten String.

Der Aufruf in einer nichtinternationalisierten C-Quelle könnte wie folgt aussehen:

```
int main()
{
printf ("Hallo Welt!\n");
}
```

132 Zu den Termini *Logikschicht* und *Datenschicht* s. Glossar, Eintrag *Drei-Schichten-Architektur*.

Der internationalisierte Quelltext hingegen hätte etwa folgendes Aussehen:

```
int main()
{
printf (_("Hallo Welt!\n"));
}
```

Für den Aufruf sorgt im vorstehenden Beispiel die *gettext*-Funktion _(). Als Argument erwartet die Funktion den Stringschlüssel, der hier identisch mit dem Ausgangsstring ist. Die Verwendung des Ausgangsstrings als Schlüssel hat Vorteile – ein solcher Schlüssel bietet dem Menschen, der mit Frontend, Quelltext und Ressource arbeitet, schneller Orientierung; auch entfällt bei einer solchen Vorgehensweise die Erstellung einer ausgangssprachlichen Resource-Datei. Eine Arbeitserleichterung stellt diese Vorgehensweise allerdings nur in der Frühphase der Entwicklung dar – umso aufwändiger ist hiernach die Pflege eines so organisierten Programms.[133] Der Unterschied zwischen einer nichtinternationalisierten und einer internationalisierten Software lässt sich am Modell einer Drei-Schichten-Architektur wie in Abbildung 48 und Abbildung 49 darstellen:

Abbildung 48: Stringverarbeitung in einer nicht internationalisierten Software

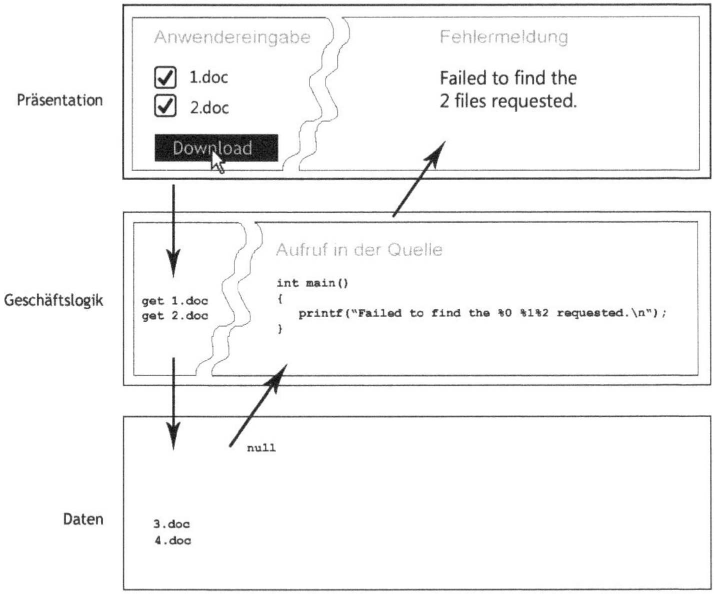

133 Näheres hierzu auf S. 139.

Abbildung 49: Stringverarbeitung in einer internationalisierten Software

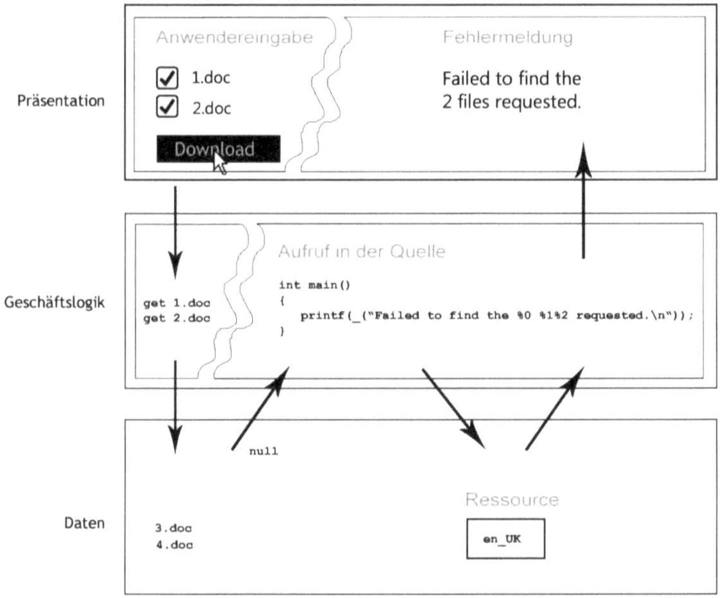

Beim Buildprozess wird die Resource-Datei mitunter in eine performantere Binärdatei übersetzt, z. B. .resx → .resources (.NET) oder .po → .mo (*GNU gettext*). Hierbei werden die (oft mnemonischen[134] und dem humanen Bearbeiter damit Orientierung bietenden) Ressourcenschlüssel durch numerische IDs ersetzt; aber auch Kommentare des Entwicklers gehen bei diesem Prozess verloren, weshalb die *Binärlokalisierung* (Herrmann 2012:23), also ein (i. d. R. visuelles) Arbeiten mit Binärdateien, für den Übersetzer nicht nur mit einem Komfortgewinn verbunden ist.

Zu beachten ist, dass die Termini *Binär-Ressource* bzw. *binäre Ressource* in der Alltagssprache zuweilen für Rastergrafiken (etwa Icons) verwendet werden, also für grafische Elemente innerhalb einer binären Resource-Datei. In diesem Sinne ist zwischen den Ausdrücken *binäre Ressourcendatei* (enthält Text- und Bilddaten) und *binäre Ressource* bzw. *Binärressource* (repräsentiert ausschließlich Bilddaten und ist in binäre Ressourcendatei eingebettet) zu unterscheiden.

Aufgabe bei der Internationalisierung der Geschäftslogik ist ferner, eine globale Zeichenkodierung wie Unicode vorzusehen, mit der alle in der Lokalisierung benötigten Schriftsysteme abgedeckt werden können (s. Best et al. 2008:55).

134 z. B. `search_results`

Zur Internationalisierung der Geschäftslogik kann schließlich die Bereitstellung eines Eingabeeditors für asiatische Schriften sowie einer Layout-Engine für CTL[135]-Unterstützung gehören.

4.1.2. Technologie der Internationalisierung grafischer Items

Im Internationalisierungs-Schritt sind nicht nur linguistische Inhalte zu externalisieren, sondern zuweilen auch grafische Informationen wie Schrift und Layout, Letzteres etwa in in .xib[136]- und .xaml[137]-Dateien.

Mit Blick auf die gewählte Schriftart ist dafür Sorge zu tragen, dass alle Zeichen des Zielalphabets in der gewählten Schriftart verfügbar sind (s. Best et al. 2008:22).

Hinreichend bekannt ist die Problematik von Textexpansionen in Bedienelementen wie Schaltflächen oder Dialogboxen. Speziell für deren Beherrschung stehen im Wesentlichen vier Lösungswege zur Verfügung:

1. Bedienelemente werden statisch durch Koordinaten im Quelltext festgelegt bei vorsorglicher Bereitstellung von mehr Platz durch eine manuelle Anpassung des Layouts im Quellcode. Abbildung 54 auf S. 92 zeigt ein Beispiel für die manuelle Layout-Anpassung in einer Objective-C-Quelle. Best et al. (2008:23) schlagen vor, bei einer statischen Gestaltung mindestens 200 % der von der Ausgangssprache eingenommenen Länge vorzusehen.
2. Bedienelemente werden statisch durch Koordinaten in der Resource-Datei festgelegt und dort beim Lokalisieren angepasst, hier durch manuelles Resizing, also das Verändern der Form und Größe eines Bedienelements durch den Lokalisierer. Letzteres geschieht vorzugsweise in einem visuellen Lokalisierungs-Werkzeug[138]. Das Abkürzen von Schaltflächen-Beschriftungen[139] wird wohl eher den Status einer Behelfslösung haben.
3. Bedienelemente werden durch einen Layoutmanager dynamisch an den Text angepasst.
4. Texte und Bedienelemente werden dynamisch an die Hardware angepasst. Eine Lösung bietet hier die L20n-Architektur (Näheres hierzu Abschnitt 4.2.5; s. auch „15. Adapting Translations To Screen Size“).

---

135 Abkürzung für *Complex Text Layout;* zum Terminus siehe Glossar auf S. 269 des Anhangs

136 Interface Builder Resource File, Apple Inc.

137 Windows Presentation Foundation Resource File, Microsoft Corporation

138 s. Screenshot in Abbildung 126 auf S. 291 des Anhangs

139 s. etwa Abbildung 55 auf S. 92 oder Abbildung 105 auf S. 164

Dabei liegt auf der Hand, dass weder eine dynamische noch eine manuelle Anpassung *per se* zu einem verlässlichen Layout führen. Zu mannigfaltig sind die möglichen Bedingungen des grafischen Kontexts, wie sie von der Hardware (Größe und Auflösung des Bildschirms) und den Benutzereinstellungen (Schriftgröße, Schriftart) geschaffen werden. Die gemachten Aussagen sollen durch einige Beispiele nachvollziehbar gemacht werden.

Das Beispiel in Abbildung 50 auf S. 92 zeigt einen Internationalisierungsfehler, hier wohl durch gänzliches Fehlen einer Layout-Steuerung, in dessen Folge der Zielstring in den benachbarten Container hineinreicht.

Das Beispiel in Abbildung 51 zeigt einen Internationalisierungsfehler, in dessen Folge der ausgegebene Zielstring vom Layoutmanager mechanisch abgeschnitten wurde.

Abbildung 52 zeigt den Screenshot einer Ausgabe mit automatisch eingekürztem Ausgabetext (*Bildschirm automatisch..*). Diese Ausgabe ist grafisch zwar befriedigend, inhaltlich aber unverständlich, da beim Einkürzen ein redundanter Bestandteil des Gesamtausdrucks (das Satzobjekt *Bildschirm*) belassen, das für das Verstehen unverzichtbare Prädikat (Was soll mit dem Bildschirm automatisch geschehen?) hingegen eliminiert wurde. Dem Übersetzer bzw. Tester hätte bei Beachtung des grafischen Kontexts auffallen können, dass das Wort *Bildschirm* im Menüpunkt ohne Informationsverlust seinen Platz an das hier fehlende Verb hätte abtreten können. Allerdings setzt eine Korrektur dieses Defekts eine Infrastruktur voraus, die es ermöglicht, im Internationalisierungsstadium nicht gelöste Probleme durch Lokalisierung zu beheben. (Zur Konkurrenz der verschiedenen *GILT*-Prozesse s. auch S. 51, S. 63, S. 81 und S. 84).

Das Beispiel in Abbildung 53 zeigt eine automatische Layout-Anpassung nach Vergrößerung des Schriftgrads im Betriebssystem durch den Anwender. In der Abbildung ist zu erkennen, dass die Layout-Engine in der Schaltflächenbeschriftung einen Zeilenumbruch eingefügt hat, statt die Koordinaten der grafischen Objekte anzupassen.

Abbildung 54 zeigt statische Schaltflächenkoordinaten in einer Objective-C-Quelle (erste Zeile). Damit liegt hier eine vorsorgliche manuelle Bereitstellung von mehr Platz im Internationalisierungsschritt vor.[140]

Das Beispiel in Abbildung 55 schließlich zeigt eine (im gegebenen Kontext unnötige) statische Layout-Anpassung durch den Lokalisierer. Möglicherweise wurde dieser String für die Verwendung an anderer Stelle abgekürzt. Dieses Beispiel ist insofern interessant, als es zeigt, dass die Konsolidierung von Daten nicht nur zu linguistischen Konflikten führen kann, sondern auch zu Layoutfehlern. (Näheres zur Konsolidierung des Stringbestands auf S. 72, S. 98 f. und S. 190)

---

140 s. S. 90, Punkt 1

Abbildung 50: Überschreiben eines benachbarten Containers durch Zielstring[141]

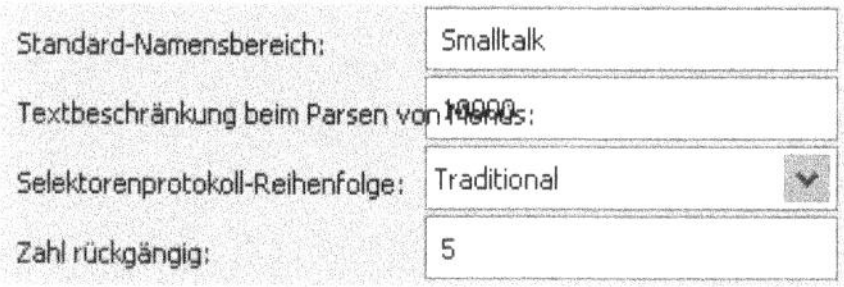

Abbildung 51: Durch Layoutmanager eingekürzter String[142]

Abbildung 52: Redundanz in eingekürztem String[143]

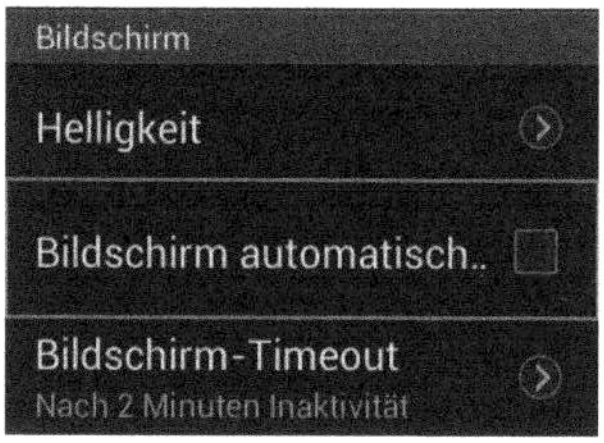

Abbildung 53: Zeilenumbruch in einer Schaltfläche[144]

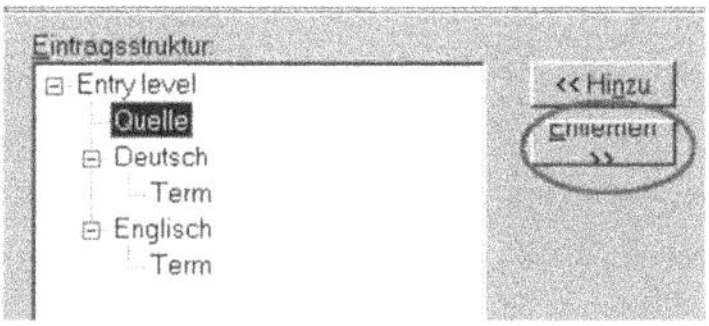

Abbildung 54: Manuelle Layout-Anpassung im Quellcode

```
UILabel *buttonTitleLabel = [[UILabel alloc] initWithFrame:CGRectMake(8, 2, 70, 12)];
[buttonTitleLabel setFont:[UIFont fontWithName:@"Helvetica" size:12]];
[buttonTitleLabel setTextColor:[UIColor whiteColor]];
[buttonTitleLabel setBackgroundColor:[UIColor clearColor]];
```

Abbildung 55: Manuelle Abkürzung durch den Lokalisierer[145]

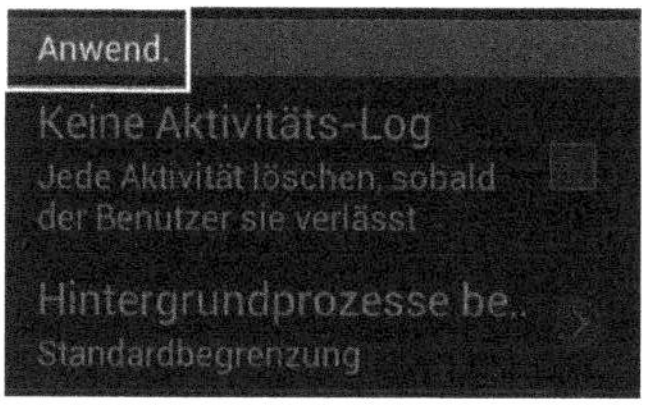

---

141 Bildquelle: Seewald-Heeg (2010); Auswahl des Bildausschnitts durch Alexander Behrens.

142 Bildquelle: SDL MultiTerm 2011 SP2, Build 9.2.36.1.0, SDL

143 Bildquelle: GUI-Screenshot, Android 4.1.2, Schriftgröße: „Normal“, Displaygröße 4“

144 Bildquelle: SDL MultiTerm 2011 SP2, Build 9.2.36.1.0, SDL; Wahl des Bildausschnitts und Hervorhebung vom Verfasser

145 Bildquelle: GUI-Screenshot, Android 4.1.2, Schriftgröße: „Normal“, Displaygröße „4“

Mitunter zeigt sich, dass beim Skriptwechsel auch vertikale Expansionen erforderlich werden können. Ausgehend vom westeuropäischen bzw. lateinischen Skript erwarten Best et al. (2008:24) solche Expansionen besonders beim Wechsel in die folgenden Skripte bzw. Schriftsysteme: Arabisch, Chinesisch, Hindi, Japanisch, Koreanisch, Thailändisch und Tibetanisch.

4.1.3. Technologie der Internationalisierung linguistischer Items

Eine linguistische Überformung von Software ergibt sich genau genommen bereits aus der Tatsache, dass zumindest die höheren Programmiersprachen i. d. R. auf dem Englischen als natürlicher Sprache basieren. Einer relativistischen Sichtweise entspräche, die Begriffe und damit Logiken solcher Programmiersprachen auf Ausdrücke des Englischen (etwa in Anweisungen von Kontrollstrukturen wie *while*, *for*, *if*, *else*, *return* usw.) zurückzuführen. Doch ganz gleich, ob begriffliche Verflechtungen formaler und natürlicher Sprache nachweisbar sind – thematisiert werden sie; wo sie als problematisch angesehen werden, entstehen gelegentlich esoterische Sprachentwürfe. So wurde die Programmiersprache *GOTO++* in der französischen Sprache geschrieben (s. Screenshot in Abbildung 56), ähnlich wie die Programmiersprache *Alb* (Abbildung 57), die nativ in der arabischen Sprache geschrieben wurde. (Ausführlicher zu *Alb* berichtet Johnson.) Die Programmiersprachen *Piet* (Abbildung 58) und *Whitespace* (Abbildung 59) kommen ganz ohne Linguistik aus. Während Ausdrücke und Anweisungen bei *Piet* die Gestalt farbiger Pixel-Flächen haben, verwendet *Whitespace* Leerräume, also Leerzeichen, Tabulatorzeichen und Zeilenumbrüche.

Abbildung 56: Programmiersprache GOTO++[146]

```
§load
F=OUVRIRFICHIER(&fich)
GOTONONNULPOURLESNULS %ficherreur }*(1)-&F enentier{
nb=ENTREUNNOMBRE(&F)
GOTOPASMALIN %testload
§loaditem
ligne=ENTRETONTEXTE(&F)
i=*(0)
§itemboucle
trouve=OUQUILESTLETEXTE(&ligne «        »)
Liste<&nb><&i>=PrendsUnMorceau(&ligne *(0) &trouve)
ligne = PrendsUnMorceau(&ligne }&trouve + *(1){ *(0))
i=+*(1)
GOTOGOTO() %itemboucle &nib - &i MULTIPLICATION *(100) nimportequoitoc
nb=-*(1)
§testload
GOTONONNULPOURLESNULS %loaditem &nb
F = *(0)
GOTOPRINTDUTEXTE() ; «" a ete charge de facon bien.» &fich «  -> Le fi
```

146 Screenshot-Quelle: http://www.gotopp.org/captures.html.en (04.02.2013); Auswahl des Bildausschnitts durch den Verfasser

Abbildung 57: Quellcode in der Programmiersprache Alb[147]

Abbildung 58: Hallo-Welt-Code in der Programmiersprache Piet[148]

Abbildung 59: Quellcode in der Programmiersprache Whitespace *mit Syntax-Highlighting*[149]

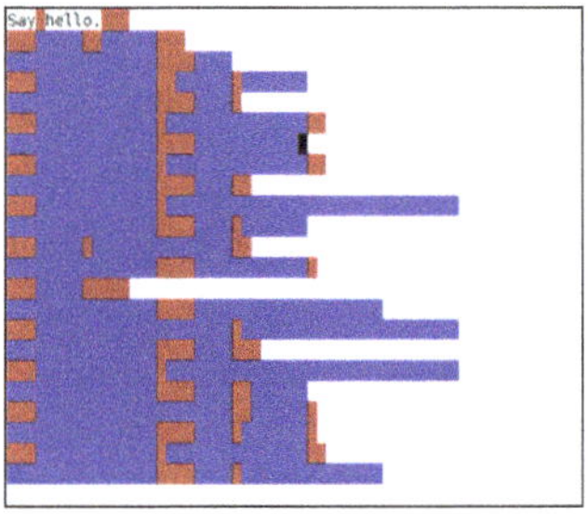

Ähnlich existieren auch Überlegungen zur Entwicklung einer feministischen Programmiersprache (Schlesinger 2013 und 2014).

Potenzial für eine unbewusste natürlichsprachliche Überformung der Logik entsteht mehr aber noch in Gestalt linguistischer Prägungen des Codes durch das System der Ausgangssprache, konkret durch die folgenden Internationalisierungsfehler:

- Nichtvorsehen von Möglichkeiten der Diversifikation grammatikalischer Dependenzen beim Sprachsystemwechsel (ausführlich hierzu auf S. 95 f.)
- Zerschlagung von Sinneinheiten (Syntagmen) im ausgangssprachlichen String (Näheres hierzu auf S. 101 f.)

---

147 Screenshot-Quelle: Tanriverdi.

148 Screenshot-Quelle: "Piet"

149 Screenshot-Quelle: http://de.wikipedia.org/wiki/Whitespace_%28Programmiersprache%29#mediaviewer/File:Whitespace_in_vim2.png

Hinlänglich bekannt und technologisch auch abbildbar ist das Problem morphosyntaktischer Dependenzen von numerischen Werten im String, d. h. die Tatsache, dass Zahlen in unterschiedlichen Sprachen unterschiedlich regieren. Für die Abbildung solcher Dependenzen soll im Folgenden von *Numerusbehandlung* gesprochen werden. Eine terminologische Schwäche ergibt sich aus den für denselben Begriff gebräuchlichen Ausdrücken *plural rules* und *plural handling*, denn mit der Dichotomie aus Singular und Plural ist es eben nicht getan, namentlich in Sprachen, die über einen Dual oder Trial oder mehrere Pluralformen verfügen. Zu den Sprachen mit drei Numerusformen gehört neben einigen slawischen und ostbaltischen Sprachen auch das Rumänische; andere Sprachen wie das Maltesische, Polnische, Schottisch-Gälische, Slowenische und Sorbische kennen vier Numerusformen, das Irisch-Gälische fünf, das Arabische, Bretonische und Walisische sechs[150]. Transnumerale Sprachen wie die chinesischen besitzen keinen Numerus und entsprechend keine Numerusflexion; das betreffende Nomen wird hier analytisch durch Präponieren eines Numeralklassifikators zählbar gemacht.

Speziell im Russischen ändern sich überdies die Rektionsverhältnisse, wenn eine Satzkonstituente hinzutritt, die im abhängigen Substantiv einen obliquen Kasus fordert, sodass von der Gesamtkonstruktion abhängt, ob die Zahl überhaupt regiert (Abbildung 60):

Abbildung 60: Änderung der Rektionsverhältnisse im Russischen

2 файла

aber

в 2 файлах

Im Folgenden ist zu zeigen, dass eine Numerusbehandlung für die Sicherstellung grammatikalischer Wohlgeformtheit nicht ausreicht.

Einen wichtigen Arbeitsschritt bei der Internationalisierung von Software stellt die Trennung von Logik und Daten dar. Diese auf das Konzept des *generic coding* zurückgehende Strategie ist zweifellos ein geeignetes Mittel des *localization enablement*. Irrig war jedoch der Glaube, dass durch das *generic coding* der Programmcode zwangsläufig linguistisch neutral wird. Tatsächlich trägt auch internationalisierter Code einen natürlichsprachlichen „Fingerabdruck“, da im

150 s. „Language Plural Rules“.

Internationalisierungsschritt zwar die ausgangssprachlichen Strings aus dem Quelltext entfernt werden, nicht aber deren Organisation. Diese Aussage soll anhand der in Abbildung 61 und Abbildung 62 wiedergegebenen Ressourceneinträge verdeutlicht werden: Abbildung 61 zeigt einen Eintrag, der wegen der Unterschiedlichkeit der Rektionsregeln in Ausgangs- und Zielsprache beim Übersetzen morphologisch diversifiziert:

4 days ago – 4 дня назад
5 days ago – 5 дней назад

Da die quellsprachliche Benennung *days* innerhalb des Plurals nicht variiert, wurde im Code kein Mechanismus für eine Diversifikation vorgesehen. Der Übersetzer musste sich daher für eines von mehreren Rektionsszenarien entscheiden und hat dies im Beispiel von Abbildung 61 für das Szenario „Zahl regiert den Genitiv Plural" getan. In allen anderen Szenarien wird es bei diesem Eintrag zu einer fehlerhaften Ausgabe kommen.

Abbildung 61: Nicht lokalisierbarer String: von variablem Wert abhängiger Kasus[151]

```
"ten":                    "Десять",
"days_ago":               "дней назад",
"all_tasks":              "Все задачи",
```

Im Beispiel von Abbildung 62 hat der Übersetzer sich für eines von mehreren Genus-Szenarios entschieden, namentlich für das Szenario „angeschlossenes Substantiv ist Maskulinum oder Neutrum"; bei einem folgenden Femininum[152] wird es hier zu einer fehlerhaften Ausgabe kommen.

Abbildung 62: Nicht lokalisierbarer String: von variablem Wert abhängiges Genus[153]

```
"all_done_tasks":         "Завершенные задачи",
"two":                    "Два",
"three":                  "Три",
```

151 Screenshot-Quelle: https://github.com/6wunderkinder/wunderlist (09.08.2013); Wahl des Bildausschnitts und Hervorhebungen vom Verfasser

152 Für den Zweck dieser Darstellung ist irrelevant, ob der Übersetzer hier u. U. gewusst hat, welches Wort dem übersetzten Teilstring folgt, d. h. wie groß das Risiko einer fehlerhaften Ausgabe tatsächlich war.

153 Screenshot-Quelle: https://github.com/6wunderkinder/wunderlist (09.08.2013); Wahl des Bildausschnitts und Hervorhebungen vom Verfasser

Lange Zeit war es für den Übersetzer unmöglich, eine Kongruenz in indogermanischen Flexionskategorien wie Person, Numerus, Kasus, Genus und Tempus sicherzustellen, wenn das Regens eine Variable ist. Dies soll an einem konstruierten Beispiel illustriert werden: Gegeben sei der folgende ausgangssprachliche Satz:

```
Failed to find the %0 %1 requested.
```

Dieser Satz enthält zwei dynamische Elemente, hier zu erkennen an den Platzhaltern INT `%0` und STRING `%1` wobei Platzhalter `%1` auf die Werte *file*, *value* oder *word* verweisen kann. Eine mögliche UI-Ausgabe könnte somit lauten *Failed to find the 5 files requested.* Soll der Ausgangsstring nun ins Deutsche übersetzt werden, so hätte der Übersetzer die Möglichkeit, Platzhalter `%1` mit den jeweiligen Wortformen zu beschreiben; er hätte jedoch nicht die Möglichkeit, den Artikel (englisch *the*) und das zielsprachliche Verb *wurde* genus- bzw. numerusabhängig zu gestalten. Entsprechend müsste der Übersetzer nach Behelfslösungen (Abkürzung, Klammern usw.) greifen:

```
Der / Die / Das angeforderte(n) %0 %1 wurde(n) nicht gefunden.
```

Damit würden Ausgaben wie die folgenden entstehen:

Der / Die / Das angeforderte(n) 3 Werte wurde(n) nicht gefunden.
Der / Die / Das angeforderte(n) 1 Wort wurde(n) nicht gefunden.

Für einen grammatikalisch wohlgeformten Satz erfordert das Deutsche im Beispielsatz entsprechend mehr Platzhalter als die Ausgangssprache.

Eine natürlichsprachliche Überformung des Quellcodes findet ferner durch eine Normalisierung[154] des Stringbestands statt. Eine Normalisierung bietet für die Datenverwaltung Vorteile, so etwa die Möglichkeit, Redundanzen zu vermeiden, damit eine terminologische Konsistenz sicherzustellen (Single-Source-Prinzip) und schließlich auch (durch die Verkettung von Teilstrings) einer kombinatorischen Explosion[155] des Stringvorrats vorzubeugen, insgesamt also effizienter mit den Ressourcen umzugehen. Jedoch wird eine solche Normalisierung stets bewusst oder unbewusst nach linguistischen Regeln erfolgen, und zwar naturgemäß wie im Beispiel von Abbildung 67 auf S. 102 nach den Regeln der Ausgangssprache. Da zwischen den resultierenden Teilstrings grammatikalische Abhängigkeiten bestehen, entstehen mit der Normalisierung übersetzerische Risiken. Auf diese Risiken wird unten auf S. 101 f. noch genauer eingegangen.

---

154 Ein Anwendungsbeispiel für Normalisierung zeigt der in Abbildung 67 auf S. 102 dargestellte Gesamtstring.

155 Zum Terminus s. Glossar auf S. 277 des Anhangs.

Neben dem Quellcode können schließlich auch die Ressourcen eines Programms natürlichsprachlich überformt werden. Augenfällig ist dies bei deren maschineller (und damit i. d. R. benennungsorientierter) Konsolidierung. Letztere erfolgt mitunter durch Zusammenlegen u. a. von Polysemen, synkretistischen Formen, Nullableitungen. Ein Beispiel für eine solche Zusammenlegung (das Adjektiv *new* jeweils in attributivem und prädikativem Gebrauch) zeigt Abbildung 63 auf S. 99. Ein weiteres Beispiel wird auf S. 100 in Punkt 2 besprochen. Je nachdem, wie stark die an der Lokalisierung beteiligten Sprachen flektieren, werden Synkretismen in der Ausgangssprache häufiger oder seltener zur Neuentstehung von Dependenzen in der Zielsprache führen. Die Ressource sollte im Zweifelsfall daher begriffsorientiert angelegt werden, wenngleich freilich schwer sein wird, übereinzelsprachlich zu entscheiden, ob dieser Schritt erforderlich ist oder nicht. Begriffsorientierung ist in diesem Fall das getrennte Abspeichern einer ausgangssprachlichen Benennung in unterschiedlichen begrifflichen Instanzen:

```
# for use in dialog 1
check.dialog1=Check;
# for use in dialog 2
check.dialog2=Check;
```

In der Zielsprache können die Instanzen dann individuell übersetzt werden:

```
# for use in dialog 1
check.dialog1=Aktivieren;
# for use in dialog 2
check.dialog2=Prüfen;
```

Ein offenes Instrument für die begriffsorientierte Konsolidierung (hier einer .po-Ressource) ist die Datenkategorie **`msgctxt`** von *gettext* (s. „GNU ‚gettext' utilities").

Während eine Normalisierung von Strings bzw. das Verketten von Teilstrings als Fehlerquelle in der informationstechnischen Literatur hinlänglich beschrieben ist[156], wird auf Fehlerpotenzial bei der Konsolidierung von Stringbeständen selten hingewiesen[157], obwohl es erst die Konsolidierung (genauer: die Benennungsorientierung) ist, die zu Einschränkungen der Lokalisierbarkeit verketteter Strings führen kann.

156 s. hierzu Grossbart (o. J.), Massion (2011:17), Akkaş (2010), Lorenz (2010), Best et al. (2008:17), Symmonds (2002:6 f.) sowie "Adding Localized Text Resources", "Internationalisation", "String-Related Issues", "Mozilla Localizability Guidelines", "Autodesk Maya Plugin Internationalization White Paper" – hier S. 8 –, "Qt Internationalization".

157 gewarnt vor einer unqualifizierten Konsolidierung wird in „Mozilla Localizability Guidelines"

Abbildung 63 zeigt exemplarisch den Bildausschnitt aus einer englischen Resource-Datei, namentlich den String mit der ID 115, ausgangssprachlich *New* sowie die grafischen Ausgaben dieses Strings, einmal als Shell-Menü-Punkt, ein anderes Mal als Teil eines Dateinamens. Abbildung 64 zeigt Gleiches für die Zielsprache Deutsch. Zu erkennen in Letzterer ist die Sprachnormverletzung im Dateinamen *Neu Microsoft Office Word-Dokument*. Der Übersetzer hat sich beim Übersetzen des Strings mit der ID 115 offensichtlich an der Instanz des Menüpunkts orientiert und für diese Instanz korrekt, für die andere Instanz sodann zwangsläufig falsch übersetzt.

Abbildung 63: Mehrfachverwendung eines Resource-Strings, englische Ressource und Oberfläche[158]

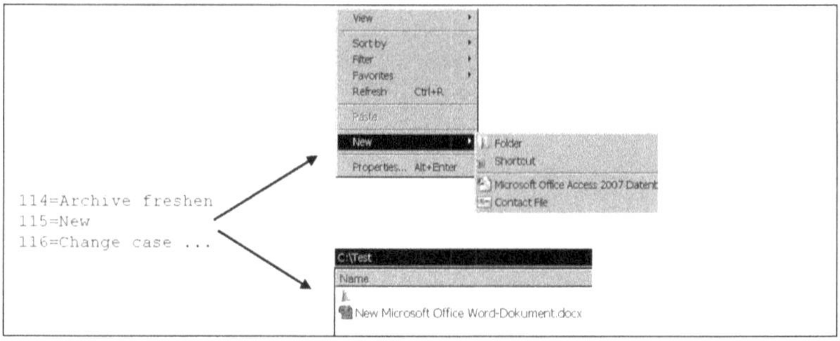

Abbildung 64: Mehrfachverwendung eines Resource-Strings, deutsche Ressource und Oberfläche[159]

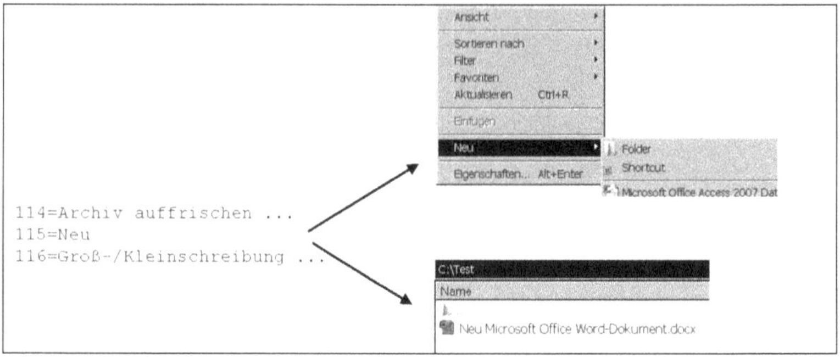

158 Bildquellen: FreeCommander V.2009.02b, Marek Jasinski; Wahl und Zusammenstellung der Bildausschnitte sowie Hervorhebungen vom Verfasser.
159 Bildquellen: FreeCommander V.2009.02b, Marek Jasinski; Wahl und Zusammenstellung der Bildausschnitte sowie Hervorhebungen vom Verfasser.

Auch die Fehler im Beispiel von Abbildung 65 sind auf eine unsachgemäße Normalisierung bzw. Konsolidierung zurückzuführen. Der ausgangssprachliche Ausdruck wurde hier u. a. aus den Teilstrings `"Hier gelangen Sie zum"` und `"Anmeldeformular"` verkettet.

Abbildung 65: Verketteter Ausdruck in einer Webapplikation, Quell- und Zielsprache[160]

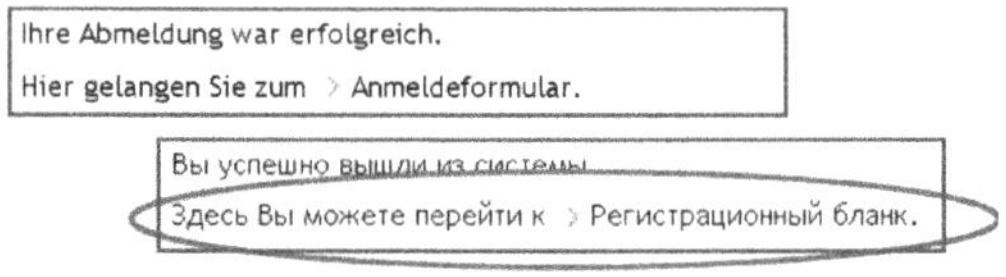

Dabei traten drei Teilprobleme zutage:

1. Begriffliche Diversität: der Ausgangsstring `"Anmeldeformular"` wurde in dieser Software an zwei Stellen für zwei unterschiedliche Begriffe verwendet, namentlich für ein Formular, über das ein Verbraucher sich als Kunde registrieren kann (russ. *регистрационный бланк*) und (hier vorliegend) für eine Login-Seite (russ. korrekt *страница регистрации*).
2. Syntaktische Diversität: der Ausgangsstring `"Anmeldeformular"` stand in der ersten Bedeutung für den Nominativ, in der zweiten Bedeutung (hier vorliegend) aber für den Dativ, was vom Entwickler wegen des Synkretismus im Deutschen nicht als Problem erkannt wurde.
3. Orthografische Diversität: der Zielstring erforderte im ersten Kontext Großschreibung (da Überschrift), im zweiten (hier vorliegend) Kleinschreibung, weil Präpositionalobjekt eines Satzes. Da Substantive im Deutschen großgeschrieben werden, sah der Entwickler auch hier keinen Anlass, den String zu teilen.

Insgesamt entstand im Russischen die lexikalisch, syntaktisch und orthografisch fehlerhafte Ausgabe *Здесь Вы можете перейти к Регистрационный бланк.*

Ein Sonderfall vorstehend beschriebener Problematik liegt dort vor, wo ein Gesamtausdruck nicht als solcher erkannt und in der Folge nach ausgangssprachlichen Regeln normalisiert wird (Abbildung 66):

160 Screenshot-Quelle: *UNIEQ*-App, unveröffentlichter Zwischenstand, TQ-Systems GmbH; Wahl der Bildausschnitte vom Verfasser.

Abbildung 66: Durch Verkettung entstandener nicht formatierter Zielausdruck[161]

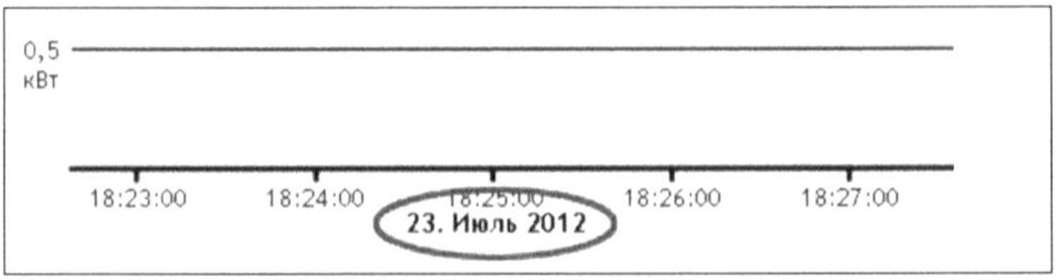

Im Zusammenhang mit der Normalisierung des Stringbestands (s. oben S. 97) stellt sich spätestens hier die Frage, ob der Entwickler vom SDK vor einschlägigen übersetzerischen Risiken rechtzeitig gewarnt werden kann, konkret von einem Externalisierungswerkzeug und in Form einer syntaktischen Analyse des ausgangssprachlichen Teilstrings. Allerdings ist dem hier beschriebenen Problem wohl kaum mit Methoden der vergleichenden Sprachwissenschaft beizukommen, dies, weil ein solcher Assistent unter besonderen Bedingungen arbeitet. Dies gilt schon, weil aus dem Quellcode, der allein dem Externalisierungsassistenten zur Verfügung stünde, nicht ohne Weiteres etwaige Verkettungsszenarien abgeleitet werden können, sodass ein solcher Assistent keine Daten hat, die er evaluieren könnte. Selbst wenn er diese Daten hätte, ließen sich Argumente finden, die gegen die Machbarkeit eines solchen Assistenten sprechen:

1. Die Sprachwissenschaft vergleicht konkrete Sprachen, Sprachtypen, Sprachbünde, Sprachfamilien usw. Einem Externalisierungsassistent hingegen würde ein Sprachvergleich „1 : alle“ (eine Ausgangssprache, beliebige Zielsprachen) abverlangt. Für einen solchen Vergleich existieren keine Methoden.
2. Da die vergleichende Sprachwissenschaft stets konkrete Sprachen (Sprachtypen usw.) vergleicht, kann sie auch die Untersuchungskriterien von den untersuchten Sprachen abhängig machen – sie kann den Vergleich also anhand solcher Parameter durchführen, die in den verglichenen Sprachen auch tatsächlich vorhanden sind. (Siehe das Beispiel unten in der Liste auf S. 102 in Punkt 1.) Da ein Externalisierungsassistent nicht von einer konkreten Zielsprache ausgehen kann, stehen ihm auch keine Vergleichsparameter zur Verfügung.
3. In der vergleichenden Sprachwissenschaft kann die Paarung jeweils gegenüberzustellender Sinneinheiten (Teilstrings) der Ausgangs- und Zielsprache durch den Menschen vorgenommen werden, etwa wie in Abbildung 67:

161 Screenshot-Quelle: HomeBox (TQ Group GmbH), Benutzerschnittstelle, unveröffentlichter Zwischenstand

Abbildung 67: Paarung von Teilstrings nach Sinneinheiten

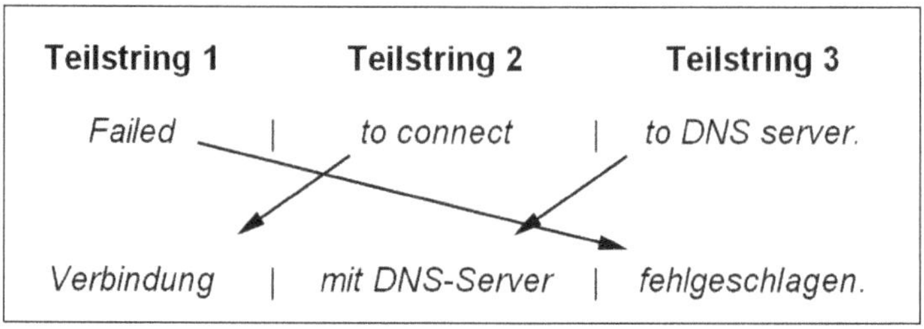

Dem Externalisierungsassistenten hingegen steht kein zielsprachlicher String zur Verfügung; entsprechend bliebe einem solchen Assistenten nur eine sequenzielle Zuordnung wie in Abbildung 68 und Abbildung 69:

Abbildung 68: Paarung der Teilstrings vor der Lokalisierung

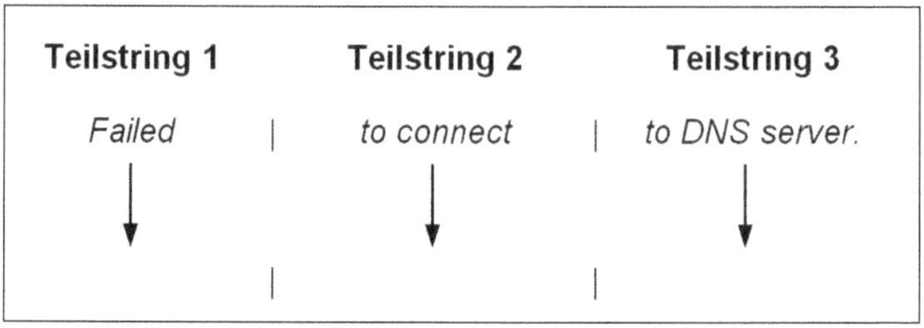

Abbildung 69: Ergebnis der Paarung gem. Abbildung 68 nach der Lokalisierung

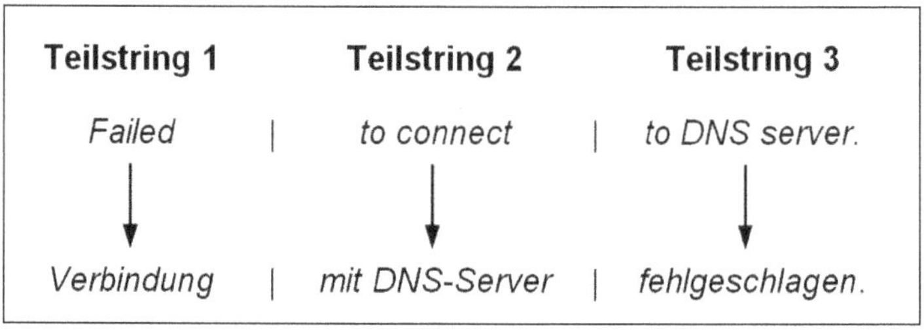

Der Einsatz eines Externalisierungswerkzeugs würde entsprechend das Vorliegen idealer Bedingungen voraussetzen, zu denen u. a. die folgenden gezählt werden können:

1. Für einen Vergleich müssten sich alle potenziellen Zielsprachen mit Bezug auf ein verglichenes Merkmal demselben übergeordneten grammatikalischen Muster unterordnen wie die Ausgangssprache. So kann die Strategie der Ar-

gumentkodierung der Ausgangssprache nur dann jener der Zielsprachen gegenübergestellt werden, wenn alle potenziellen Zielsprachen auch tatsächlich das Argument kodieren.

2. Damit zu verkettende Teilstrings (der ausgangssprachliche Teilstring und der jeweilige zielsprachliche Teilstring) maschinell verglichen werden können, müssten die ausgangs- und die zielsprachlichen Gesamtausdrücke stets eine identische Topologie ihrer Sinneinheiten aufweisen. Technisch ausgedrückt, müsste die Verteilung der Sinneinheiten des Gesamtausdrucks auf die Teilstrings bei der Ausgangs- und allen Zielsprachen stets identisch sein. In tatsächlichen Verteilungen (nach der Lokalisierung) wie der in Abbildung 69 dargestellten wird ein morphosyntaktischer Vergleich von Teilstrings ins Leere laufen.
3. Dabei ist es mit einer identischen Topologie von Sinneinheiten bei der Ausgangs- und der Zielsprache noch nicht getan; vielmehr müssten hierüber hinaus auch syntaktische Marker von Ausgangs- und Zielsprache stets im selben Teilstring gesetzt sein. Da Sprachen ohne Kasus tendenziell den Kopf markieren und Sprachen mit Kasus das Dependens, müssten die Ausgangssprache und alle potenziellen Zielsprachen hierfür überdies einen ähnlichen Isolations- bzw. Synthesegrad aufweisen, denn nur so kann mit einiger Gewissheit vorausgesetzt werden, dass der Marker beim Sprachsystemwechsel aus dem ursprünglichen Teilstring nicht abwandert wie im (u. a. in Comrie 2001:29, Plank 2003:461 und Bickel / Nichols 2007:193 zitierten) Beispiel von Abbildung 70. (Die Marker, hier für die Possessions-Beziehung, sind durch Unterstreichungen gekennzeichnet.)

Abbildung 70: Identische Topologie der Sinneinheiten, unterschiedlicher Locus der Markierung im Sprachenpaar Englisch / Ungarisch[162]

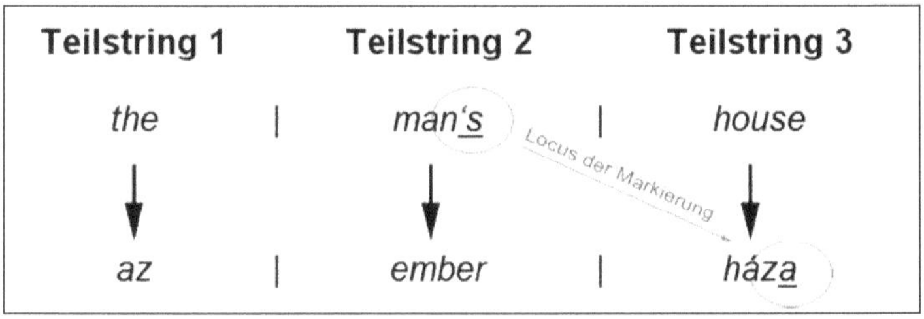

162 Der Terminus *Locus der Markierung* beschreibt, an welchem der zwei möglichen Loci im Satz (Kopf / Dependens) ein Marker gesetzt ist.. Weitere Erläuterungen finden sich im Glossar.

Da die vorstehenden Punkte wohl kaum schon im Internationalisierungsstadium als erfüllt werden gelten können, darf an dieser Stelle der Schluss gezogen werden, dass die für eine syntaktische Validierung zu verkettender Teilstrings notwendigen Bedingungen im Stadium der Entwicklung eines SDK, eines Frameworks o. ä. noch nicht vorliegen. Ein internationalisierter String, so ist weiter zu schlussfolgern, umfasst also eine vollständige Sinneinheit und damit i. d. R. wohl auch ein vollständiges Syntagma (zu dem auch Ellipsen zählen). Tatsächlich wird gemeinhin vor einer Zerschlagung von Syntagmen im Stringbestand gewarnt (Best et al. 2008:17, Akkaş, Grossbart, "Mozilla Localizability Guidelines", "Qt Internationalization", "String-Related Issues", "Adding Localized Text Resources", "Avoid String Concatenation in Applications to be Localized", "Internationalisation"). Kann auf eine Normalisierung des Stringbestands nicht verzichtet werden und sind die Verkettungsszenarien überschaubar, so mag alternativ u. U. die Anfertigung einer Art Konkatenationstabelle oder karte hilfreich sein, der der Übersetzer entnehmen kann, wie die Teilstrings untereinander verkettet werden.

Vorstehende Überlegungen waren Anlass, die Bedarfsträger und Anbieter jeweils zu fragen, wie oft sie Strings verketten bzw. zu verkettende Teilstrings übersetzen (Abbildung 71).

Abbildung 71: Umfrageergebnis „Verketten Sie mitunter Teilstrings (Wörter, Wortendungen) zu einem Gesamtstring (Wort mit Endung, ganzem Satz)?“

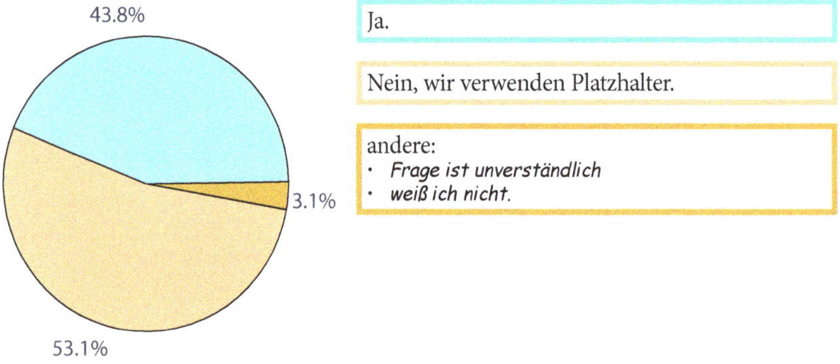

Die Antworten der Übersetzer lassen auf eine noch stärkere Tendenz zur Verkettung von Strings schließen (Abbildung 72):

Abbildung 72: Umfrageergebnis „Erleben Sie es mitunter, dass Teilstrings (Wörter, Wortendungen) zu einem Gesamtstring (Wort mit Endung, ganzem Satz) verkettet werden?“

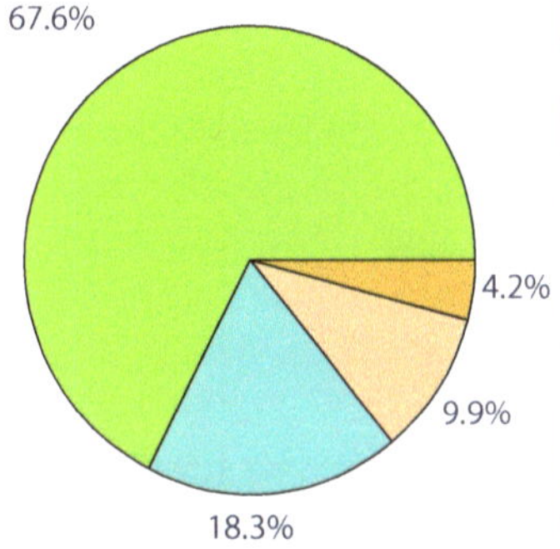

Anmerkungen:

- *Ja. Feste Paarungen sind unproblematisch, Variablen gehen praktisch immer schief. Da rächt sich die simple englische Grammatik. Wäre die Hauptrichtung von komplex richtung einfach, könnte es anders sein*
- *Das ist während der Arbeit als Angestellter häufig vorgekommen. Die Entwickler mussten lernen, dass das was im Englischen möglich ist, für andere Sprachen nicht funktioniert.*
- *ja leider, eine ummögliche Situation*

Die Tatsache, dass mehr als die Hälfte der Übersetzer zu verkettende Teilstrings übersetzen und ebenfalls mehr als die Hälfte in weniger als 10 % der Fälle das Übersetzungsergebnis im grafischen Kontext überprüfen kann[163], bietet einen ersten Anhaltspunkt für die einleitend beschriebenen Defekte.

Voraussetzend, dass Syntagmen im Stringbestand nicht zerschlagen werden, soll nun, wie eingangs auf S. 40 gefordert, geklärt werden, ob existierende Lokalisierungstechnologien sich für die Herstellung wohlgeformter Zielstrings eignen. Aus terminologischer Sicht ist anzumerken, dass Lokalisierungsmechanismen in der Alltagssprache zuweilen als Internationalisierungstechnologien, Internationalisierungsbibliotheken usw. bezeichnet werden. Richtig ist, dass die Wahl der Lokalisierungstechnologie und deren Bereitstellung dem Internationalisierer obliegt; weil die von einer solchen Technologie geleistete Verarbeitung jedoch in den Lokalisierungsschritt fällt, soll hier von Lokalisierungstechnologien gesprochen werden.

163 s. das Umfrageergebnis in Abbildung 101 auf S. 160

4.2. Technologie der Lokalisierung

Das Bewusstsein für die Bedeutung des Locale-Begriffs ist mit fortschreitender Globalisierung gewachsen, was zu einer zunehmenden Ausdifferenzierung des Begriffs und zu einer steigenden Anzahl verfügbarer Locales in Betriebssystemen und Anwendungen geführt hat.[164] Welche Items[165] jedoch im Einzelfall tatsächlich zu lokalisieren sind, hängt vom Fachkonzept der betreffenden Software ab.

Locales werden meist[166] mit binären Bezeichnern, den *Locale-IDs*[167], nach dem Muster `de_CH` gekennzeichnet. Der in Minuskeln geschriebene Teil dieser ID ist eine Sprachkennung gem. ISO 639-1[168]; gebräuchlich für diese sind Termini wie *language designator*[169] oder *language code.*[170] Der Teil in Majuskeln ist eine Länderkennung gem. ISO 3166-1; gebräuchlich für diese sind Termini wie *regional designator*[171] oder *country code.*[172] Ein solcher Locale-Bezeichner steht traditionell für eine native Sprache-Region-Kombination. Technisch ausgedrückt, steht der *regional designator* für ein Land, in dem die im *language designator* angegebene Sprache auch tatsächlich Landessprache ist. Ein Beispiel wäre **`ar_SA`** (arabisch, Saudi-Arabien) vs. `ar_MA` (arabisch, Marokko), nicht aber **`ar_DE`** (arabisch, Deutschland). Praxisgerecht ist die Steuerung einer Oberfläche aber erst dann, wenn der Anwender die Möglichkeit hat, einzelne regionale Einstellungen individuell zu überschreiben (Personalisierung; Beispiele für solche Oberflächen zeigen Abbildung 73 und Abbildung 74).

---

164 Näheres hierzu auf S. 109

165 Beispiele wurden auf S. 65 f. genannt

166 Microsoft geht einen Sonderweg und verwendet eigene hexadezimale und dezimale Locale-IDs (*LCID*) - s. „Locale IDs Assigned by Microsoft" - auf die hier nicht weiter eingegangen werden soll.

167 Diese Locale-IDs sind - zumindest im Anwendungsfall „Apple" - nicht mit den Language-IDs zu verwechseln; Letztere folgen dem Muster **`de-CH`** - zwischen dem *language designator* und dem *regional designator* steht statt des Unterstrichs also ein Bindestrich. Bei einer Language ID gibt der *regional designator* Auskunft nicht über die Region, sondern über die Sprachvarietät, in diesem Beispiel also Deutsch-Schweizerhochdeutsch. Verschiedene Quellen, so auch Yunker (2003:477), folgen dieser Syntax aber nicht und verbinden Sprache und Region der Locale-ID mit einem Unterstrich.

168 s. "Codes for the Representation of Names of Languages"

169 etwa Apple Inc. (2012:16)

170 etwa Savourel (2011:449)

171 etwa Apple Inc. (2012:16)

172 etwa Savourel (2011:449)

Abbildung 73: Überschreiben einzelner Locale-Werte in einem Betriebssystem[173]

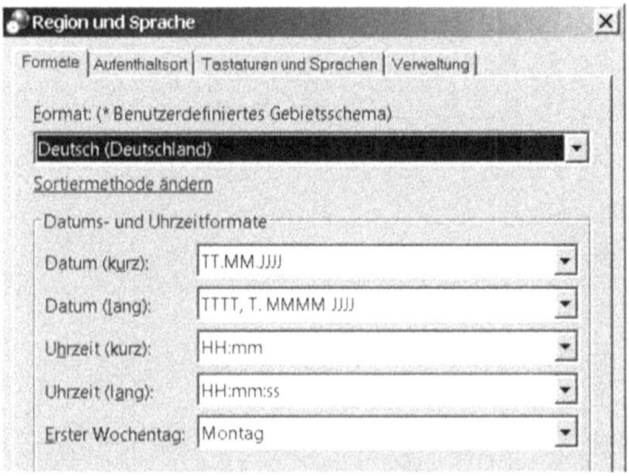

Abbildung 74: Überschreiben einzelner Locale-Werte in einer Anwendung[174]

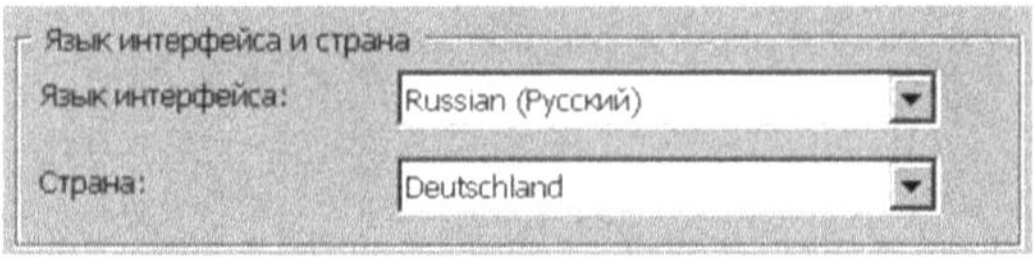

Abbildung 75: Bildschirmausgabe einer App[175]

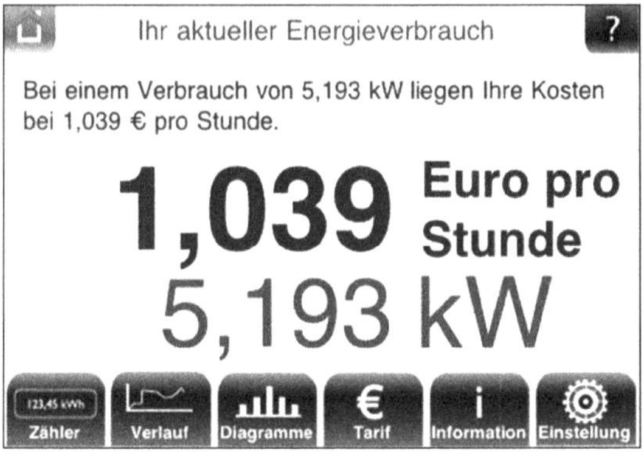

173 Screenshot-Quelle: Windows 7 Home Premium; Wahl des Bildausschnitts durch den Verfasser

174 Screenshot-Quelle: ABBYY Lingvo x3, Build 14.0.0.596, ABBYY; Wahl des Bildausschnitts durch den Verfasser

175 Screenshot-Quelle: UNIEQ-App, TQ-Systems GmbH

Hierzu ein Beispiel: Der in Abbildung 75 erkennbare Ausgangsstring hat in der Ressource das folgende Aussehen:

```
Bei einem Verbrauch von %0 kW liegen Ihre Kosten bei %1 %2
pro Stunde.
```

Platzhalter STRING %2 reserviert dabei den Platz für den Namen der regionalen Währung. Bei einer starren Verknüpfung von Sprache und Region müssten Angehörige einer sprachlichen Minderheit hier eine (die) Landessprache – also eine andere als die eigene Muttersprache – einstellen, um die richtige Währung angezeigt zu bekommen. Auf eine ähnliche Anforderung im industriellen Kontext machen Best et al. (2008:50) aufmerksam: In Fertigungsbetrieben müssen Anwender unterschiedlicher Muttersprache zuweilen die Möglichkeit haben, ein Gerät auf die eigene Sprache einzustellen, ohne dabei die anderen Locale-Settings zu verändern. Ähnliche Vorschriften gelten in bestimmten Ländern für die Medizintechnik. Um diesen Überlegungen Rechnung zu tragen, ermöglichen manche Betriebssysteme ein Überschreiben von Locale-Werten (z. B. *englisch* oder *USA*) durch den Anwender bzw. die Anwendung. Im Fall von Abbildung 76 ist dies gescheitert. Die Spracheinstellung der Anwendung hat hier offensichtlich nicht zur Einbindung der betreffenden Bibliotheksdateien geführt, und die Anwendung musste auf die Default-Sprache (hier die Sprache des Betriebssystems) zurückgreifen.

Abbildung 76: Vom Betriebssystem bereitgestellte Strings in den Schaltflächen[176]

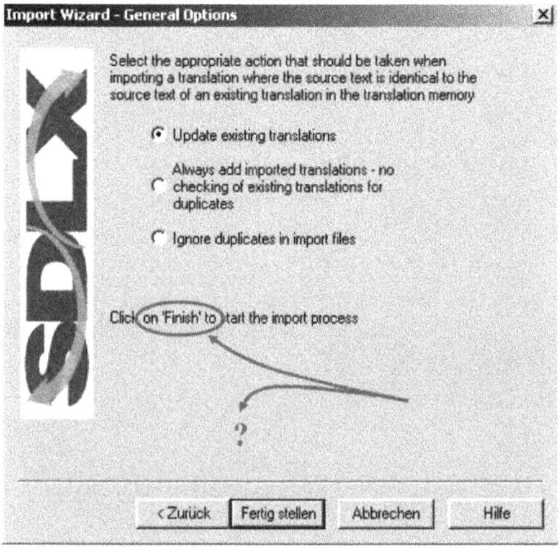

176 Bildquelle: Seewald-Heeg (2010:27).

Einen umfassenden Weg zeigt Apple Inc. (2012:17 f.) auf, wo ausgeführt wird, dass eigentlich nur eine separate Auszeichnung von Sprachvarietät und Region der tatsächlichen Vielfalt Rechnung tragen kann. Einem in London lebenden Briten würde demnach der ternäre Bezeichner `en-GB_GB` entsprechen (s. ebenda). Die Idee der Trennung von Sprachvarietät und Region wurde mit *BCP*[177] *47* Wirklichkeit (für den Wortlaut dieser Spezifikation s. Phillips, Addison / Davis, Mark). Sprachkennungen gem. BCP 47 sind dreiteilig aufgebaut und bestehen aus den Komponenten „Sprache-Region-Sprachvarietät".

Indes greift, wie die Darstellungen auf S. 77 schon erahnen ließen, auch ein ternärer Bezeichner noch zu kurz, da (zumindest bei plattform, marken und / oder eingabetypübergreifend eingesetzten Ressourcen) je nach Zielplattform, Marke und Eingabetyp unterschiedliche Terminologien zum Tragen kommen können. Zu Beispielen für eine terminologische Diversifikation bei Plattformneutralität zählen die folgenden drei Begriffe:

Tabelle 7: Beispiele für terminologische Differenzen zwischen verschiedenen Plattformen

Englisch Apple / Windows	**Deutsch Apple**	**Deutsch Windows**	**Russisch Apple**	**Russisch Windows**
save	*sichern*	*speichern*	*сохранить*	*сохранить*
cancel	*abbrechen*	*abbrechen*	*отменить*	*отмена*
desktop	*Schreibtisch*	*Desktop*	*рабочий стол*	*рабочий стол*

Ein Beispiel für eine terminologische Diversifikation bei Markenneutralität ist zunächst die Marke (Bild oder Wort, s. oben die Ausführungen zum Branding auf S. 77 f.) des von der Software zu steuernden Geräts selbst. Abbildung 84 auf S. 114 zeigt in den Datensätzen 447 bis 450 eine statische Lösung einer solchen Diversifikation. Als weiteres Beispiel für eine terminologische Diversifikation mag die Bezeichnung einzelner Hardware-Teile genannt werden:

```
Wählen Sie Ihren Tarif und bestätigen Sie mit der 0 %-Taste.
```

Dem Streben nach Eingabetypneutralität mag geschuldet sein, dass in Anweisungen oder Hilfe-Seiten die Wörter *click* und *tap* dem Wort *select* gewichen sind, weil Letzteres für die Maus, Stift-, Tastatur- und Toucheingabe in gleicher Weise verwendet werden kann. Dennoch wird unschwer zu erkennen sein, dass solcherlei Generalisierung nicht mehr als den Rang einer Umgehungslösung haben kann,

177 Best Current Practice

sodass auch hier linguistische Lösungen kaum zum Ziel führen werden. Schreibt man das oben (S. 106 f.) formulierte Postulat einer getrennten Auszeichnung von Locale-Items im Locale-Bezeichner fort, so ergibt sich die Forderung einer Trennung mindestens von Sprache, Region, Softwareplattform, Marke und Eingabetyp, u. U. durch eine Normalisierung des Locale-Bezeichners dergestalt, dass dessen (mindestens also fünf) Itemfamilien in einer quinären Locale-Kennung unabhängig voneinander abgespeichert und referiert werden können. Nur so lassen sich Redundanzen (bei den genannten fünf Items recht bald wohl auch eine kombinatorische Explosion) vermeiden und Hardwareressourcen effizient nutzen.

Wie in Abschnitt 3.3.5 festgestellt, existieren für Locale-Formate keine offiziellen Vorgaben. Zu einem Quasi-Standard hat sich allerdings das vom *Unicode Consortium* im XML-Format *LDML*[178] geführte *Common Locale Data Repository* (*CLDR*)[179] entwickelt. Einen Screenshot aus einer solchen LDML-Datei zeigt Abbildung 77.

Abbildung 77: Numerusbehandlung des russischen Worts минута *in einer LDML-Datei*[180]

```
<unit type="minute">
        <unitPattern count="few">{0} минуты</unitPattern>
        <unitPattern count="few" alt="short">{0} мин.</unitPattern>
        <unitPattern count="many">{0} минут</unitPattern>
        <unitPattern count="many" alt="short">{0} мин.</unitPattern>
        <unitPattern count="one">{0} минута</unitPattern>
        <unitPattern count="one" alt="short">{0} мин.</unitPattern>
        <unitPattern count="other">{0} минуты</unitPattern>
        <unitPattern count="other" alt="short">{0} мин.</unitPattern>
</unit>
```

Abbildung 78 zeigt die im CLDR hinterlegten Plualregeln für das Russische in Pseudocode. Die Abkürzung *mod* steht hier für die mathematische Operation *Modulo.*[181] Das Repository dient dabei als Datenbasis für Standardbibliotheken verschiedener Programmiersprachen, aber auch für externe Bibliotheken wie ICU und *GNU gettext.*[182]

178 Locale Data Markup Language

179 s. "Unicode CLDR Project", "Extracted CLDR Supplemental Data" und "International Components for Unicode. Locale Explorer"

180 Screenshot-Quelle: https://github.com/mbr/Babel-CLDR/blob/d8b05a8f4a94a862700db2b2ab25236d93c3e823/CLDR-1.7.2/common/main/ru.xml (01.06.2015); zu den Plural Regeln für die russische Sprache s. http://www.unicode.org/cldr/charts/latest/supplemental/language_plural_rules.html#ru (16.06.2015)

181 Zur Erklärung des Terminus siehe den Glossareintrag im Anhang, S. 281.

182 s. "Introduction to gettext"

Abbildung 78: CLDR, Pluralregeln für das Russische in Pseudocode[183]

```
one → n mod 10 is 1 and n mod 100 is not 11;
few → n mod 10 in 2..4 and n mod 100 not in 12..14;
many → n mod 10 is 0 or n mod 10 in 5..9 or n mod 100 in
11..14;
other → everything else
```

Abbildung 79 schließlich zeigt das UI-Ergebnis einer erfolgreichen Numerusbehandlung, hier korrekt *454 ответа*.

Abbildung 79: Korrekte Numerusbehandlung in einer dynamischen Ausgabe[184]

Zu den Lokalisierungstechnologien können im weitesten Sinne zunächst Translation-Memory-Systeme (TM-Systeme) und visuelle Lokalisierungswerkzeuge gezählt werden.

Oft genügt die Verwendung der Resource-Datei selbst als Translation Memory (TM). Bei einer solchen Vorgehensweise wird zur Aktualisierung einer Resource-Datei deren ältere Version vor dem Übersetzen mit der jüngeren zusammengeführt. Für diese Aufgabe haben sich spezielle Merge-Programme bzw. Skripte durchgesetzt, die auch in der Lage sind, *fuzzy matches* für den Übersetzer sichtbar zu machen. Ein verbreitetes Werkzeug ist etwa *msgmerge* (`msgmerge foo.po foo.pot`) von *GNU gettext*[185].

An ihre Grenzen stößt diese Methode allerdings bei größeren Projekten, etwa solchen, die eine dateiübergreifende Datenverwaltung erfordern oder ein organisiertes Terminologiemanagement. Für solche Aufgaben gibt es seit den 1980er Jahren[186] integrierte Arbeitsumgebungen (TM-Systeme). Solche Umgebungen, die u. a. mit Übersetzungsdatenbank- bzw. Referenztext-, Terminologie- bzw. Glossarverwaltungs-Schnittstellen, Analyse-, Projektmanagement-, Alignment- und Qualitätssicherungsfunktionen sowie Übersetzungseditoren ausgestattet sind, werden oft mit vorgefertigten Filtern für gängige Ressourcen-Formate ausgeliefert, aber auch mit Filtereditoren, welche die Herstellung benutzerdefinier-

---

183 Screenshot-Quelle: http://unicode.org/repos/cldr-tmp/trunk/diff/supplemental/language_plural_rules.html (11.07.2015)

184 Screenshot-Quelle: https://yandex.ru/search/?lr=100489&text=getQuantityString (11.07.2015)

185 Dokumentation s. „Invoking the msgmerge Program"

186 s. Massion (2005:6)

ter Filter erlauben. Die Definition solcher Filter erfolgt dabei je nach Formattyp grafisch, mithilfe einer regulären Sprache oder mithilfe einer Abfragesprache. Darstellungen zu Übersetzungsumgebungen finden sich u. a. in Esch (2003), Massion (2005), Keller (2006), Imhof (2010), Keller (2011a) bzw. Keller (2011b), Kleijn (o. J.), Kleijn (2011) und Muegge (2013).

Mit den genannten Funktionalitäten sind aktuelle Übersetzungsumgebungen gut gewappnet für den Umgang mit verbreiteten Ressourcen-Formaten. Anzumerken ist allerdings, dass auch solche Umgebungen auf Modellen aufbauen. Dem Übersetzer wird, wie der Vergleich von Abbildung 81 auf S. 113 und Abbildung 82 auf S. 113 zeigt, ein gewisses Maß an Wachheit überall dort abverlangt, wo diese Modelle durchbrochen werden. Ein Grundprinzip von TM-Systemen ist etwa die Trennung von Struktur- und Inhaltsdaten. Es wird gerade zu den Vorteilen von TM-Systemen gezählt, dass diese Systeme im Übersetzungseditor Strukturdaten ausblenden können, dergestalt, dass der Übersetzer in einer WYSIWYG[187]-ähnlichen Oberfläche arbeiten kann. Eine solches Komfortfeature ist jedoch hinderlich, wo die Quelle der Trennung von Struktur- und Inhalt nicht folgt. Als Beispiel sei an die nachstehenden Einträge einer .strings-Datei gedacht. Diese Einträge repräsentieren unterschiedliche reaktionsabhängige Instanzen eines Ausdrucks[188]:

```
"%@ files##{one}" = "%@ file.";
"%@ files##{few}" = "%@ files.";
"%@ files##{many}" = "%@ files.";
"%@ files##{other}" = "%@ files.";
```

In diesen Einträgen enthält der zweite Teil des Schlüsselnamens jeweils in geschweiften Klammern einen der vier mnemonischen Mengenbezeichner `one`, `few`, `many` oder `other`. Diese auch *quantity identifiers* oder *plural indicators* genannten Bezeichner dienen als Schlüsselwörter für bestimmte Szenarien der Zahlenrektion. Da unterschiedliche Sprachen unterschiedliche Rektionsszenarien hervorbringen, wird die Semantik dieser Bezeichner für jede Sprache – etwa in einer Bibliothek – separat festgelegt. Die im *Common Locale Data Repository* (*CLDR*) des Unicode Consortiums hinterlegten Rektionsszenarien für das Russische sind in Abbildung 78 oben auf S. 111 in Pseudocode dargestellt. Abbildung 80 veranschaulicht die Pluralregeln für das Russische mithilfe bedingter Anweisungen, hier im Header einer .po-Datei (*gettext*); der Then-Wert `0` steht dabei für die Bedingung *one*, `1` für die Bedingung *few* und `2` für die Bedingungen *many* und *other*:

---

187 Abkürzung für *What You See Is What You Get*. Weitere Erläuterungen im Glossar.
188 s. hierzu die Darstellung auf S. 98

Abbildung 80: Pluralregeln für das Russische[189]

```
nplurals=3; plural=(n%10==1 && n%100!=11 ? 0 : n%10>=2 && n%10<=4 && (n%100<10 || n%100>=20)
? 1 : 2);
```

Aus diesen Definitionen ergibt sich im Russischen die folgende Verteilung:

```
0       = zero                // regiert den Genitiv Plural
1       = one                 // regiert den Nominativ Singular
2-4     = few                 // regiert den Genitiv Singular
5-20    = many                // regiert den Genitiv Plural
21      = one                 // regiert den Nominativ Singular
22-24   = few                 // regiert den Genitiv Singular
25-30   = many                // regiert den Genitiv Plural
usw.
nicht-ganze Zahl = other      // regiert den Genitiv Plural
```

Bei einer Darstellung der oben vorgestellten reaktionsabhängigen Instanzen des Worts *file* / *files* in einer Übersetzungsumgebung wie in Abbildung 81 (hier das TM-System *SDL Trados Studio 2014*) würden die mnemonischen Mengenbezeichner dem Übersetzer vorenthalten, was zu agrammatischen Ergebnissen führen muss:

Abbildung 81: Anzeige der UI-Strings im Editor eines TM-Systems

Das TM-System würde hier – auch dies im Screenshot von Abbildung 81 gut zu erkennen – in den verschiedenen Instanzen des Strings *files* einhundertprozentige Matches erkennen. Erst bei Anzeige der Resource-Schlüssel mit Mengenbezeichner wie in Abbildung 82 (ebenfalls *SDL Trados Studio 2014*) kann der Übersetzer wissen, welche Wortform einzugeben ist:

Abbildung 82: Anzeige der UI-Strings mit Schlüsseln im Editor eines TM-Systems

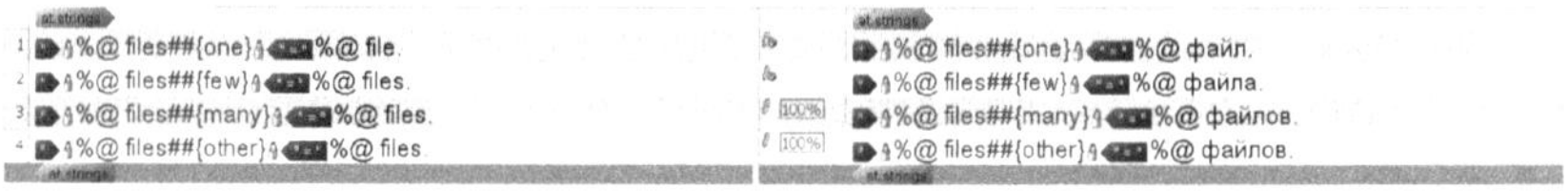

189 Screenshot-Quelle: http://localization-guide.readthedocs.org/en/latest/l10n/pluralforms.html (11.07.2015)

Verankert im Arbeitsmodell von TM-Systemen ist auch das Denken in Segmenten. Die gängigen TM-Systeme verfügen zwar über Funktionen, die eine Anpassung der Segmentierungsregeln ermöglichen und auch solche, die eine Zerschlagung von Ausdrücken (infolge der Segmentierung) überwinden helfen, hier durch Zusammenlegen von Segmenten. Indes mag Letzteres in Office-Formaten funktionieren – in Key-Value-Ressourcen wird dies schon deswegen mit Hürden verbunden sein, weil die Segmentierung nach dem Prinzip des *generic coding* hier durch den Entwickler bereits im Internationalisierungsstadium erfolgt ist. Praktikabler wäre daher, wenn TM-Systeme Null-Übersetzungen akzeptieren würden. Abbildung 83 zeigt in den Segmenten 4, 5 und 6 die Teilstrings `"noch"` + `"%0"` + `"Tage bis zum Verkaufsstart"` im Editor eines TM-Systems. Die drei Teilstrings stehen direkt hintereinander und in der Original-Sequenz. In diesem Sinne findet hier keine inhaltliche Dekontextualisierung statt, wohl aber eine syntaktische Fragmentierung des Gesamtausdrucks. Problembehaftet für den Übersetzer ist diese im aktuellen Beispiel, weil das TM-System im Segment 4 schon vor dem Subjekt ein präponiertes Temporaladverb (deutsch `"noch"`) erzwingen will bzw. einen Fehler meldet:

Abbildung 83: Nicht lokalisierbarer Teilstring im Editor eines TM-Systems

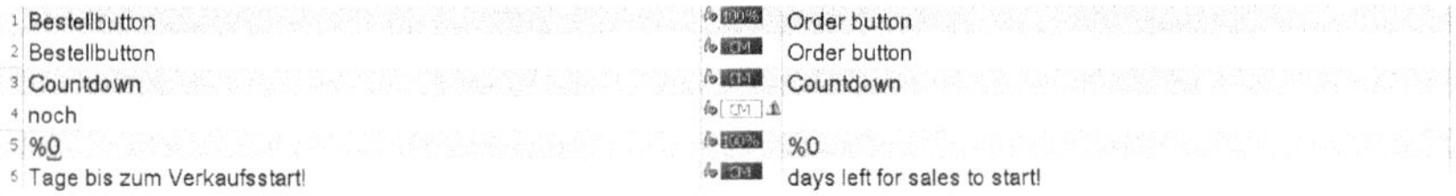

Auch im Beispiel von Abbildung 84, Segment 445, wird der Übersetzer vom TM-System genötigt, ein nicht zu übersetzendes Lexem (hier das Wort *Uhr* in der Uhrzeitangabe) zu lexikalisieren:

Abbildung 84: Nicht lokalisierbarer Teilstring im Editor eines TM-Systems

Zu den Lokalisierungstechnologien gehören ferner Lokalisierungsmethoden und deren Bibliotheken, wie sie für dynamische standardisierbare Aufgaben (etwa die Formatierung einer Ausgabe oder das Sortieren einer Liste) eingesetzt werden. Tabelle 4 auf S. 68 f. zeigt einige Items, die in einer solchen Bibliothek hinterlegt sein können; Abbildung 77 auf S. 110 zeigt den Ausschnitt einer LDML-Datei, hier das abhängige Wort *минута* in unterschiedlichen Rektionsszenarien. Viele SDKs werden standardmäßig mit Lokalisierungsbibliotheken ausgeliefert; erfolgreich sind aber auch externe (portable) Bibliotheken mit APIs[190] (*bindings*) zu den jeweiligen Sprachen. ICU verfügt über Sprachanbindungen für C, C++, C#, Java, Objective C, PHP, Python, Ruby[191] u. v. a.; *GNU gettext* stellt Sprachanbindungen für C, C++, Delphi, Java, Objective C, Perl, PHP, Python, Ruby u. v. a.[192] bereit. Unter Umständen bietet sich auch eine kombinierte Verwendung von Standardbibliothek und externer Bibliothek an.

Anhand der SDKs von *Android* und *iOS*, der Lokalisierungsframeworks *KDE Framework 5* (für Qt), *L20n* (für Gecko) und anhand der Lokalisierungsbibliothek *GNU gettext* sei im Folgenden untersucht, inwieweit solche Technologien den übersetzerischen Anforderungen genügen. Ziel dieser Beschreibung ist zum einen, Belege für den technologischen Stand zu liefern und zum anderen, die theoretischen Überlegungen der zurückliegenden Kapitel empirisch zu überprüfen. Methodisch soll dabei wie folgt vorgegangen werden:

- Ausgangssprache ist Englisch.
- Zielsprachen sind Deutsch und Russisch. Diese Übersetzungsrichtungen wurden gewählt, weil eine Dominanz isolierender Markierungsmittel in der Ausgangssprache als Risikofaktor eingestuft wird.
- Der zu übersetzende Ausgangsstring lautet wie folgt: `Failed to find the %0 %1 requested.`
- Die Bewertung erfolgt ausschließlich auf der Grundlage nativer Mittel, d. h. solcher, die die Programmierschnittstelle zur Verfügung stellt.

4.2.1. Arbeiten mit dem Android SDK

In diesem Abschnitt soll die Arbeit mit dem *Android SDK* aus dem Blickwinkel des Übersetzers beschrieben werden. Das SDK ist in „Android Studio“ dokumentiert. Es verwendet Bibliotheken des *Java Development Kits* (*JDK*) und konnte grafisch zunächst nur als Plug-in von IDEs wie *Eclipse* oder *NetBeans* bedient werden. Erst seit 2015 wird es mit einer eigenen IDE namens *Android Studio* ausgeliefert, die auch für den nachstehend ausgewerteten Test genutzt wurde. Das *Android SDK* umfasst u. a. einen intelligenten Code-Editor, einen Debugger, eige-

---

190 Abkürzung für *application programming interface*: Programmierschnittstelle.
191 “Related ICU Projects”.
192 “GNU gettext”.

ne Bibliotheken, einen Compiler (hier für die *Dalvik VM*) sowie einen Endgerätemulator. Das *Android SDK* ist außerdem mit Projektassistenten ausgestattet, die ein grafisches Programmieren erlauben. Die hierfür benötigten Code-Templates werden teilweise direkt von *GitHub* bezogen.

Das *Android SDK* wird mit einem Mechanismus für die Numerusbehandlung ausgeliefert. Dieser Mechanismus stellt für die Selektion des dependenten Strings in der erforderlichen Pluralform standardmäßig die Methode **`getQuantityString`**(INT ID, INT Zahl) der öffentlichen Klasse **`Resources`** bereit. Diese Methode, die in „Quantity Strings (Plurals)" dokumentiert ist, erwartet zwei Argumente:

1. Das erste Argument ist der *resource identifier*, d. h. die ID (Integer) des dependenten Strings, zusammengesetzt aus der Klasse *Resources* **`R`**, dem Ressourcentypen **`plurals`** sowie dem vom Entwickler für den String vergebenen Schlüssel (im Aufrufbeispiel unten **`meinString`**). Dem Ressourcentypen **`plurals`** steht in der Resource-Datei ein gleichnamiges XML-Element gegenüber (s. XML-Ausschnitt unten). Die Klasse *Resources* verwandelt den Ressourcenschlüssel (String, im nachstehenden Beispiel **`meinString`**) beim Kompilieren in eine ID (Integer), wie sie zur Laufzeit erwartet wird.
2. Das zweite Argument ist die zur Laufzeit bereitgestellte regierende Zahl, von der abhängt, welcher Inhalts-String in der Resource-Datei selektiert wird.[193]

Ein Beispiel für einen Aufruf könnte wie folgt aussehen:

```
getQuantityString(R.plurals.meinString, anzahl_elemente)
```

In der xml-Ressource selbst sind über das Attribut **`quantity`** die Strings mit jeweils einem der fünf mnemonischen Mengenbezeichner **`zero, one, few, many`** oder **`other`** getaggt (s. nachstehender XML-Ausschnitt).

Gegeben sei für die weitere Darstellung nun der folgende ausgangssprachliche String:

```
%d files
```

Der Eintrag in der englischen Ressource könnte in diesem Fall wie folgt heißen:

```
<plurals name="file">
  <item quantity="zero">%d files</item>
  <item quantity="one">%d file</item>
  <item quantity="other">%d files</item>
</plurals>
```

193 s. http://developer.android.com/reference/android/content/res/Resources.html #getQuantityString(int, int) (01.07.2013).

Im Deutschen würde die Ressource analog wie folgt aussehen:

```
<plurals name="file">
  <item quantity="zero">%d Dateien</item>
  <item quantity="one">%d Datei</item>
  <item quantity="other">%d Dateien</item>
</plurals>
```

Im Russischen werden gegenüber dem Englischen und dem Deutschen zusätzlich die Bedingungen `few` und `many` benötigt; es ergibt sich entsprechend der folgende Eintrag:

```
<plurals name="file">
  <item quantity="zero">%d файлов</item>
  <item quantity="one">%d файл</item>
  <item quantity="few">%d файла</item>
  <item quantity="many">%d файлов</item>
  <item quantity="other">%d файлов</item>
</plurals>
```

Aus praktischer Sicht ist an dargestellter Methode – also an der Bereitstellung der Mengenbezeichner in Abhängigkeit von der Zielsprache in einer XML-Ressource – anzumerken, dass der Übersetzer je nach Bedarf das Schema der Resource-Datei anpassen muss, was insbesondere eine iterative Arbeitsweise unwirtschaftlich macht. So enthält in vorstehendem Beispiel das XML-Element `plurals` der russischen Zielressource fünf `item`-Elemente, also zwei mehr als die englische Ausgangsressource. Eine sprachabhängige Gestaltung des Schemas bringt die gängigen TM-Systeme an ihre Grenzen, da das hinter solchen Systemen stehende Modell eine strukturelle Varianz von Ausgangs- und Zielressource nicht vorsieht. Entsprechend kommt als Ausgangsdatei nur eine zielsprachlich strukturierte Datei mit ausgangssprachlichem Stringbestand in Frage, wenn ein TM-System genutzt werden soll.

Aus linguistischer Sicht ließe sich u. U. beanstanden, dass das hinter der Numerusbehandlung stehende Konzept den Übersetzer entgegen der Intention von Internationalisierungsmechanismen immer noch auf ausgangssprachliche Prozesse, hier die isolierte Manipulation des Dependens, festlegt. Zur Erläuterung sei der folgende Ausgangsstring gegeben:

```
Delivery time: %0 %1
```

Der Wert für Platzhalter INT `0 %` soll dabei von der Logik geliefert, der Wert für STRING `%1` hingegen aus der Datenschicht bezogen werden. Konkret könnte sich etwa der folgende Beispielstring ergeben: *Delivery time: 24 hours.* Platzhalter `%0` verweist in diesem Beispiel also auf den Wert `24`. Bei der Übersetzung ins Russische nun wird der Übersetzer in seiner Handlungsfreiheit beschränkt, wenn er *24 часа* lexikalisch durch *1 сутки* substituieren möchte, denn er hat auf `%0` keinen Zugriff.

Zu kurz gedacht ist eine solche Numerusbehandlung als Lokalisierungsmechanismus in noch stärkerem Maße jedoch deswegen, weil Kasus- bzw. Genuszuweiser je nach Sprache unterschiedlich lange Rektionsketten, damit auch eine unterschiedliche Variabilität einzelner Konstituenten und hierdurch letztlich einen unterschiedlich hohen Bedarf an Variablen (und damit Platzhaltern für diese) nach sich ziehen können.[194] Dies sei am folgenden konstruierten Ausgangsstring illustriert:

Ausgangsstring	**`Failed to find the %s requested.`**
UI-Beispiele	*Failed to find the file requested.* *Failed to find the value requested.* *Failed to find the word requested.*

Im deutschen Zielstring kommt hier als genusmarkierendes Dependens der bestimmte Artikel am Satzanfang hinzu, d. h. es entsteht eine neue Abhängigkeit von einer variablen Konstituente:

Ausgangsstring	**`%s angeforderte %s wurde nicht gefunden.`**
UI-Beispiele	*Die angeforderte Datei wurde nicht gefunden.* *Der angeforderte Wert wurde nicht gefunden.* *Das angeforderte Wort wurde nicht gefunden.*

In der russischen Übersetzung enthalten schließlich außer dem Adverb *не* sämtliche Wörter Genus- bzw. Kasusmarker (kumulative Exponenz[195]):

Ausgangsstring	**`%s %s не %s %s.`**
UI-Beispiele	*Запрашиваемый файл не был найден.* *Запрашиваемая величина не была найдена.* *Запрашиваемое слово не было найдено.*

Konkret das *Android SDK* bietet keine über eine Numerusbehandlung hinausgehende Standardmethode. Der Ausgangsstring **`Failed to find the %0 %1 requested`**. ist damit bei Beschränkung auf die nativen Methoden nicht lokalisierbar. Als praktische Umgehungslösung bietet sich u. U. die Auflösung des Rohstrings in die drei möglichen finalen Strings an:

---

194 Beispiele hierfür liefern Geldbach (2011a), Czopik (2012) und Reineke (o. J.).
195 s. Glossareintrag *Exponenz* auf S. 273 des Anhangs.

```
Failed to find the file requested.
Failed to find the value requested.
Failed to find the word requested.
```

Eine solche Veränderung der Quelle setzt freilich seitens der jeweiligen Aktanten (Übersetzer und Entwickler) Offenheit für Iterationen voraus, hier initiiert durch das Feedback des Übersetzers, der mit dem Versuch einer Lokalisierung zunächst gescheitert sein muss. Da, wie aus den Antworten gem. Abbildung 113 auf S. 184 geschlossen werden kann, die Bedingungen für ein iteratives Kooperieren im untersuchten Marktsegment derzeit nicht freundlich sind, dürfte es aber selbst für die Umsetzung solcher Behelfslösungen Barrieren geben.

In Ermangelung einer generischen Methode im *Android SDK* soll die Darstellung nun anhand der drei genannten statischen Ausgangsstrings fortgesetzt werden. Ziel ist, die Machbarkeit einer Umgehungslösung wie vorgeschlagen zu erproben.

Für den Aufruf bietet sich dabei die öffentliche Methode **getString(INT ID)** an. Ein exemplarischer Aufruf könnte entsprechend wie folgt lauten:

```
// Schlüsselnamen für die Elemente (file / value / word)
definieren
private static final String KEY_FILE = "file";
private static final String KEY_VALUE = "value";
private static final String KEY_WORD = "word";

// Ausgabe planen; mit dem Argument item wird der Schlüssel
des Elements (file / value / word) übergeben
public void getString(String item)
{

// Die lokale Variable definieren
String failedToFind = "";

// Zielstring in Abhängigkeit vom Element (file / value /
word) in der jeweiligen Resource-Datei nachschlagen und
ausgeben. Beim Kompilieren der Android-Anwendung wird eine
statische Klasse Resources ("R") erstellt, in welcher
die Ressourcenschlüssel (z.B. R.string.file) sowie deren
korrespondierende IDs (Integer) enthalten sind.
if(item.equals(KEY_FILE))
{
  failedToFind = getResources().getString(R.string.file);
  Log.d(TAG, "> " + failedToFind);
}
  else if(item.equals(KEY_VALUE))
```

```
{
  failedToFind = getResources().getString(R.string.value);
  Log.d(TAG, "> " + failedToFind);
}
  else if(item.equals(KEY_WORD))
{
  failedToFind = getResources().getString(R.string.word);
  Log.d(TAG, "> " + failedToFind);
}
}
```

Dem Ressourcentypen `string` steht in der Resource-Datei ein gleichnamiges XML-Element gegenüber. So könnte der Eintrag in der englischen Resource-Datei wie folgt aussehen:

```
<string name="file">Failed to find the file requested.</string>
<string name="word">Failed to find the word requested.</string>
<string name="value">Failed to find the value requested.</string>
```

Für den Eintrag in der deutschen Resource-Datei gilt entsprechend:

```
<string name="file">Die angeforderte Datei wurde nicht
gefunden.</string>
<string name="value">Der angeforderte Wert wurde nicht
gefunden.</string>
<string name="word">Das angeforderte Wort wurde nicht
gefunden.</string>
```

Gleiches gilt für den Eintrag in der russischen Resource-Datei:

```
<string name="file">Запрашиваемый файл не был найден.</string>
<string name="value">Запрашиваемая величина не была найдена.
</string>
<string name="word">Запрашиваемое слово не было найдено.
</string>
```

Einzuräumen ist, dass mit dem eindimensionalen Begriff der *Rektionskette* (S. 118) das Problem noch nicht vollständig beschrieben ist. Dies wird schnell deutlich, wenn man den Beispielsatz um eine regierende Zahl wie folgt erweitert:

```
Failed to find the %1 %2 requested.
```

Dabei steht Platzhalter `1` für die regierende Zahl und Platzhalter `2` für das angeforderte Element. Mit Bezug auf das Russische können in einem solchen Satz (beispielsweise *Запрашиваемых 2 файла не было найдено.*) etwa für das erste (im Präsens stehende) Partizip *запрашиваем-* u. a. folgende Abhängigkeiten genannt werden:

- Der Kasus des Partizips hängt vom Genus des Subjekts ab: *запрашиваемых 2 файла* aber *запрашиваемые 2 величины*.
- Der Kasus des Partizips hängt von der regierenden Zahl ab: *запрашиваемый 1 файл* aber *запрашиваемых 2 файла*.

Für das zweite (im Präteritum stehende) Partizip *найден-* gilt u. a.:

- Der Numerus des Partizips hängt vom Genus des Subjekts ab: *запрашиваемых 2 файла не было найдено* aber *запрашиваемые 2 величины не были найдены*.
- Der Genus des Partizips hängt von der regierenden Zahl ab: *запрашиваемый 1 файл не был найден* aber *запрашиваемых 2 файла не было найдено*.

Die Liste der Abhängigkeiten ließe sich an denselben und an anderen Wörtern dieses Satzes fortsetzen. Logisch lassen sich solche Abhängigkeiten am effizientesten mehrdimensional abbilden. Dies soll im Folgenden wieder am Beispiel nachvollzogen werden:

Ausgangsstring	**`Failed to find the %1 %2 requested.`**
UI-Beispiele	*Failed to find the 1 file requested.* *Failed to find the 2 values requested.* *Failed to find the 3 words requested.*

Da das *Android SDK* für Ausgangsstrings mit solcher Struktur keine native Lösung anbietet, gilt der String unter den vorgesehenen Bedingungen wie schon oben als nicht lokalisierbar. Als Umgehungslösung soll nun wieder für jedes Szenario (*Dateien fehlen / Werte fehlen / Wörter fehlen*) gesondert ein statischer Aufruf geplant werden:

```
public void getString(String item, ArrayList<Integer> input-
List)
{
// Die lokalen Variablen (Plural) definieren
  String pluralTest = "";
  String demo = "";
// Zielstring in Abhängigkeit vom Element (file / value /
word) in der Resource-Datei der jeweiligen Sprache
nachschlagen und ausgeben
  if(item.equals(KEY_FILE))
{
```

```
// Liste durchlaufen und den korrespondierenden Pluraltext
ausgeben
  for (Integer i : inputList)
  {
/* Die Zahl entgegennehmen und den Mengenbezeichner auflösen.
Die Mengenbezeichner werden automatisch durchindiziert, die
semantische Zuordnung erfolgt sprachabhängig. So entspricht 2
im Englischen und Deutschen dem Bezeichner many, im Russischen
dem Bezeichner few. Nachschlagen des Werts aus der Resource-
Datei in Abhängigkeit von dem ermittelten Mengenbezeichner
(s. unten das plurals-Element mit dem Wert "file"). */
  item = this.getResources().getQuantityString(R.plurals.file,
  i);
/* Nun ist der String für das Element im erforderlichen
Kasus, hier etwa "Datei" oder "файлов", bekannt. Wieder
Auflösen des Mengenbezeichners und Nachschlagen des passenden
Ressourcen-Strings in Abhängigkeit von dem ermittelten
Mengenbezeichner. Hiernach sind der rohe Zielstring (mit
Platzhaltern), die Zahl und der finalisierte String für
das Element (file / value / word) bekannt. Die Platzhalter
im Rohstring entlang der Argumente 3 und 4, also Zahl und
Element, ersetzen. Da die Platzhalter im Rohstring nummeriert
sind, kann deren Reihenfolge nach den Bedürfnissen der
Zielsprache verändert werden.*/
  pluralTest = this.getResources().getQuantityString(R.
  plurals.failed_file, i, i, item);
  pluralAndroid=this.getResources().getQuantityString(R.
  plurals.plurals_category, i, i);
/* Erzeugen der Debug-Ausgaben. In die Variable pluralTest
wird der finalisierte String geschrieben und kann sodann von
der Debug-Konsole des Endgeräts ausgegeben werden*/
  Log.d(TAG, "> " + pluralTest + " : " + demo);
  }
 }
else if(item.equals(KEY_VALUE))
 {
/* Liste (ArrayList, s. unten auf S. 123) durchlaufen und den
korrespondierenden Pluraltext ausgeben*/
for (Integer i : inputList)
  {
  item = this.getResources().getQuantityString(R.plurals.
  value, i);
```

```
  pluralTest = this.getResources().getQuantityString(R.
  plurals.failed_value, i, i, item);
  demo = this.getResources().getQuantityString(R.plurals.
  plurals_category, i, i);
  Log.d(TAG, "> " + pluralTest + " : " + demo);
  }
 }
else if(item.equals(KEY_WORD))
 {
// Liste durchlaufen und den korrespondierenden Pluraltext
ausgeben
for (Integer i : inputList)
  {
  item = this.getResources().getQuantityString(R.plurals.
  word, i);
  pluralTest=this.getResources().getQuantityString(R.plurals.
  failed_word, i, i, item);
  demo = this.getResources().getQuantityString(R.plurals.
  plurals_category, i, i);
  Log.d(TAG, "> " + pluralTest + " : " + demo);
  }
 }
}
```

Durchgeführt werden soll der Test exemplarisch anhand der in der nachstehenden Liste (Klasse `ArrayList`) genannten Zahlen:

```
ArrayList<Integer> list = new ArrayList<Integer>();
list.add(1);
list.add(4);
list.add(11);
list.add(21);
list.add(24);
list.add(25);
```

Die Einträge in der englischen Resource-Datei würden wie folgt aussehen:

```
<plurals name="file">
  <item quantity="one">file</item>
  <item quantity="other">files</item>
</plurals>
<plurals name="value">
  <item quantity="one">value</item>
  <item quantity="other">values</item>
</plurals>
```

```
<plurals name="word">
  <item quantity="one">word</item>
  <item quantity="other">words</item>
</plurals>
<plurals name="failed_file">
  <item quantity="one">Failed to find the %1$d %2$s
  requested.</item>
  <item quantity="other">Failed to find the %1$d %2$s
  requested.</item>
</plurals>
<plurals name="failed_value">
  <item quantity="one">Failed to find the %1$d %2$s
  requested.</item>
  <item quantity="other">Failed to find the %1$d %2$s
  requested.</item>
</plurals>
<plurals name="failed_word">
  <item quantity="one">Failed to find the %1$d %2$s
  requested.</item>
  <item quantity="other">Failed to find the %1$d %2$s
  requested.</item>
</plurals>
```

Analog muss die deutsche Resource-Datei gestaltet werden:

```
<plurals name="file">
  <item quantity="one">Datei</item>
  <item quantity="other">Dateien</item>
</plurals>
<plurals name="value">
  <item quantity="one">Wert</item>
  <item quantity="other">Werte</item>
</plurals>
<plurals name="word">
  <item quantity="one">Wort</item>
  <item quantity="other">Wörter</item>
</plurals>
<plurals name="failed_file">
  <item quantity="one">Die angeforderte %1$d %2$s wurde nicht
  gefunden.</item>
  <item quantity="other">Die angeforderten %1$d %2$s wurden
  nicht gefunden.</item>
</plurals>
```

```
<plurals name="failed_value">
  <item quantity="one">Der angeforderte %1$d %2$s wurde nicht
  gefunden.</item>
  <item quantity="other">Die angeforderten %1$d %2$s wurden
  nicht gefunden.</item>
</plurals>
<plurals name="failed_word">
  <item quantity="one">Das angeforderte %1$d %2$s wurde nicht
  gefunden.</item>
  <item quantity="other">Die angeforderten %1$d %2$s wurden
  nicht gefunden.</item>
</plurals>
```

Die Einträge in der russischen Resource-Datei heißen entsprechend wie folgt:

```
<plurals name="file">
  <item quantity="one">файл</item>
  <item quantity="few">файла</item>
  <item quantity="many">файлов</item>
  <item quantity="other">файлов</item>
</plurals>
<plurals name="value">
  <item quantity="one">величина</item>
  <item quantity="few">величины</item>
  <item quantity="many">величин</item>
  <item quantity="other">величин</item>
</plurals>
<plurals name="word">
  <item quantity="one">слово</item>
  <item quantity="few">слова</item>
  <item quantity="many">слов</item>
  <item quantity="other">слов</item>
</plurals>
<plurals name="failed_file">
  <item quantity="one">Запрашиваемый %1$d %2$s не был
  найден.</item>
  <item quantity="few">Запрашиваемых %1$d %2$s не было
  найдено.</item>
  <item quantity="many">Запрашиваемых %1$d %2$s не было
  найдено.</item>
  <item quantity="other">Запрашиваемых %1$d %2$s не было
  найдено.</item>
</plurals>
```

```
<plurals name="failed_value">
  <item quantity="one">Запрашиваемая %1$d %2$s не была
  найдена.</item>
  <item quantity="few">Запрашиваемые %1$d %2$s не были
  найдены.</item>
  <item quantity="many">Запрашиваемых %1$d %2$s не было
  найдено.</item>
  <item quantity="other">Запрашиваемых %1$d %2$s не было
  найдено.</item>
</plurals>
<plurals name="failed_word">
  <item quantity="one">Запрашиваемое %1$d %2$s не было
  найдено.</item>
  <item quantity="few">Запрашиваемых %1$d %2$s не было
  найдено.</item>
  <item quantity="many">Запрашиваемых %1$d %2$s не было
  найдено.</item>
  <item quantity="other">Запрашиваемых %1$d %2$s не было
  найдено.</item>
</plurals>
```

Abbildung 85, Abbildung 86 und Abbildung 87 zeigen die unter den oben beschriebenen Bedingungen erzeugten Debug-Ausgaben.

Abbildung 85: Debugausgabe aus der englischen Ressource von einem Androidgerät

```
07-16 00:39:05.771  11236-11236/eu.localize.demo D/demo:  >  Ausgabe Englisch - failed_file:
07-16 00:39:05.771  11236-11236/eu.localize.demo D/demo:  >  Failed to find the 1 file requested. : 1 = one
07-16 00:39:05.771  11236-11236/eu.localize.demo D/demo:  >  Failed to find the 4 files requested. : 4 = other
07-16 00:39:05.771  11236-11236/eu.localize.demo D/demo:  >  Failed to find the 11 files requested. : 11 = other
07-16 00:39:05.771  11236-11236/eu.localize.demo D/demo:  >  Failed to find the 21 files requested. : 21 = other
07-16 00:39:05.771  11236-11236/eu.localize.demo D/demo:  >  Failed to find the 24 files requested. : 24 = other
07-16 00:39:05.771  11236-11236/eu.localize.demo D/demo:  >  Failed to find the 25 files requested. : 25 = other
07-16 00:39:05.771  11236-11236/eu.localize.demo D/demo:  >  Ausgabe Englisch - failed_value:
07-16 00:39:05.781  11236-11236/eu.localize.demo D/demo:  >  Failed to find the 1 value requested. : 1 = one
07-16 00:39:05.781  11236-11236/eu.localize.demo D/demo:  >  Failed to find the 4 values requested. : 4 = other
07-16 00:39:05.781  11236-11236/eu.localize.demo D/demo:  >  Failed to find the 11 values requested. : 11 = other
07-16 00:39:05.781  11236-11236/eu.localize.demo D/demo:  >  Failed to find the 21 values requested. : 21 = other
07-16 00:39:05.781  11236-11236/eu.localize.demo D/demo:  >  Failed to find the 24 values requested. : 24 = other
07-16 00:39:05.781  11236-11236/eu.localize.demo D/demo:  >  Failed to find the 25 values requested. : 25 = other
07-16 00:39:05.781  11236-11236/eu.localize.demo D/demo:  >  Ausgabe Englisch - failed_word:
07-16 00:39:05.781  11236-11236/eu.localize.demo D/demo:  >  Failed to find the 1 word requested. : 1 = one
07-16 00:39:05.781  11236-11236/eu.localize.demo D/demo:  >  Failed to find the 4 words requested. : 4 = other
07-16 00:39:05.781  11236-11236/eu.localize.demo D/demo:  >  Failed to find the 11 words requested. : 11 = other
07-16 00:39:05.781  11236-11236/eu.localize.demo D/demo:  >  Failed to find the 21 words requested. : 21 = other
07-16 00:39:05.781  11236-11236/eu.localize.demo D/demo:  >  Failed to find the 24 words requested. : 24 = other
07-16 00:39:05.781  11236-11236/eu.localize.demo D/demo:  >  Failed to find the 25 words requested. : 25 = other
```

Abbildung 86: Debugausgabe aus der deutschen Ressource von einem Androidgerät

```
07-16 00:39:05.741  11236-11236/eu.localize.demo D/demo:  >  Ausgabe Deutsch - failed_file:
07-16 00:39:05.741  11236-11236/eu.localize.demo D/demo:  >  Die angeforderte 1 Datei wurde nicht gefunden. : 1 = one
07-16 00:39:05.741  11236-11236/eu.localize.demo D/demo:  >  Die angeforderten 4 Dateien wurden nicht gefunden. : 4 = other
07-16 00:39:05.741  11236-11236/eu.localize.demo D/demo:  >  Die angeforderten 11 Dateien wurden nicht gefunden. : 11 = other
07-16 00:39:05.741  11236-11236/eu.localize.demo D/demo:  >  Die angeforderten 21 Dateien wurden nicht gefunden. : 21 = other
07-16 00:39:05.741  11236-11236/eu.localize.demo D/demo:  >  Die angeforderten 24 Dateien wurden nicht gefunden. : 24 = other
07-16 00:39:05.741  11236-11236/eu.localize.demo D/demo:  >  Die angeforderten 25 Dateien wurden nicht gefunden. : 25 = other
07-16 00:39:05.741  11236-11236/eu.localize.demo D/demo:  >  Ausgabe Deutsch - failed_value:
07-16 00:39:05.741  11236-11236/eu.localize.demo D/demo:  >  Der angeforderte 1 Wert wurde nicht gefunden. : 1 = one
07-16 00:39:05.741  11236-11236/eu.localize.demo D/demo:  >  Die angeforderten 4 Werte wurden nicht gefunden. : 4 = other
07-16 00:39:05.751  11236-11236/eu.localize.demo D/demo:  >  Die angeforderten 11 Werte wurden nicht gefunden. : 11 = other
07-16 00:39:05.751  11236-11236/eu.localize.demo D/demo:  >  Die angeforderten 21 Werte wurden nicht gefunden. : 21 = other
07-16 00:39:05.751  11236-11236/eu.localize.demo D/demo:  >  Die angeforderten 24 Werte wurden nicht gefunden. : 24 = other
07-16 00:39:05.751  11236-11236/eu.localize.demo D/demo:  >  Die angeforderten 25 Werte wurden nicht gefunden. : 25 = other
07-16 00:39:05.751  11236-11236/eu.localize.demo D/demo:  >  Ausgabe Deutsch - failed_word:
07-16 00:39:05.751  11236-11236/eu.localize.demo D/demo:  >  Das angeforderte 1 Wort wurde nicht gefunden. : 1 = one
07-16 00:39:05.751  11236-11236/eu.localize.demo D/demo:  >  Die angeforderten 4 Wörter wurden nicht gefunden. : 4 = other
07-16 00:39:05.751  11236-11236/eu.localize.demo D/demo:  >  Die angeforderten 11 Wörter wurden nicht gefunden. : 11 = other
07-16 00:39:05.751  11236-11236/eu.localize.demo D/demo:  >  Die angeforderten 21 Wörter wurden nicht gefunden. : 21 = other
07-16 00:39:05.751  11236-11236/eu.localize.demo D/demo:  >  Die angeforderten 24 Wörter wurden nicht gefunden. : 24 = other
07-16 00:39:05.751  11236-11236/eu.localize.demo D/demo:  >  Die angeforderten 25 Wörter wurden nicht gefunden. : 25 = other
```

Abbildung 87: Debugausgabe aus der russischen Ressource von einem Androidgerät

```
07-16 18:40:17.656  20285-20285/eu.localize.demo D/demo:  >  Запрашиваемый 1 файл не был найден. : 1 = one
07-16 18:40:17.656  20285-20285/eu.localize.demo D/demo:  >  Запрашиваемых 4 файла не было найдено. : 4 = few
07-16 18:40:17.656  20285-20285/eu.localize.demo D/demo:  >  Запрашиваемых 11 файлов не было найдено. : 11 = many
07-16 18:40:17.656  20285-20285/eu.localize.demo D/demo:  >  Запрашиваемый 21 файл не был найден. : 21 = one
07-16 18:40:17.656  20285-20285/eu.localize.demo D/demo:  >  Запрашиваемых 24 файла не было найдено. : 24 = few
07-16 18:40:17.666  20285-20285/eu.localize.demo D/demo:  >  Запрашиваемых 25 файлов не было найдено. : 25 = many
07-16 18:40:17.666  20285-20285/eu.localize.demo D/demo:  >  Запрашиваемая 1 величина не была найдена. : 1 = one
07-16 18:40:17.666  20285-20285/eu.localize.demo D/demo:  >  Запрашиваемые 4 величины не были найдены. : 4 = few
07-16 18:40:17.666  20285-20285/eu.localize.demo D/demo:  >  Запрашиваемых 11 величин не было найдено. : 11 = many
07-16 18:40:17.686  20285-20285/eu.localize.demo D/demo:  >  Запрашиваемая 21 величина не была найдена. : 21 = one
07-16 18:40:17.686  20285-20285/eu.localize.demo D/demo:  >  Запрашиваемые 24 величины не были найдены. : 24 = few
07-16 18:40:17.686  20285-20285/eu.localize.demo D/demo:  >  Запрашиваемых 25 величин не было найдено. : 25 = many
07-16 18:40:17.686  20285-20285/eu.localize.demo D/demo:  >  Запрашиваемое 1 слово не было найдено. : 1 = one
07-16 18:40:17.686  20285-20285/eu.localize.demo D/demo:  >  Запрашиваемых 4 слова не было найдено. : 4 = few
07-16 18:40:17.686  20285-20285/eu.localize.demo D/demo:  >  Запрашиваемых 11 слов не было найдено. : 11 = many
07-16 18:40:17.686  20285-20285/eu.localize.demo D/demo:  >  Запрашиваемое 21 слово не было найдено. : 21 = one
07-16 18:40:17.686  20285-20285/eu.localize.demo D/demo:  >  Запрашиваемых 24 слова не было найдено. : 24 = few
07-16 18:40:17.686  20285-20285/eu.localize.demo D/demo:  >  Запрашиваемых 25 слов не было найдено. : 25 = many
```

4.2.2. Arbeiten mit dem iOS SDK

Das *iOS SDK* wird über die IDE *Xcode* bedient. Es enthält einen eigenen Endgeräte-Simulator für *Mac OS X*, verwendet aber ansonsten die Toolchain von *Xcode*.

Im Folgenden wird beschrieben, wie die Arbeit des Übersetzers mit Ressourcen des *iOS SDK* aussehen kann, dies zunächst unter Verwendung des Open-Source-Frameworks *iOS Plurals Library.*[196] Letzteres stellt für die Pluralbehandlung die

196 © 2009–2013 Smartling, Inc., New York; s. "iOS Plurals Library"; Repository: https://github.com/Smartling (08.08.2013)

Methode `SLPluralizedString(@ "%@ String", Zahl`[197]) bereit. Diese Methode erwartet die folgenden Argumente:

1. den dependenten ausgangssprachlichen String einschl. des vorangestellten Platzhalters für die regierende Zahl
2. die regierende Zahl

Die im Framework verwendeten mnemonischen Mengenbezeichner gehen wie auch jene vom *Android SDK* auf CLDR-Daten zurück.[198] Einem exemplarischen Aufruf `SLPluralizedString(@"%@ files", number)` könnte für die englische .strings-Ressource etwa folgender Eintrag entsprechen:

```
"%@ files##{one}" = "%@ file.";
"%@ files##{other}" = "%@ files.";
```

Der korrespondierende Eintrag in der deutschen Ressource würde wie folgt lauten:

```
"%@ files##{one}" = "%@ Datei.";
"%@ files##{other}" = "%@ Dateien.";
```

Für den Eintrag in der russischen Ressource ließe sich wie folgt ableiten:

```
"%@ files##{one}" = "%@ файл.";
"%@ files##{few}" = "%@ файла.";
"%@ files##{many}" = "%@ файлов.";
"%@ files##{other}" = "%@ файла.";
```

Analog zur Vorgehensweise beim *Android SDK* (Abschnitt 4.2.1) soll nun wieder versucht werden, über einen bloßen Numerus hinausgehende Abhängigkeiten zu bedienen und hierfür den String `Failed to find the %s requested.` abzubilden. Gegeben sei dazu der folgende Aufruf:

```
NSString *failedToFind = [self
getStringUsingWord:elementRequested];
```

Genau wie das *Android SDK* verfügt das *iOS SDK* weder über spezielle Methode für die Berücksichtigung der beim Übersetzen dieses Strings zu erwartenden Diversifikationen noch über scriptfähige Ressourcen. Der Ausgangsstring ist mit nativen Mitteln also nicht lokalisierbar. Wie in Abschnitt 4.2.1 soll der Rohstring deswegen wieder manuell aufgelöst werden.

---

197 mögliche Datentypen: INT, LONG, FLOAT, DOUBLE oder NSNUMBER() *(s.* "Smartling. i18n.framework")

198 s. "iOS Plurals Library"

```
Failed to find the file requested.
Failed to find the value requested.
Failed to find the word requested.
```

Für die Verarbeitung wird in einer Instanzmethode **`getStringUsingWord:wordStr`** die Standardmethode **`NSLocalizedString()`**[199] des Objective-C-Frameworks *Foundation Kit*[200] aufgerufen. Die Standardmethode **`NSLocalizedString()`** erwartet zwei Argumente:

- den Ressourcenschlüssel (String)
- einen Kommentar (String, kann auch `nil` sein)

Der Aufruf kann nun wie folgt aussehen:

```
- (NSString*)getStringUsingWord:(NSString*)wordStr {
return NSLocalizedString(wordStr, nil);
}
```

Die englische Ressource kann hierbei wie folgt aussehen:

```
"file" = "Failed to find the file requested.";
"word" = "Failed to find the word requested.";
"value" = "Failed to find the value requested.";
```

Die deutsche Ressource hätte analog das folgende Aussehen:

```
"file" = "Die angeforderte Datei wurde nicht gefunden.";
"word" = "Das angeforderte Wort wurde nicht gefunden.";
"value" = "Der angeforderte Wert wurde nicht gefunden.";
```

Für die russische Ressource gilt sinngemäß wie folgt:

```
"file" = "Запрашиваемый файл не был найден.";
"word" = "Запрашиваемое слово не было найдено.";
"value" = "Запрашиваемая величина не была найдена.";
```

Anhand des Strings **`Failed to find the %@ %@ requested.`** sollen schließlich wieder sowohl die Abhängigkeit von der Zahl als auch jene vom Satzobjekt abgebildet werden. Damit die Methode **`SLPluralizedString()`** mit einem qualifizierten String (erstes Argument) versorgt werden kann, ist sie in die

199 Dokumentation: https://developer.apple.com/library/ios/documentation/Cocoa/Reference/Foundation/Miscellaneous/Foundation_Functions/#//apple_ref/c/macro/NSLocalizedString (05.06.2015) Ausführliche Erklärungen auch unter http://nshipster.com/nslocalizedstring/ (05.06.2015)

200 Dokumentation: „Foundation Functions Reference"

Methode **getStringUsingWord:wordStr** einzubinden, welche zunächst den zweiten Platzhalter-Wert (**file**, **value** oder **date**) abfragt und erst dann für jeden möglichen Wert (in nachstehend dargestellter Deklaration hartcodiert) einen separaten Verarbeitungsblock bereitstellt, innerhalb dessen **SLPluralizedString()** ausgeführt wird. (Als Default-Element wird im nachstehenden Beispiel **item** eingesetzt.)

```
  - (NSString)getStringUsingWord:(NSString)wordStr
  andNumber:(float)primitive {
  NSNumber *number = [NSNumber numberWithFloat: primitive];
  NSString *str = [NSString stringWithFormat:
  SLPluralizedString(@"%@ item", number, nil), number];
  if ([wordStr isEqualToString:@"file"]) {
    str = [NSString stringWithFormat: SLPluralizedString(@"%@
    file", number, nil), number];
  }
  else if ([wordStr isEqualToString:@"value"]) {
    str = [NSString stringWithFormat: SLPluralizedString(@"%@
    value", number, nil), number];
  }
  else ([wordStr isEqualToString:@"word"]) {
    str = [NSString stringWithFormat: SLPluralizedString(@"%@
    word", number, nil), number];
  }
  return str;
}
```

In der englischen Ressource könnte der entsprechende Eintrag wie folgt aussehen:

```
"%@ item##{one}" = "Failed to find the item requested.";
"%@ item##{many}" = "Failed to find the %@ items requested.";
"%@ file##{one}" = "Failed to find the file requested.";
"%@ file##{many}" = "Failed to find the %@ files requested.";
"%@ value##{one}" = "Failed to find the value requested.";
"%@ value##{many}" = "Failed to find the %@ values requested.";
"%@ word##{one}" = "Failed to find the word requested.";
"%@ word##{many}" = "Failed to find the %@ words requested.";
```

Für die deutsche Ressource ergibt sich wie folgt:

```
"%@ item##{one}" = "Das angeforderte Element wurde nicht
gefunden.";
"%@ item##{many}" = "Die angeforderten %@ Elemente wurden
nicht gefunden.";
```

```
"%@ file##{one}" = "Die angeforderte Datei wurde nicht
gefunden.";
"%@ file##{many}" = "Die angeforderten %@ Dateien wurden nicht
gefunden.";
"%@ value##{one}" = "Der angeforderte Wert wurde nicht
gefunden.";
"%@ value##{many}" = "Die angeforderten %@ Werte wurden nicht
gefunden.";
"%@ word##{one}" = "Das angeforderte Wort wurde nicht
gefunden.";
"%@ word##{many}" = "Die angeforderten %@ Wörter wurden nicht
gefunden.";
```

In der russischen Ressource hätten die entsprechenden Zielstrings das nachstehend dargestellte Aussehen. Da der Mengenbezeichner `other` nicht zu erwarten ist, wurde in der Ressource auf dessen Auflösung verzichtet:

```
"%@ item ##{one}" = "Запрашиваемый элемент не был найден.";
"%@ item ##{few}" = "Запрашиваемых %@ элемента не было
найдено.";
"%@ item ##{many}" = "Запрашиваемых %@ элементов не было
найдено.";
"%@ file##{one}" = "Запрашиваемый файл не был найден.";
"%@ file##{few}" = "Запрашиваемых %@ файла не было найдено.";
"%@ file##{many}" = "Запрашиваемых %@ файлов не было найдено.";
"%@ value##{one}" = "Запрашиваемая величина не была найдена.";
"%@ value##{few}" = "Запрашиваемые %@ величины не были
найдены.";
"%@ value##{many}" = "Запрашиваемых %@ величин не было
найдено.";
"%@ word##{one}" = "Запрашиваемое слово не было найдено.";
"%@ word##{few}" = "Запрашиваемых %@ слова не было найдено.";
"%@ word##{many}" = "Запрашиваемых %@ слов не было найдено.";
```

Nachdem die Zahlenrektion mit der Methode **`NSLocalizedString()`** der *iOS Plurals Library* umgesetzt wurde, soll die Umsetzung nun mit der für Objective-C adaptierten Version der öffentlichen *Mozilla*-Klasse **`PluralForm`** namens **`JJPluralForm`**[201] geschehen. Diese Klasse, die auch die Pluralregeln enthält, verwendet die folgende Methode:

`[[JJPluralForm sharedManager] pluralStringForNumber:` INT Array-Index im String

201 Repository und Kurzbeschreibung: https://github.com/junjie/JJPluralForm (29.07.2013)

```
withPluralForms:NSLocalizedString(@"Schlüssel des Strings",
@"Kommentar")
usingPluralRule: [INT Nummer der Pluralform-Regel202]
localizeNumeral: BOOL Zahlenformat lokalisieren?];
```

Exemplarisch könnte der Aufruf einer solchen Methode wie folgt aussehen:

```
[[JJPluralForm sharedManager]
pluralStringForNumber:arrayIndex
withPluralForms:NSLocalizedString(@"N_FILES", @"nil")
usingPluralRule:[NSLocalizedString(@"JJ_PLURAL_FORM_RULE",
nil)integerValue]
localizeNumeral:YES];
```

Die (durchnummerierten) Pluralregeln von `JJPluralForm` sind in der Datei JJPluralForm.m[203] definiert; dabei werden die deutsche und englische Sprache durch die Regel 1 abgedeckt:

```
case JJPluralRuleEnglish:
     {
  index = n != 1 ? 1 : 0;
  numberOfForms = 2;
  break;
  }
```

Die russische Sprache wird durch Regel 7 abgedeckt[204]:

```
case JJPluralRuleRussian:
     {
  index = n%10==1&&n%100!=11 ? 0 : (
  n%10>=2&&n%10<=4&&(n%100<10||n%100>=20) ? 1 : 2);
  numberOfForms = 3;
  break;
}
```

202 gem. Mozilla List of Plural Rules, s. https://developer.mozilla.org/en-US/docs/Localization_and_Plurals (08.08.2013)

203 Die Erweiterung *m* für die Datei steht für *method*; Repository-Link für die Datei: https://github.com/junjie/JJPluralForm/blob/master/JJPluralForm/JJPluralForm.m (04.06.2015)

204 Quelle des nachstehenden Code-Ausschnitts: https://github.com/junjie/JJPluralForm/blob/master/JJPluralForm/JJPluralForm.m (04.06.2015)

Die für die jeweilige Sprache geltende Regel muss zunächst in der .strings-Ressource gesetzt werden (Schlüssel `JJ_PLURAL_FORM_RULE`), bevor der (im Fall des Englischen aus zwei Arrayelementen bestehende) String in der .strings-Ressource geplant werden kann:

```
"JJ_PLURAL_FORM_RULE" = "1";
"N_FILES" = "%@ file;%@ files";
```

Auch der String der deutschen .strings-Ressource besteht aus zwei Arrayelementen:

```
"JJ_PLURAL_FORM_RULE" = "1";
"N_FILES" = "%@ Datei;%@ Dateien";
```

Der String der russischen .strings-Ressource besteht aus vier Arrayelementen:

```
"JJ_PLURAL_FORM_RULE" = "7";
"N_FILES" = "%@ файл;%@ файла;%@ файлов;%@ файла";
```

Auch für die Klasse **`JJPluralForm`** soll abschließend der darzustellende String nach dem Muster **`Failed to find the %@ %@ requested.`** erweitert werden. Gegeben sei hierfür der folgende Aufruf:

```
NSString *failedToFind = [self
getStringUsingWord:elementRequested andNumber:integerValue];
```

Gegeben sei ferner die folgende Methode[205]:

```
(NSString)getStringUsingWord:(NSString)wordStr andNumber:
(NSUInteger)primitive {
NSString *str = NSLocalizedString(@"N_Items", @"nil");

if ([wordStr isEqualToString:@"file"]) {
  str = NSLocalizedString(@"N_Files", nil);
}
else if ([wordStr isEqualToString:@"value"]) {
  str = NSLocalizedString(@"N_Words", nil);
}
else if ([wordStr isEqualToString:@"word"]) {
  str = NSLocalizedString(@"N_Values", nil);
}
return [JJPluralForm pluralStringForNumber:primitive
withPluralForms:str
```

205 Das Makro **`kJJPluralFormRule`** wird hier beschrieben: https://github.com/junjie/JJPluralForm/blob/master/README.md (16.06.2015)

```
separatedBy:[JJPluralForm pluralFormsSeparator]
usingPluralRule:[kJJPluralFormRule integerValue]
localizeNumeral:YES];
}
```

Für die englische Ressource gilt wie folgt:

```
"JJ_PLURAL_FORM_RULE" = "1";

"N_Items" = "Failed to find the item requested.;Failed to find
the %@ item requested.;Failed to find the %@ items requested.";

"N_Files" = "Failed to find the file requested.;Failed to find
the %@ file requested.;Failed to find the %@ files requested.";

"N_Words" = "Failed to find the word requested.;Failed to find
the %@ word requested.;Failed to find the %@ words requested.";

"N_Values" = "Failed to find the value requested.;Failed to find
the %@ value requested.;Failed to find the %@ values requested.";
```

Die deutsche Ressource hätte analog das folgende Aussehen:

```
"JJ_PLURAL_FORM_RULE" = "1";

"N_Items" = "Das angeforderte Element wurde nicht
gefunden.;Das angeforderte %@ Element wurde nicht
gefunden.;Die angeforderten %@ Elemente wurden nicht
gefunden.";

"N_Files" = "Die angeforderte Datei wurde nicht gefunden.;Die
angeforderte %@ Datei wurde nicht gefunden.;Die angeforderten
%@ Dateien wurden nicht gefunden.";

"N_Words" = "Das angeforderte Wort wurde nicht gefunden.;Das
angeforderte %@ Wort wurde nicht gefunden.;Die angeforderten
%@ Wörter wurden nicht gefunden.";

"N_Values" = "Der angeforderte Wert wurde nicht gefunden.;Der
angeforderte %@ Wert wurde nicht gefunden.;Die angeforderten
%@ Werte wurden nicht gefunden.";
```

Für die russische Ressource gilt entsprechend wie folgt:

```
"JJ_PLURAL_FORM_RULE" = "7";

"N_Items" = "Запрашиваемый элемент не был
найден.;Запрашиваемый %@ элемент не был найден.;Запрашиваемых
%@ элемента не было найдено.;Запрашиваемых %@ элементов не
было найдено.";
```

```
"N_Files" = "Запрашиваемый файл не был найден.;Запрашиваемый
%@ файл не был найден.;Запрашиваемых %@ файла не было
найдено.;Запрашиваемых %@ файлов не было найдено.";

"N_Words" = "Запрашиваемое слово не было найдено.;Запрашиваемое
%@ слово не было найдено.;Запрашиваемых %@ слова не было
найдено.;Запрашиваемых %@ слов не было найдено.";

"N_Values" = "Запрашиваемая величина не была
найдена.;Запрашиваемая %@ величина не была
найдена.;Запрашиваемые %@ величины не были
найдены.;Запрашиваемых %@ величин не былио найдено.";
```

Im Unterschied zur Vorgehensweise der Methode **`SLPluralizedString()`** indiziert die Klasse `JJPluralForm` also die Bedingungen (`one`, `few`, `many` usw.) automatisch. In der Ressource genügt es daher, die jeweils auszugebenden Gesamtausdrücke semikolonsepariert (und ohne deren Identifikation mittels Mengenbezeichner) aneinanderzureihen.

Abbildung 88, Abbildung 89 und Abbildung 90 zeigen die unter den oben beschriebenen Bedingungen erzeugten Debug-Ausgaben.

Abbildung 88: Debugausgabe aus der englischen Ressource von einem iOS*-Gerät (*SLPluralizedString() *und* JJPluralForm*)*

```
2015-06-03 20:13:55.971 PluralTest[1738:27260] Failed to find the 1 file requested.
2015-06-03 20:13:55.973 PluralTest[1738:27260] Failed to find the 4 files requested.
2015-06-03 20:13:55.974 PluralTest[1738:27260] Failed to find the 11 files requested.
2015-06-03 20:13:55.974 PluralTest[1738:27260] Failed to find the 21 files requested.
2015-06-03 20:13:55.974 PluralTest[1738:27260] Failed to find the 24 files requested.
2015-06-03 20:13:55.974 PluralTest[1738:27260] Failed to find the 25 files requested.
2015-06-03 20:13:55.975 PluralTest[1738:27260] Failed to find the 1 value requested.
2015-06-03 20:13:55.975 PluralTest[1738:27260] Failed to find the 4 values requested.
2015-06-03 20:13:55.975 PluralTest[1738:27260] Failed to find the 11 values requested.
2015-06-03 20:13:55.976 PluralTest[1738:27260] Failed to find the 21 values requested.
2015-06-03 20:13:55.976 PluralTest[1738:27260] Failed to find the 24 values requested.
2015-06-03 20:13:55.976 PluralTest[1738:27260] Failed to find the 25 values requested.
2015-06-03 20:13:55.985 PluralTest[1738:27260] Failed to find the 1 word requested.
2015-06-03 20:13:55.985 PluralTest[1738:27260] Failed to find the 4 words requested.
2015-06-03 20:13:55.986 PluralTest[1738:27260] Failed to find the 11 words requested.
2015-06-03 20:13:55.986 PluralTest[1738:27260] Failed to find the 21 words requested.
2015-06-03 20:13:55.986 PluralTest[1738:27260] Failed to find the 24 words requested.
2015-06-03 20:13:55.986 PluralTest[1738:27260] Failed to find the 25 words requested.
```

Abbildung 89: Debugausgabe aus der deutschen Ressource von einem iOS*-Gerät (*SLPluralizedString() *und* JJPluralForm*)*

```
2015-06-03 20:22:25.021 PluralTest[1827:30741] Die angeforderte 1 Datei wurde nicht gefunden.
2015-06-03 20:22:25.025 PluralTest[1827:30741] Die angeforderten 4 Dateien wurden nicht gefunden.
2015-06-03 20:22:25.025 PluralTest[1827:30741] Die angeforderten 11 Dateien wurden nicht gefunden.
2015-06-03 20:22:25.025 PluralTest[1827:30741] Die angeforderten 21 Dateien wurden nicht gefunden.
2015-06-03 20:22:25.026 PluralTest[1827:30741] Die angeforderten 24 Dateien wurden nicht gefunden.
2015-06-03 20:22:25.026 PluralTest[1827:30741] Die angeforderten 25 Dateien wurden nicht gefunden.
2015-06-03 20:22:25.026 PluralTest[1827:30741] Der angeforderte 1 Wert wurde nicht gefunden.
2015-06-03 20:22:25.026 PluralTest[1827:30741] Die angeforderten 4 Werte wurden nicht gefunden.
2015-06-03 20:22:25.027 PluralTest[1827:30741] Die angeforderten 11 Werte wurden nicht gefunden.
2015-06-03 20:22:25.028 PluralTest[1827:30741] Die angeforderten 21 Werte wurden nicht gefunden.
2015-06-03 20:22:25.028 PluralTest[1827:30741] Die angeforderten 24 Werte wurden nicht gefunden.
2015-06-03 20:22:25.028 PluralTest[1827:30741] Die angeforderten 25 Werte wurden nicht gefunden.
2015-06-03 20:22:25.039 PluralTest[1827:30741] Das angeforderte 1 Wort wurde nicht gefunden.
2015-06-03 20:22:25.039 PluralTest[1827:30741] Die angeforderten 4 Wörter wurden nicht gefunden.
2015-06-03 20:22:25.039 PluralTest[1827:30741] Die angeforderten 11 Wörter wurden nicht gefunden.
2015-06-03 20:22:25.040 PluralTest[1827:30741] Die angeforderten 21 Wörter wurden nicht gefunden.
2015-06-03 20:22:25.040 PluralTest[1827:30741] Die angeforderten 24 Wörter wurden nicht gefunden.
2015-06-03 20:22:25.040 PluralTest[1827:30741] Die angeforderten 25 Wörter wurden nicht gefunden.
```

Abbildung 90: Debugausgabe aus der russischen Ressource von einem iOS-*Gerät (*SLPluralizedString() *und* JJPluralForm*)*

```
2015-06-04 18:52:15.182 PluralTest[520:9695] Запрашиваемый 1 файл не был найден.
2015-06-04 18:52:15.183 PluralTest[520:9695] Запрашиваемых 4 файла не было найдено.
2015-06-04 18:52:15.184 PluralTest[520:9695] Запрашиваемых 11 файлов не было найдено.
2015-06-04 18:52:15.185 PluralTest[520:9695] Запрашиваемый 21 файл не был найден.
2015-06-04 18:52:15.185 PluralTest[520:9695] Запрашиваемых 24 файла не было найдено.
2015-06-04 18:52:15.186 PluralTest[520:9695] Запрашиваемых 25 файлов не было найдено.
2015-06-04 18:52:15.186 PluralTest[520:9695] Запрашиваемая 1 величина не была найдена.
2015-06-04 18:52:15.186 PluralTest[520:9695] Запрашиваемые 4 величины не были найдены.
2015-06-04 18:52:15.187 PluralTest[520:9695] Запрашиваемых 11 величин не было найдено.
2015-06-04 18:52:15.188 PluralTest[520:9695] Запрашиваемая 21 величина не была найдена.
2015-06-04 18:52:15.189 PluralTest[520:9695] Запрашиваемые 24 величины не были найдены.
2015-06-04 18:52:15.191 PluralTest[520:9695] Запрашиваемых 25 величин не было найдено.
2015-06-04 18:52:15.193 PluralTest[520:9695] Запрашиваемое 1 слово не было найдено.
2015-06-04 18:52:15.194 PluralTest[520:9695] Запрашиваемых 4 слова не было найдено.
2015-06-04 18:52:15.195 PluralTest[520:9695] Запрашиваемых 11 слов не было найдено.
2015-06-04 18:52:15.196 PluralTest[520:9695] Запрашиваемое 21 слово не было найдено.
2015-06-04 18:52:15.197 PluralTest[520:9695] Запрашиваемых 24 слова не было найдено.
2015-06-04 18:52:15.197 PluralTest[520:9695] Запрашиваемых 25 слов не было найдено.
```

4.2.3. Arbeiten mit GNU gettext V.0.18.3.1

GNU gettext verfügt mit der Methode **`ngettext()`** über eine eigene Numerusbehandlung. Die Methode erwartet drei Argumente:

1. den Ressourcenschlüssel des ausgangssprachlichen Dependens im Singular (STRING msgid)
2. den Ressourcenschlüssel des ausgangssprachlichen Dependens im Plural (STRING msgid_plural)
3. die regierende Zahl (Integer)

Ein Aufrufbeispiel für das Dependens könnte entsprechend wie folgt aussehen:

```
ngettext("file", "files", $numberOfFiles).
```

Nun kann die Ressource vorbereitet werden. Im Header der Resource-Datei sind zunächst die Numerusformen zu definieren. Im Englischen treten bekanntlich nur zwei auf, namentlich Singular (Element `0`) und Plural (Element `1`).

```
msgid ""
msgstr ""
"Plural-Forms: nplurals=2; plural=n==1 ? 0 : 1;\n"
```

Im Dateikörper erhält jede Numerusform sodann ein Array-Element:

```
msgid "file"
msgid_plural "Use @ as placeholder"
msgstr[0] "%@ file"
msgstr[1] "%@ files"
```

Analog muss es in der deutschen .po-Datei wie folgt heißen:

```
msgid ""
msgstr ""
"Plural-Forms: nplurals=2; plural=n==1 ? 0 : 1;\n"

msgid "file"
msgid_plural "Use @ as placeholder"
msgstr[0] "%@ Datei"
msgstr[1] "%@ Dateien"
```

Der Eintrag in der russischen .po-Datei könnte wie folgt aussehen:

```
msgid ""
msgstr ""
"Plural-Forms: nplurals=3; plural=n==1 ? 0 : n>=2 && n<=4
? 1 : n>=5 && n<=20 ? 2 : n%10==1 && n>20 ? 0 : n%10>=2 &&
n%10<=4 && n>20 ? 1 : 2;\n"

msgid "file"
msgid_plural "Use @ as placeholder"
msgstr[0] "%@ файл"
msgstr[1] "%@ файла"
msgstr[2] "%@ файлов"
```

Die Numerusbehandlung von *GNU gettext* wird in „12.6 Translating plural forms" dokumentiert. Eine über die Numerusbehandlung hinausgehende Verarbeitung abhängiger Satzkonstituenten bietet auch *GNU gettext* nicht an. Die Strings **`Failed to find the %0 requested.`** und **`Failed to find the %0 %1 requested.`** sind auch mit nativen Mitteln von *GNU gettext* damit nicht lokalisierbar. Mit dem *KDE Framework 5* existiert allerdings eine für die Klassenbibliothek *Qt* geschriebene Architektur, die *gettext*-Ressourcen verwendet und für eine Verarbeitung, wie sie hier benötigt wird, geeignet ist.

4.2.4. Arbeiten mit dem KDE Framework 5 (Qt)

In Erweiterung zum tradierten Lokalisierungskonzept (Abbildung 91) sind in den vergangenen Jahren Technologien entstanden, die ein Scripten von Übersetzungen in der Ressource (also in der Datenschicht) ermöglichen. Die Funktionsweise solcher Technologien wird in Abbildung 92 schematisch dargestellt. Scriptfähige Ressourcen erlauben eine – hier durch das Zeichen [?→!] symbolisierte – logische Steuerung des zielsprachlichen Ausdrucks direkt in der Ressource, d. h. ohne dass hierfür Änderungen in der Geschäftslogik (und damit Iterationen im Bestellprozess Text-Applikator → Übersetzer) erforderlich werden. Abbildung 91 und Abbildung 92 zeigen die Stringverarbeitung ohne und mit Verwendung einer scriptfähigen Ressource.

Abbildung 91: Stringverarbeitung in internationalisierter Software ohne Verwendung einer scriptfähigen Ressource

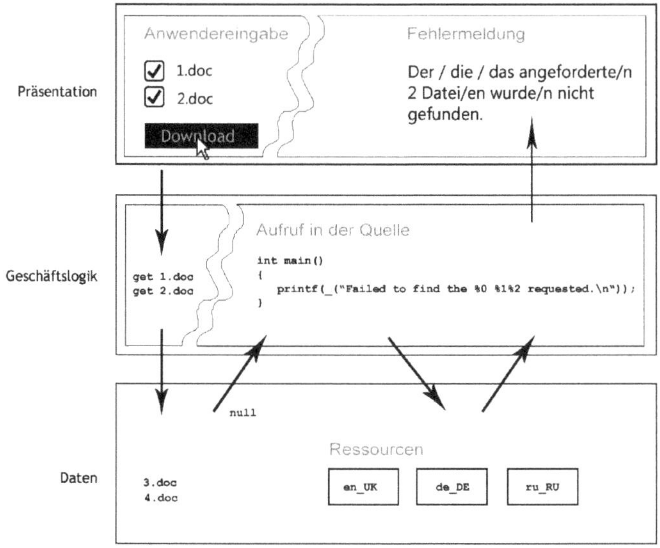

Abbildung 92: Stringverarbeitung in internationalisierter Software mit Verwendung einer scriptfähigen Ressource

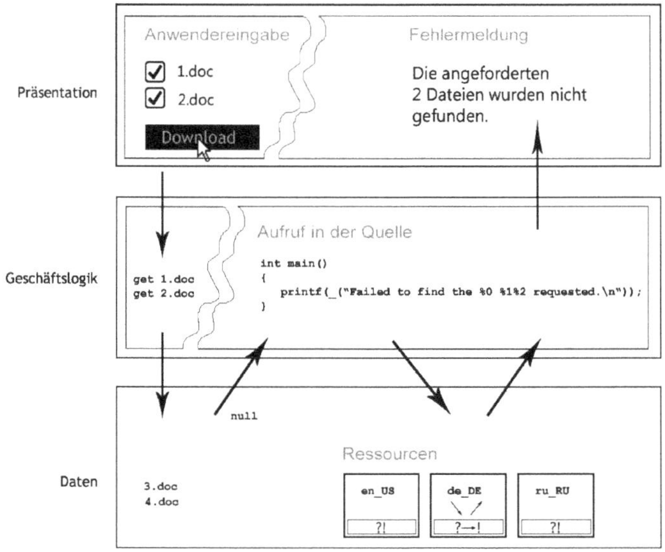

Mit der Einführung scriptfähiger Ressourcen kehrte man in gewissem Sinne zu jenen Bedingungen zurück, wie sie in nichtinternationalisierter Software vorlagen, denn die UI-Strings sind nun wieder nach den Bedürfnissen einer jeden Sprache direkt in logische Strukturen eingebunden. Eine solche Einbindung vollzieht sich diesmal allerdings auf höherem Niveau als bei einer harten Codierung, denn die sprachabhängige Logik ist jetzt in der Datenschicht angesiedelt, d. h. das Prinzip des *generic coding* bleibt erhalten. Scriptfähige Ressourcen geben dem Übersetzer damit ein Stück jener Handlungsfähigkeit zurück, die er durch das *generic coding* zunächst eingebüßt hat.[206]

Nicht gelöst werden durch scriptfähige Ressourcen allerdings Übersetzungsprobleme, die aus einer Zerschlagung von Syntagmen resultieren[207]. Die meisten solcher Übersetzungsprobleme werden zu vermeiden sein, wenn der Internationalisierer bewusst auf die Zerschlagung von Sinneinheiten bzw. Syntagmen in der Ausgangssprache verzichtet.

Mit dem *KDE Framework 5* wurde für *Qt* eine Architektur geschaffen, die eine universelle (über eine bloße Numerusbehandlung hinausgehende) Verarbeitung abhängiger Satzkonstituenten in dynamischen Strings ermöglicht. Das Framework stützt sich auf die Klassenbibliotheken von *Qt 5.12* oder höher und stellt als Engine eine .js-Bibliothek bereit, in KDE-Terminologie *Transcript Engine*. Da die *Transcript Engine* mit den nativen *gettext*-Ressourcen (.po / .mo) arbeitet, die nicht als Scriptdateien gedacht sind, müssen Logiken für die Verarbeitung der Ressourcenstrings in einer externen .js-Bibliothek (in KDE-Terminologie *transcript module file*) hinterlegt werden. Der Übersetzer arbeitet im Falle des *KDE Framework 5* also mit .po / .js-Tandems. Die Zugehörigkeit eines bestimmten *transcript module file* zur jeweiligen Resource-Datei ergibt sich aus der standardmäßigen Verzeichnisstruktur von *gettext*. Im Ressourcenverzeichnis eines jeden Locale liegen nach dem Kompilieren also immer zwei Dateien – eine .mo-Datei und die dazugehörige .js-Datei. Die im *transcript module file* hinterlegten Funktionen werden dabei aus der Resource-Datei mithilfe kommandozeilenähnlicher Ausdrücke referenziert. Für die Numerusbehandlung greift das *KDE Framework 5* nicht auf *gettext* zurück; die Numerusregeln werden vom Übersetzer direkt im Header der .po-Datei festgelegt (s. oben Abbildung 80 auf S. 113).

In den nachstehenden Abschnitten soll nachvollzogen werden, wie die übersetzerische Arbeit mit der *Transcript Engine* aussehen kann. Die Struktur einer .po-Datei ist hinlänglich bekannt. Anerkannter Praxis folgend wird auch bei *gettext*

206 s. hierzu die Ausführungen auf S. 28, Punkt 1

207 Siehe hierzu die Argumentation auf S. 101, Punkt 3.

der Ausgangsstring als Schlüssel verwendet[208], sodass der ausgangssprachliche Wert und der Ressourcenschlüssel hier identisch sind. Findet das Programm bei der Ausführung keine Ressource, so wird der Schlüssel ausgegeben und damit der ausgangssprachliche String. Dies lädt dazu ein, auf die Erstellung einer ausgangssprachlichen Ressource zu verzichten und für die ausgangssprachliche Oberfläche auf den jeweiligen Schlüssel als Rückfallposition zu vertrauen. Die hierbei entstehende Arbeitsersparnis verkehrt sich allerdings in ihr Gegenteil, sobald Korrekturen an den ausgangssprachlichen Strings vorgenommen werden sollen, denn in diesem Fall muss in allen zielsprachlichen Ressourcen und im Übersetzungsspeicher der Schlüssel manuell nachgebessert werden.

Der Schlüssel ist damit in der an den Übersetzer gelieferten .po-Template-Datei (.pot, eine .po-Datei mit leeren Werten) gleichzeitig die Übersetzungsgrundlage. Weil die Key-Value-Struktur der vom Übersetzer ausgelieferten Resource-Dateien (jetzt mit Werten) sich wie eine Art String-Wörterbuch liest, werden diese Dateien zuweilen auch als *dictionary files* bezeichnet.

Die Darstellung soll nun für das Deutsche und Russische anhand des auf S. 118 eingeführten Strings `Failed to find the %s requested.` weiterentwickelt werden. Dazu sei in der Quelle folgender Aufruf durch die Standard-Methode `i18n()` der Klasse `KLocalizedString`[209] gegeben:

```
i18n("Failed to find the %1 requested.", item)
```

Die Methode `i18n()` erwartet zwei Argumente:

- den Rahmenstring mit Platzhalter
- den Platzhalter-Wert, im vorstehenden Aufruf reserviert durch die Variable `item`

Zur Vorbereitung des praktischen Tests (s. die Screenshots der jeweiligen Debug-Ausgaben unten auf S. 146 f., Abbildung 93, Abbildung 94 und Abbildung 95) werden die Platzhalter-Werte `file`, `value` und `word` statisch vorgegeben. Dazu werden sie in eine Liste[210] geschrieben, die bei Aufruf mit einer foreach-Schleife abgearbeitet wird:

```
items.append(ki18n("file"));
items.append(ki18n("word"));
items.append(ki18n("value"));
```

208 s. das Beispiel auf S. 88

209 Dokumentation der Klasse: http://api.kde.org/4.x-api/kdelibs-apidocs/kdecore/html/classKLocalizedString.html (09.06.2015)

210 Klasse `QList`, s. http://doc.qt.io/qt-5/qlist.html (28.05.2015)

```
foreach (const KLocalizedString &item, items)
  {
qDebug() << i18n("Failed to find the %1 requested.", item);
  }
  return 0;
```

In der .po-Datei müssen die Platzhalter-Werte (`Datei` / `Wort` / `Wert`) jeweils in eigenen Einträgen abgespeichert werden. Das *KDE Framework 5* sieht dabei eine Zweiteilung des Werts vor, strukturiert durch den Separator `|/|`, in KDE-Terminologie *fence*. Links vom Separator steht ein Fallback-String (in KDE-Terminologie *ordinary translation*, z. B. `Wert`). Auf den Fallback-String wird zurückgegriffen, wenn das Scriptmodul keinen String zurückgibt (z. B. `undefined`). Rechts vom Separator steht die Ausgangsstruktur für den dependenten String, wie er vom *transcript module file* zurückerwartet wird. Dieser vom *transcript module file* zurückgegebene String heißt in KDE-Terminologie *finalized string.*

Auf die Erstellung einer ausgangssprachlichen Ressource wird in diesem Test konventionsgemäß verzichtet. In der deutschen Ressource hätten die Einträge für die Platzhalter-Werte entsprechend das folgende Aussehen:

```
msgid "file"
msgstr "Datei|/|$[props _gender f]"

msgid "word"
msgstr "Wort|/|$[props _gender n]"

msgid "value"
msgstr "Wert|/|$[props _gender m]"
```

Im vorstehenden Beispiel ist der zurückerwartete finalisierte String typografisch identisch mit dem Fallback-String; er unterscheidet sich von Letzterem nur darin, dass er die Eigenschaft „Genus“ besitzt. Der finalisierte String wird im vorstehenden Beispiel einzig durch einen Funktionsaufruf repräsentiert. Ein solcher Aufruf ist an den eckigen Klammern zu erkennen und wird durch das Zeichen `$` eingeleitet. Der Aufrufname ist hier `props` (für *properties*). Das mit übergebene Argument `_gender` GENUS-KÜRZEL ist im aktuellen Beispiel ein Key-Value-Paar (z. B. `_gender m`). Die Ermittlung des finalisierten Strings geschieht im *transcript module file* wie folgt:

```
function set_msgstr_props (/*KEY1, VALUE1, ...*/)
{

  if (arguments.length % 2 != 0)
  throw Error("Property setter given odd number of
  arguments.");
```

```
    // der finalisierte String wird in der Variable phrase ge-
    speichert
    phrase = Ts.msgstrf()

    /* die Schlüssel (in diesem Fall gibt es nur einen, nämlich
    _gender) und deren Werte (das kann hier nur m oder f
    oder n sein) in je ein Array (hier mit nur einem Element)
    schreiben und aus diesem für jedes Paar die Variablen pkey
    und pval beschreiben. Die for-Schleife ist für komplexere
    Anwendungsfälle mit mehreren Paaren erforderlich.*/
    for (var i = 0; i < arguments.length; i += 2) {
    var pkey = arguments[i];
    var pval = arguments[i + 1];

    /* Die Transkript-Methode setProp() setzt nun das Genus
    (gespeichert in pval, z. B. m) in Abhängigkeit vom
    finalisierten String (gespeichert in phrase, z. B. Wörter)
    und vom Eigenschaftsschlüssel (gespeichert in pkey, hier
    _gender).*/
    Ts.setProp(phrase, pkey, pval);

    /* Sofern der Schlüssel (pkey, z. B. _gender) noch nicht
    im Transcript System (Ts) enthalten ist, wird eine
    Abfragemethode für den Schlüssel (pkey) erstellt, die den
    pval (z. B. f) zurückgibt*/
    if (!Ts.hascall(pkey))
    {
    Ts.setcall(pkey, function (phr) { return Ts.getProp(phr,
    this.pkey) },
    {"pkey" : pkey}); }
    }

    // Im Fehlerfall Fallback-String
    throw Ts.fallback();
  }

  // Verweis von Aufruf in der .po-Datei (props) auf
  vorstehende Funktion (set_msgstr_props) erzeugen
  Ts.setcall("props", set_msgstr_props);
```

Die Planung der finalisierten Platzhalter-Werte ist damit abgeschlossen, und es kann der Rahmenstring (mit Platzhalter) vorbereitet werden:

```
msgid "Failed to find the %1 requested."
msgstr "(Der / Die / Das) angeforderte %1 wurde nicht
gefunden.|/|$[by-gender %1 Der Die Das] angeforderte %1 wurde
nicht gefunden."
```

Die Funktion hinter dem Aufruf **`by-gender`** selektiert dabei in Abhängigkeit vom finalisierten Wort (s. oben Variable **`phrase`**) den erforderlichen Artikel:

```
function select_by_gender (phrase, form_m, form_f, form_n)
{
  var gender = Ts.getProp(phrase, "_gender");
  if (gender == "m") {
    return form_m;
    } else if (gender == "f") {
    return form_f;
    } else if (gender == "n") {
    return form_n;
    } else {
    throw Ts.fallback();
  }
}
Ts.setcall("by-gender", select_by_gender);
```

Damit ist die Planung der deutschen Ausgabe abgeschlossen. Für die russische Ressource ergibt sich schließlich analog wie folgt:

```
msgid "file"
msgstr "файл|/|$[props _gender m]"

msgid "word"
msgstr "слово|/|$[props _gender n]"

msgid "value"
msgstr "величина|/|$[props _gender f]"

msgid "Failed to find the %1 requested."
msgstr "Запрашиваемый/ое/ая %1 не был/о/а найден/о/а.|/|$[by-
gender %1 Запрашиваемый Запрашиваемая Запрашиваемое] %1 не
$[by-gender %1 был была было] $[by-gender %1 найден найдена
найдено]."
```

Zu erkennen ist, dass in der russischen Ressource mehr Abhängigkeiten zu berücksichtigen sind als im Deutschen, dabei jedoch dieselbe Logik wie im Deutschen – d. h. Funktionen zur Selektion nach Genus – zur Anwendung kommen kann.

Für den Test selbst soll der Arbeitsstring nun nach dem Vorbild des auf S. 97 eingeführten Strings zu **`Failed to find the %0 %1 requested.`** erweitert werden. Gegeben sei hierzu folgender Aufruf durch die Standard-Methode **`i18np()`** der Klasse **`KLocalizedString`**[211]:

211 Dokumentation der Klasse: http://api.kde.org/4.x-api/kdelibs-apidocs/kdecore/html/classKLocalizedString.html (09.06.2015)

```
i18np("Failed to find the %1 %2 requested.", "Failed to find
the %1 %2 requested.", count, item.subs(count));
```

Die Methode `i18np()` erwartet drei Argumente:

- den Rahmenstring (mit Platzhaltern) für den Singular
- den Rahmenstring (mit Platzhaltern) für den Plural
- die regierende Zahl

Für die Zwecke dieses Tests muss die Funktion mit dem folgenden Argument überladen werden:

- dem angeforderten Element

Für den Test sollen die regierenden Zahlen statisch vorgegeben werden. Dazu werden sie in eine Liste der Klasse `QList`[212] geschrieben, damit sie beim Aufruf mit einer foreach-Schleife (s. weiter unten) abgearbeitet werden können:

```
counts.append(1);
counts.append(4);
counts.append(11);
counts.append(21);
counts.append(24);
counts.append(25);
```

Auch die Strings für das angeforderte Element (`file`, `value` und `word`) werden statisch vorgegeben:

```
items.append(ki18np("file", "files"));
items.append(ki18np("word", "words"));
items.append(ki18np("value", "values"));
```

Nun können die Elemente gemeinsam mit den Zahlen in zwei Dimensionen abgearbeitet werden (s. die jeweiligen Debug-Ausgaben auf S. 146 f., Abbildung 93, Abbildung 94 und Abbildung 95):

```
foreach (const KLocalizedString &item, items)
{
  foreach (int count, counts)
  {
  qDebug() << i18np("Failed to find the %1 %2 requested.", "Failed
  to find the %1 %2 requested.", count, item.subs(count));
  }
}
return 0;
```

212 Dokumentation der Klasse: http://doc.qt.io/qt-5/qlist.html (28.05.2015)

Für die Vorbereitung der .po-Datei werden in deren Header zunächst die Numerusregeln festgelegt. Für das Deutsche lauten sie wie folgt:

```
"Plural-Forms: nplurals=2; plural=n==1 ? 0 : 1;\n"
```

Im Dateikörper sind die Strings für das angeforderte Element (`Datei` / `Wort` / `Wert`) wieder jeweils in eigenen Einträgen abzuspeichern, wobei jede der oben definierten Numerusformen ein Array-Element erhält:

```
msgid "file"

#, Die Methode ki18np() erwartet in der Ressource das Vor-
handensein des Attributs msgid_plural, welches jedoch nicht
unbedingt einen Wert haben muss
msgid_plural ""
msgstr[0] "Datei|/|$[props _gender f]"
msgstr[1] "Dateien|/|$[props _gender f]"

msgid "word"
msgid_plural ""
msgstr[0] "Wort|/|$[props _gender n]"
msgstr[1] "Wörter|/|$[props _gender n]"

msgid "value"
msgid_plural ""
msgstr[0] "Wert|/|$[props _gender m]"
msgstr[1] "Werte|/|$[props _gender m]"
```

Die Planung der finalisierten Platzhalter-Werte ist damit abgeschlossen, und es kann der Rahmenstring (mit Platzhaltern) vorbereitet werden:

```
msgid "Failed to find the %1 %2 requested."
msgid_plural ""
msgstr[0] "(Die) %1 angefordert(en) %2 wurde(n) nicht
gefunden.|/|$[by-gender %2 Der Die Das] %1 angeforderte %2
wurde nicht gefunden."
msgstr[1] "(Die) %1 angefordert(en) %2 wurde(n) nicht
gefunden.|/|Die %1 angeforderten %2 wurden nicht gefunden."
```

Für die russischsprachige Ressource ergibt sich analog wie folgt:

```
"Plural-Forms: nplurals=3; plural=n==1 ? 0 : n>=2 && n<=4
? 1 : n>=5 && n<=20 ? 2 : n%10==1 && n>20 ? 0 : n%10>=2 &&
n%10<=4 && n>20 ? 1 : 2;\n"

msgid "file"
msgid_plural ""
msgstr[0] "файл|/|$[props _gender m]"
msgstr[1] "файла|/|$[props _gender m]"
msgstr[2] "файлов|/|$[props _gender m]"
```

```
msgid "word"
msgid_plural ""
msgstr[0] "слово|/|$[props _gender n]"
msgstr[1] "слова|/|$[props _gender n]"
msgstr[2] "слов|/|$[props _gender n]"

msgid "value"
msgid_plural ""
msgstr[0] "величина|/|$[props _gender f]"
msgstr[1] "величины|/|$[props _gender f]"
msgstr[2] "величин|/|$[props _gender f]"

msgid "Failed to find the %1 %2 requested."
msgid_plural ""
msgstr[0] "Запрашиваемый/ое/ая %1 %2 не был/о/а найден/
o/a.|/|$[by-gender %2 Запрашиваемый Запрашиваемая
Запрашиваемое] %1 %2 не $[by-gender %2 был была было] $[by-
gender %2 найден найдена найдено]."
msgstr[1] "Запрашиваемые %1 %2 не были найдены.|/|$[by-gender
%2 Запрашиваемых Запрашиваемые Запрашиваемых] %1 %2 не $[by-
gender %2 было были было] $[by-gender %2 найдено найдены
найдено]."
msgstr[2] "Запрашиваемые %1 %2 не были
найдены.|/|Запрашиваемых %1 %2 не было найдено."
```

Abbildung 93, Abbildung 94 und Abbildung 95 zeigen die unter den oben beschriebenen Bedingungen erzeugten Debug-Ausgaben:

Abbildung 93: KDE, Debugausgabe der ausgangssprachlichen Strings

```
===== en_US
"Failed to find the 1 file requested."
"Failed to find the 4 files requested."
"Failed to find the 11 files requested."
"Failed to find the 21 files requested."
"Failed to find the 24 files requested."
"Failed to find the 25 files requested."
"Failed to find the 1 word requested."
"Failed to find the 4 words requested."
"Failed to find the 11 words requested."
"Failed to find the 21 words requested."
"Failed to find the 24 words requested."
"Failed to find the 25 words requested."
"Failed to find the 1 value requested."
"Failed to find the 4 values requested."
"Failed to find the 11 values requested."
"Failed to find the 21 values requested."
"Failed to find the 24 values requested."
"Failed to find the 25 values requested."
```

Abbildung 94: KDE, Debugausgabe aus der deutschen Ressource

```
===== de_DE
KTranscript: Loaded module: /home/demo/test-ki18n-07_v:
"Die 1 angeforderte Datei wurde nicht gefunden."
"Die 4 angeforderten Dateien wurden nicht gefunden."
"Die 11 angeforderten Dateien wurden nicht gefunden."
"Die 21 angeforderten Dateien wurden nicht gefunden."
"Die 24 angeforderten Dateien wurden nicht gefunden."
"Die 25 angeforderten Dateien wurden nicht gefunden."
"Das 1 angeforderte Wort wurde nicht gefunden."
"Die 4 angeforderten Wörter wurden nicht gefunden."
"Die 11 angeforderten Wörter wurden nicht gefunden."
"Die 21 angeforderten Wörter wurden nicht gefunden."
"Die 24 angeforderten Wörter wurden nicht gefunden."
"Die 25 angeforderten Wörter wurden nicht gefunden."
"Der 1 angeforderte Wert wurde nicht gefunden."
"Die 4 angeforderten Werte wurden nicht gefunden."
"Die 11 angeforderten Werte wurden nicht gefunden."
"Die 21 angeforderten Werte wurden nicht gefunden."
"Die 24 angeforderten Werte wurden nicht gefunden."
"Die 25 angeforderten Werte wurden nicht gefunden."
```

Abbildung 95: KDE, Debugausgabe aus der russischen Ressource

```
===== ru_RU
KTranscript: Loaded module: /home/demo/test-ki:
"Запрашиваемый 1  файл не был найден."
"Запрашиваемых 4  файла не было найдено."
"Запрашиваемых 11  файлов не было найдено."
"Запрашиваемый 21  файл не был найден."
"Запрашиваемых 24  файла не было найдено."
"Запрашиваемых 25  файлов не было найдено."
"Запрашиваемое 1  слово не было найдено."
"Запрашиваемых 4  слова не было найдено."
"Запрашиваемых 11  слов не было найдено."
"Запрашиваемое 21  слово не было найдено."
"Запрашиваемых 24  слова не было найдено."
"Запрашиваемых 25  слов не было найдено."
"Запрашиваемая 1  величина не была найдена."
"Запрашиваемые 4  величины не были найдены."
"Запрашиваемых 11  величин не было найдено."
"Запрашиваемая 21  величина не была найдена."
"Запрашиваемые 24  величины не были найдены."
"Запрашиваемых 25  величин не было найдено."
```

4.2.5. Arbeiten mit dem L20n-Framework (Gecko)

Das L20n-Framework wird in „L20n" und „L20N BY MOZILLA" dokumentiert. Das Framework wurde zunächst für Gecko geschaffen, dies aber mit dem Fernziel einer universellen Einsetzbarkeit (s. „L20n/Characteristics") bzw. Sprachneutralität (*language agnostics* – s. „L20n/Design"). Für eine solche sieht L20n Anbindungen an unterschiedliche Sprachen vor, darunter JavaScript, Python und PHP. Auch das L20n-Projekt bietet umfassende Möglichkeiten der Verarbeitung abhängiger Satzkonstituenten. Das Framework sieht eine scriptfähige Ressource vor – eine Textdatei mit der Erweiterung „.l20n". Im Unterschied zu KDE wird die Ressource also nicht in Resource-Datei und Scriptmodul zerschlagen; vielmehr werden die Ausgabestrings direkt in der Resource-Datei gescriptet. Eine solche monolithische Herangehensweise war hier möglich, weil L20n im Gegensatz zu KDE, das *gettext*-Ressourcen verwendet, einen nativen Lösungsansatz darstellt. Der Dateiname einer .l20n-Datei entspricht der jeweiligen Sprachkennung gem. ISO 639–1, fakultativ kombiniert mit (und bindestrichsepariert von) einer Länderkennung gem. ISO 3166–1. Eine Resource-Datei für Deutsch hätte demnach den Namen de.l20n, während eine Resource-Datei für Deutsch (Deutschland) den Namen de-DE.l20n erhielte. Die Engine von L20n ist wie jene von KDE eine js-Bibliothek.[213]

Die Arbeit mit der L20n-Ressource soll nun wieder anhand des auf S. 97 eingeführten Strings `Failed to find the %0 %1 requested.` beschrieben werden. Gegeben seien für die Ausgangssprache Englisch zwei Kontext[214]-Variablen, namentlich jene für die Anzahl der aufgerufenen Elemente, im Beispielsatz gespeichert im Platzhalter INT `%0` und jene für die Art des Elements, im Beispielsatz gespeichert im Platzhalter STRING `%1`. Der Platzhalter `%1` kann durch die Werte `file`, `value` oder `word` ersetzt werden. Im deutschen Zielsatz sind nun wieder beim Sprachsystemwechsel entstehende Dependenzen zu bedienen:

```
%0 %1 angeforderte%2 %3 wurde%2 nicht gefunden.
```

Hierbei gilt:

- Der Platzhalter STRING `%0` speichert den Artikel im erforderlichen Numerus und Genus
- INT `%1` speichert die Anzahl der Elemente
- Platzhalter STRING `%2` speichert je nach Numerus `null` oder `n` und
- Platzhalter STRING `%3` speichert das konkrete Element im erforderlichen Numerus, also `Datei / Dateien`, `Wert / Werte` oder `Wort / Wörter`.

Platzhalter werden in L20n-Ressourcen mit je zwei öffnenden und schließenden geschweiften Klammern gekennzeichnet, wohingegen Kontext-Variablen zusätz-

213 https://raw.githubusercontent.com/l20n/builds/master/l20n.min.js (07.12.2014).
214 In der L20n-Terminologie heißen zur Laufzeit bereitgestellte Daten *context data*.

lich mit dem Zeichen **$** eingeleitet werden. Der deutsche Zielsatz (im nachstehenden Beispiel jener mit dem Schlüssel **notFound**) hat demnach die folgende Form:

```
<notFound "{{ artikel }} {{ $anzahlElement }}
angeforderte{{ numerusendung }} {{ element }} wurde{{
numerusendung }} nicht gefunden.">
```

Die in der Ressource deklarierten Variablen sind wie nachstehend beschrieben aufzulösen. Der Artikel, deklariert als Array, hat zwei Eigenschaften (Numerus und Genus):

```
<artikel[plural($anzahlElemente), $artDesElements] {
singular: {
  file: "Die",
  value: "Der",
  word: "Das"
},
plural: "Die"
}>
```

Für die im ersten (außen abgearbeiteten) Feldelement aufgerufene Funktion **plural()** gilt[215]:

```
<plural($n) { $n == 1 ? "singular" : "plural" }>
```

Für die Numerusendung im String-Aufruf, Platzhalter **numerusendung**, gilt wie folgt:

```
<kopula[plural($anzahlElemente)] {
  singular:"",
  plural: "n"
}>
```

Für die Auflösung der Art des Elements (**Datei**, **Wert** oder **Wort**) im erforderlichen Numerus, Platzhalter **element**, gilt:

```
<element [plural($anzahlElemente), $artDesElements] {
singular: {
  file: "Datei",
  value: "Wert",
  word: "Wort"
},
plural: {
  file: "Dateien",
```

215 „L20N BY MOZILLA" empfiehlt die Verwendung eines ternären Operators.

```
    value: "Werte",
    word: "Wörter"
    }
  }>
```

Der russische Zielsatz stellt sich nun wie folgt dar:

```
<notFound "Запрашиваем{{ zaprasyvaem }} {{ $anzahlElemente }}
{{ element }} не был{{ byl }} найден{{ najden }}.">
```

Dabei gilt für die Auflösung der ersten Partizip-Endung, Platzhalter **zaprasyvaem**, wie folgt:

```
<zaprasyvaem[numerus($anzahlElemente), $artDesElements] {
one: {
      file: "ый",
      value: "ая",
      word: "ое"
},
few: {
      file: "ых",
      value: "ые",
      word: "ых"
},
many: "ых"
}>
```

Für den Platzhalter **element**, zuständig für die Auflösung des aufgerufenen Elements (**Datei**, **Wert**, **Wort**), gilt ferner:

```
<element[$artDesElements, numerus($anzahlElemente)] {
  file: {
        one : "файл",
        few : "файла",
        many : "файлов"
  },
  value: {
        one : "величина",
        few : "величины",
        many : "величин"
  },
  word: {
        one : "слово",
        few : "слова",
        many : "слов"
  }
}>
```

Die Funktion **`numerus()`** (zweites und jeweils innen verarbeitetes Element des **`element`**-Arrays) löst dabei die Mengenbezeichner auf:

```
<numerus($n) { $n == 0 ? "zero" : $n == 1 ? "one" : $n <= 4
? "few" : $n < 20 ? "many" : lastdigit($n) }>
```

Der Übersichtlichkeit halber wurden die ab der Zahl 20 aufwärts geltenden Numerusregeln in die separate Funktion **`lastdigit()`** ausgelagert:

```
<lastdigit($n) { $n%10 == 0 ? "many" : $n%10 == 1 ? "one" :
$n%10 < 5 ? "few" : "many" }>
```

Das angeforderte Element (**`Datei`**, **`Wert`** oder **`Wort`**) kann nun im erforderlichen Genus und Numerus aufgelöst werden. Für die Auflösung der Verb-Endung, im Ausgabestring Platzhalter **`byl`**, gilt ferner:

```
<byl[numerus($anzahlElemente), $artDesElements] {
one: {
     file: "",
     value: "a",
     word: "o"
  },
few: {
     file: "o",
     value: "и",
     word: "o"
  },
many: "o"
}>
```

Schließlich ist noch die zweite Partizip-Endung aufzulösen (s. o. Platzhalter **`najden`**):

```
<najden[numerus($anzahlElemente), $artDesElements] {
one: {
     file: "",
     value: "a",
     word: "o"
  },
few: {
     file: "o",
     value: "ы",
     word: "o"
  },
many: "o"
}>
```

Abbildung 96, Abbildung 97 und Abbildung 98 zeigen die Browser-Ausgabe der Strings unter den oben beschriebenen Bedingungen:

Abbildung 96: Zufallsausgaben im Browser Mozilla Firefox, Deutsch

```
Die 14 angeforderten Werte wurden nicht gefunden.
Die 7 angeforderten Werte wurden nicht gefunden.
Die 9 angeforderten Wörter wurden nicht gefunden.
Die 21 angeforderten Dateien wurden nicht gefunden.
Die 2 angeforderten Dateien wurden nicht gefunden.
Der 1 angeforderte Wert wurde nicht gefunden.
```

Abbildung 97: Zufallsausgaben im Browser Mozilla Firefox, Englisch

```
Failed to find the 4 words requested.
Failed to find the 11 words requested.
Failed to find the 12 values requested.
Failed to find the 23 values requested.
Failed to find the 1 word requested.
Failed to find the 6 files requested.
```

Abbildung 98: Zufallsausgaben im Browser Mozilla Firefox, Russisch

```
Запрашиваемых 24 слова не было найдено.
Запрашиваемых 5 слов не было найдено.
Запрашиваемых 9 файлов не было найдено.
Запрашиваемых 20 файлов не было найдено.
Запрашиваемые 24 величины не были найдены.
Запрашиваемых 25 величин не было найдено.
```

4.3. Zusammenfassung

Für die untersuchten Architekturen lässt sich wie folgt verallgemeinern:

1. Standardmethoden für die Numerusbehandlung werden durchgängig von den Programmierschnittstellen bereitgestellt.
2. Andere Formen der Kongruenz (Kasus, Person, Genus, Tempus, Prädikativität / Attributivität) werden standardmäßig vom *Android SDK* und vom *iOS SDK* sowie von *GNU gettext* nicht bedient.
3. Die in den Abschnitten 4.2.4 und 4.2.5 untersuchten Lokalisierungsframeworks *KDE Framework 5* und *Mozilla L20n* verwenden scriptfähige Ressour-

cen und ermöglichen damit eine über die Numerusbehandlung hinausgehende Verarbeitung abhängiger Satzkonstituenten für die Kongruenz von Kasus, Person, Genus, Tempus usw.

Da die Frameworks an bestimmte Entwicklungsumgebungen gebunden sind und die Lokalisierbarkeit eines Strings von der Verfügbarkeit eines geeigneten Frameworks abhängt, kann man wie folgt verallgemeinern: Die Lokalisierbarkeit von User-Interface-Strings hängt von der verwendeten Entwicklungsumgebung (SDK) als kontextuellem Faktor ab.

Die Tatsache, dass grammatikalische Defekte fast schon zum gewohnten Erscheinungsbild übersetzter UI-Texte gehören, wird durch diesen Befund jedoch noch nicht hinreichend erklärt. Insbesondere bleibt die Frage, warum trotz technischer Machbarkeit noch nicht alle Entwicklungsumgebungen über entsprechende Standardfunktionen verfügen, warum die gängigen Übersetzungsumgebungen eine Einbeziehung solcher Funktionen (hier etwa durch Bereitstellung eines mit dem Übersetzungsspeicher interagierenden Code-Editors) nicht unterstützen und warum diese Funktionen in übersetzerischen Berufskreisen so wenig bekannt sind. Selbst die plattformübergreifend schon längst zum Standard gehörende Numerusbehandlung durch die Methode `getQuantityString()` war im weltweit führenden Betriebssystem *Android* über Jahre, namentlich bis ausschließlich zur *Android*-Version *Honeycomb*, fehlerhaft.[216] Offensichtlich gab es über mehr als ein Dutzend Versionen hinweg niemanden, dem eine Behebung des Fehlers wichtig genug war. Dies lenkt die Aufmerksamkeit auf subjektive Faktoren, hier zunächst auf die Frage nach der Bedeutung, die der Translationsqualität zugebilligt wird. Zur Weiterentwicklung der Untersuchung sollen deswegen nun auch sozioökonomische Faktoren mit beleuchtet werden.

216 s. «Множественное число на Android»

5. Sozioökonomische Aspekte

Nachdem das vorangegangenen Kapitel mit der Frage nach dem Stellenwert von Translationsqualität abschloss, liegt zunächst nahe zu ermitteln, für wen Translationsqualität einen Stellenwert haben kann, wer also die Aktanten sind. Neben dem *Text-Rezipienten* (Holz-Mänttäri 1984:109), hier dem Anwender, sind dies sicher der Text-Applikator (der Entwickler) bzw. der Besteller (Entwickler oder Sprachdienstleistungsunternehmen) und der Übersetzer.

Angesichts der Heterogenität des Übersetzungsmarkts stellt sich ferner die Frage, wer die Lokalisierungsleistung erbringt. Pielmeier stellt überraschend dar, dass nur 15 % der Bedarfsträger[217] sich von einem großen MLV beliefern lassen. Der SLV-Markt wäre damit entgegen verbreiteter Annahme mehr als nur ein Nischensegment in der Softwarelokalisierung.

Auch für die vorgelegte Untersuchung wurde nun ermittelt, wer die Lokalisierungsleistung erbringt (Abbildung 99):

217 Pielmeier legt hier allerdings nicht offen, welche Bedarfsträger bzw. Bedarfsträger welcher Größe befragt wurden.

Abbildung 99: Umfrageergebnis „Die Lokalisierungsleistung erfolgt durch ...“

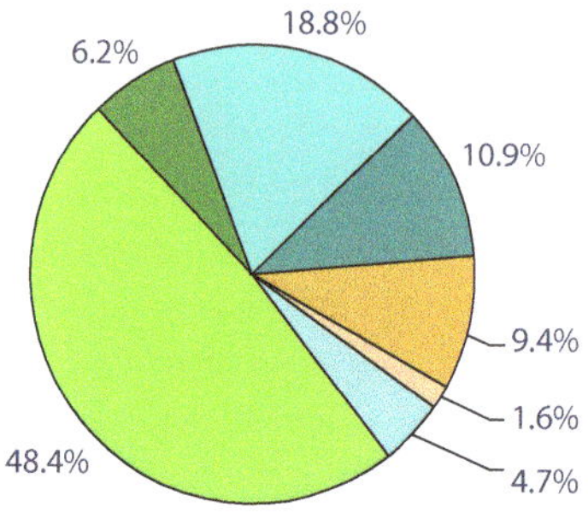

ein Lokalisierungsunternehmen.

freiberufliche Übersetzer mit einschlägigem staatlichem Abschluss.

interne Mitarbeiter mit einschlägigem staatlichem Abschluss.

interne Mitarbeiter oder durch Personen aus dem sozialen Umfeld der Firma ohne einschlägigen staatlichen Abschluss, die die Zielsprache aber gut beherrschen.

die Anwender-Community: Anwender können im Frontend die Oberfläche lokalisieren, die Übersetzungen werden auf unserem Server in eine Datenbank geschrieben.

jeden Anwender selbst: der Anwender kann im Frontend die Oberfläche lokalisieren, Daten bleiben aber beim Anwender.

andere:

- *der Auftraggeber übernimmt die Lokalisierung*
- *ein freiberuflicher Übersetzer*
- *Der es entwickelt...*
- *Ein Mitarbeiter oder Kontaktperson, die Fachwissen auf dem gebiet der Anwendung hat.*
- *je nach Anforderung einer der oben genannten Punkte*
- *Die technische Umsetzung machen wir selber, die Übersetzung selbst wird von Profis durchgeführt*

Der Softwarelokalisierungs-Markt ist damit zumindest im hier betrachteten Segment im Wesentlichen ein Laienmarkt. Die Frage im Titel von Freigang (1996) („Software-Lokalisierung. Ein Gegenstand übersetzungswissenschaftlicher Reflexion?“) könnte man deswegen verneinend beantworten. Möglich wäre ebenfalls, die Frage tentativ zu bejahen und Gründe für die (dann unerwarteten) Antworten gem. Abbildung 99 zu suchen.

Letzteres soll hier geschehen. Da die Gesellschaft sich an der Schwelle zu einer digitalen Revolution befindet, sollten die aus einer solchen Erkundung hervorgehenden Befunde wachsende Bedeutung für das berufliche Übersetzen als solches erlangen, d. h. nicht auf den Softwarelokalisierungsmarkt begrenzt bleiben.

5.1. Kooperationsmuster

Unter Termini wie *kooperatives Übersetzen* oder *Teamübersetzung* wird in der fachlichen Umgangssprache im Allgemeinen die Kooperation zwischen Übersetzern verstanden. Damit wird eine Chance vergeben, die sich durch die Charakterisierung *translatorischen Handelns* als Kooperationsmuster i. S. v. Holz-Mänttäri (1984:26) aufgetan hat, also durch die Einbeziehung sämtlicher am Prozess beteiligter Aktanten wie Besteller, Übersetzer und Text-Applikatoren. Nach Holz-Mänttäri (1984:109) ist der Besteller jener Akteur, der den Text bestellt, dies in Abgrenzung zum Translations-Initiator / Bedarfsträger als jenem Akteur, der den Text braucht, zum (Ziel-)Text-Applikator, der mit dem Text arbeitet und dem (Ziel-)Text-Rezipienten, der den Text schließlich rezipiert.

Der aus Abbildung 99 ablesbare Befund lässt sich mit den auf S. 71 f. genannten Spezifika der Textsorte UI oder mit den in Kapitel 4 ausgewerteten Prozessen nur schwer in Einklang bringen, die zeigen, dass Softwarelokalisierung eine komplexe und Expertentum erfordernde Tätigkeit ist. Es müssen also Faktoren existieren, die einer berufsmäßigen Einbindung qualifizierter Lokalisierungsanbieter in diesem Marktsegment entgegenstehen. In der Tat ist zu beobachten, dass die Softwarelokalisierung seit den Anfängen (*cottage industry*, s. oben auf S. 23) mit ihrer Industrialisierung als Prozess fortschreitend in Teilprozesse zerlegt wurde und als berufliche Disziplin aufgehört hat zu existieren.

Damit sind wir beim Begriff des translatorischen Handelns angelangt, der die Übersetzungsleistung in einen Handlungskontext mit anderen Aktanten des Gesamtprozesses stellt. Zu einer Depotenzierung des Übersetzers kommt es überall dort, wo ein ursprünglich komplexer Prozess in scheinbar mechanisch absolvierbare Teilschritte zerlegt und der Experte durch eine Kette von *Wasserträgern* (Wußler 1998) ersetzt wird. Durch eine Verteilung des Lokalisierungsschritts auf mehrere Aktanten mit jeweils eigenen Teilbefugnissen (Berater, Lokalisierungsingenieure, Projektmanager, die den Ausgangstext vor der Auslieferung an den Übersetzer oft noch vorübersetzen, Terminologen, Übersetzer, Posteditoren, Reviewer, Testingenieure usw.), die ihrerseits an Vorgaben aus Übersetzungsspeichern, Terminologiedatenbanken, Styleguides und an starre Workflows gebunden sind, bei größeren Projekten aber auch durch komplexe Hierarchien und nicht zuletzt aufgrund mangelnder fachlicher Eignung von Leistungserbringern entstehen in der Softwarelokalisierung lange, entsprechend teure und qualitativ wie terminlich anfällige Lieferketten. Zwei solche Lieferketten beschreibt Kemmann (2005:21 f.). Für das, was man im Fall der Softwarelokalisierung die Entwicklungsnähe bzw. ferne des Übersetzers nennen könnte, hat Holz-Mänttäri (1984:58) den Terminus *Kooperations-Distanz* geprägt. Seit den Anfängen, in denen die Aufgabe der Softwarelokalisierung meistenteils Entwickler-Übersetzer-Tandems zufiel, ist die Kooperations-Distanz prozessbedingt und damit unabhängig von der Größe des Bedarfsträgers gewachsen. Bei kleinen Bedarfsträgern[218] wird zudem mit 36 % der Lokalisierungsleistungen ein bedeutender Teil der Leistungen extern erbracht.[219] Mehr noch als eine solche formale Entfernung zwischen dem Anbieter und dem Bedarfsträger beeinflusst die Kooperations-Distanz jedoch der Grad fachlichen und personellen Fragmentierung des Übersetzungsprozesses. Mit wachsender Fragmentierung werden die Lieferketten länger.[220]

Von einer Fragmentierung soll hier gesprochen werden, wenn Prozesse in dekontextualisierender und den Übersetzer depotenzierender Weise in Teilprozesse zerlegt werden, dergestalt, dass diese Zerlegung nicht zu einer Kompetenzvertiefung im Sinne einer Spezialisierung führt, sondern zu einer Beschädigung der Selbstwirksamkeit.

Selbstwirksamkeit liegt vor allem dann vor, wenn der Übersetzer auf alle lokalisierungsrelevanten Entscheidungen Einfluss nehmen kann. Dass dies keineswegs immer der Fall ist[221], zeigt, dass Lokalisierbarkeit auch eine sozioökonomische Größe ist. Will man hier die Polysemie des Worts *Kompetenz* in Anspruch nehmen, so kann in Übereinstimmung mit Holz-Mänttäri (1984:109) gefordert werden, dass übersetzerische Kompetenz neben einschlägigen Fertigkeiten auch eine bestimmte Zuständigkeit einschließt, nämlich jene für das Translat, wobei das Translat hier der im grafischen Kontext am Endgerät (im Frontend) dargestellte Text sei, der Terminus *Text* hingegen das Produkt der drei auf S. 76 genannten Teilrepräsentationen. In der Textsorte UI entsteht Text damit aus der Interaktion von Ressourcen, Quellcode und Benutzereingaben. Entsprechend müssen auch typografische Strukturdaten (Markup-Zeichen, Operatoren, Separatoren usw.) und der Quellcode zu den nonverbalen Textinformationen gezählt werden. Die Aufnahme solcher nichtverbaler Daten in den Textbegriff ist wichtig, weil über die Lokalisierbarkeit eines Ausdrucks nicht die Übertragbarkeit dessen Informationen (s. Neubert 1975:5 – hier also als

---

218 Gemeint sind hier solche mit max. 35 Mitarbeitern.

219 Siehe das Umfrageergebnis in Abbildung 99 auf S. 156. Eine externe Beauftragung durch Kleinunternehmen erfolgte gemäß den Umfrageergebnissen wie folgt: an Lokalisierungsunternehmen mit 10,9 %, an freiberufliche Übersetzer mit 18,8 %, an die Anwender-Community mit 4,7 % und an jeden Anwender für sich mit 1,6 %.

220 Siehe hierzu auch die Ausführungen auf S. 29, S. 75 und S. 171.

221 s. Umfrageergebnis gem. Abbildung 113 auf S. 184

Merkmal der Übersetzbarkeit[222]) entscheidet, sondern vornehmlich die Stringorganisation, die durch nicht verbale Daten (Strukturdaten und logische Anweisungen) erfolgt. Deutlicher noch tritt die linguistische Funktion nichtverbaler Daten beim *translation scripting* zu Tage. Anders als bei ausgangssprachlichen Defekten, wie sie von Schreiber (1999) beschrieben werden, kann der Übersetzer strukturell bedingte Defekte im Ausgangstext – also Internationalisierungsfehler – nicht kompensieren.

Ferner muss, da Texte der Textsorte *User Interface* interaktiv sind, der hier verwendete Textbegriff auch die Gesamtheit der Kommandos für die Mensch-Maschine-Interaktion einschließen, also etwa Zugriffstasten und Accelerators. Die Eingabe *STRG + i* ist beispielsweise ein verbreiteter nichtlokalisierter Accelerator für Kursivformatierung (engl. *italic*) in ansonsten lokalisierten Anwendungen. Ein Beispiel für die Lokalisierung textueller aber nicht verbaler Mensch-Maschine-Interaktionen sind die in der Anwendung *MS Excel* verwendeten nichtgrafischen Methoden für das Übergeben von Programmbefehlen in der Anwendung – siehe hier http://de.exceltranslator.de/translator/ (27.03.2015).

Da zum grafischen Kontext auch der Bildschirm mit seinen physischen Eigenschaften zählt, muss, wie auf S. 73 (Punkt 6) gefordert, die Hardware des Endgeräts zu den Kontextfaktoren gezählt werden.

Speziell aus Sicht des Übersetzers ist es also nicht die Arbeitsteilung an sich, die zur Fragmentierung führt, sondern eine zur Einschränkung übersetzerischer Handlungsfähigkeit (Depotenzierung) führende Desintegration einzelner Teilprozesse.

Abbildung 100 lässt einen Fehler erkennen, wie er aus einer solchen Desintegration typischerweise entsteht. Die Abbildung zeigt den Ausschnitt eines englischsprachigen Dialogs, darin das nullabgeleitete Adjektiv *complete* (hier in der Bedeutung *abgeschlossen*) sowie den Ausschnitt des entsprechenden deutschsprachigen Dialogs. Offensichtlich war in der Übersetzungsumgebung kein Kontext verfügbar, der Auskunft über die im Englischen vorliegende Wortart hätte geben können (Dekontextualisierung); der Übersetzer hat sich im Deutschen sodann für das Verb entschieden.

222 Zum Unterschied zwischen Lokalisierbarkeit und Übersetzbarkeit s. Kapitel 6.

Abbildung 100: Fehlerhafte Übersetzung eines Worts in Nullableitung

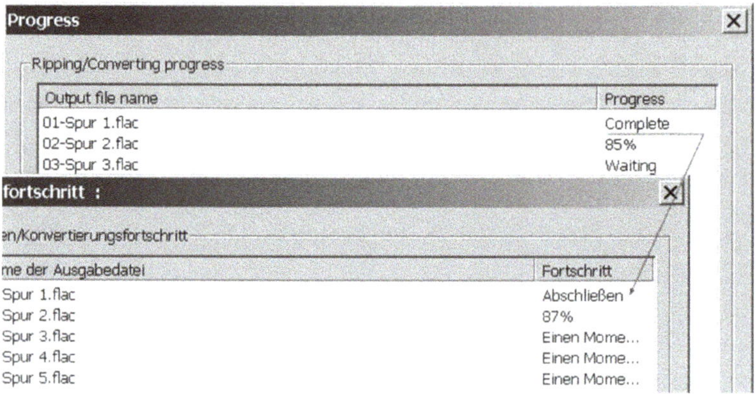

Wie groß die tatsächlich stattfindende Desintegration der von den Übersetzern gelieferten Teilleistung ausfällt, zeigt das Umfrageergebnis in Abbildung 101. Nur 28,1 % der befragten Übersetzer gaben an, bei der Hälfte der Aufträge oder öfter das Translat im grafischen Kontext ansehen zu können.

Abbildung 101: Umfrageergebnis „Wenn Sie Oberflächenstrings übersetzen, wie häufig können Sie das Übersetzungsergebnis am Endgerät (also im grafischen Kontext) überprüfen?“

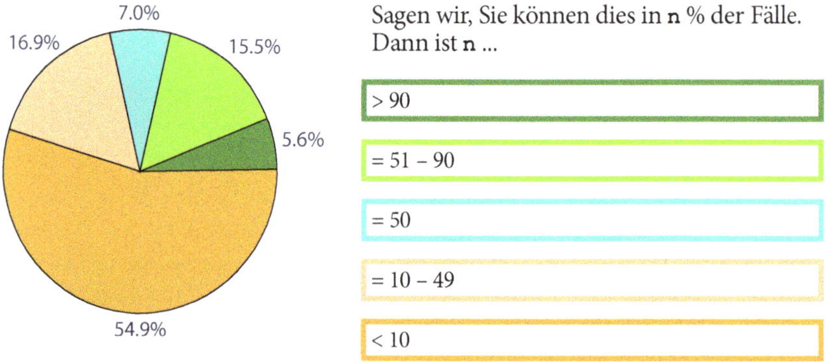

Durchaus nachvollziehbar ist, dass der Übersetzungsmarkt auf die Industrialisierung der Nachfrage mit Arbeitsteilung reagiert hat. Ingenieure sollten nicht an Lokalisierung denken müssen, Übersetzer nicht an Engineering. Diese Tendenz bahnte jedoch den Weg für einen Trend, den Austermühl (2001b:45) *Autonomisierung einzelner Stufen des Übersetzungsprozesses* nannte. Erkennbar ist eine solche u. a. an der Herausbildung eines neuen Berufsbilds, namentlich jenes des Lokalisierungsingenieurs, an einer verminderten Zugänglichkeit des Translats für den Übersetzer[223] und eben auch an einer gewachsenen Kooperations-Distanz (Abbildung 102 und Abbildung 103).

Abbildung 102: Umfrageergebnis „Kennen Sie Ihre Übersetzer namentlich oder persönlich?" Ergebnis der Umfrage unter Text-Applikatoren

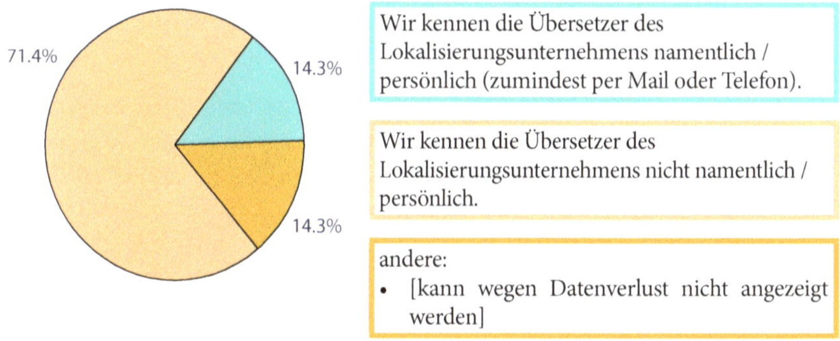

Abbildung 103: Umfrageergebnis „Kennen Sie die Entwickler namentlich oder persönlich?" Ergebnis der Umfrage unter Übersetzern

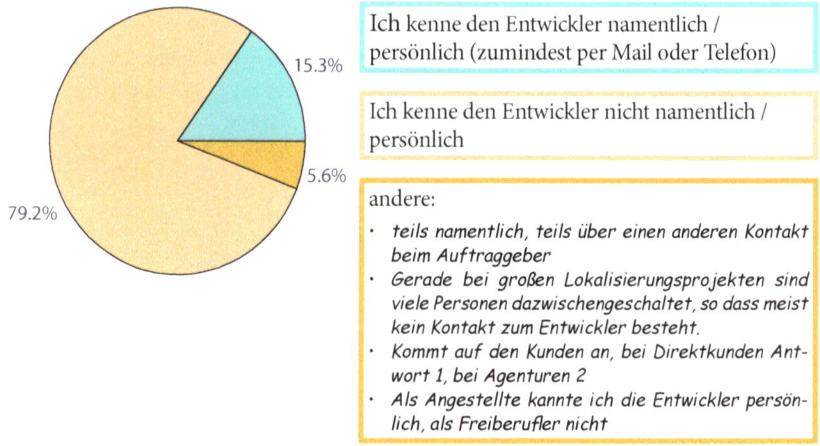

223 s. hierzu Abbildung 101 und die Ausführungen auf S. 158; zum Problem äußern sich ferner Ressin / Abdelnour-Nocera / Smith 2011:51

Mit den gegebenen Antworten tritt eine weitere Größe in den Vordergrund, nämlich das interne Berufskonzept[224], also jene Vorstellung, die Übersetzer vom Beruf des Übersetzers haben. Im Folgenden sei hier kurz vom *Selbstkonzept* gesprochen, in Gegenüberstellung zum *Fremdkonzept*, also der Vorstellung, die Angehörige anderer Berufe vom Beruf des Übersetzers haben.

Auffällig ist, dass Übersetzer sich nicht nur mit der Fragmentierung der Prozesse abfinden, sondern diese auch verfechten. Dies drückt sich in zwei Haltungen aus:

1. Es dominiert die Vorstellung von einem linearen Prozess in der Softwarelokalisierung (63,3 % der Antworten auf die Frage in Abbildung 104, S. 163; s. auch Ressin / Abdelnour-Nocera / Smith 2011:51). Was für den Übersetzungsprozess zur anerkannten Praxis gehört, ja als Wesensmerkmal von Berufsmäßigkeit gilt[225], nämlich ein iteratives Vorgehen, wird der Kooperation mit den benachbarten Aktanten also nicht zugestanden. Tatsächlich aber muss der Übersetzungsprozess selbst, wie Holz-Mänttäri (1984:26) bereits vor Jahrzehnten forderte, die Kooperation einschließen, und die Akzeptanz von Iterativität sich entsprechend auf die Kooperation erstrecken.
2. Es dominiert ein rein sprachmittlerisches Selbstkonzept (s. das Umfrageergebnis in Abbildung 110 auf S. 178). Diese Einengung des übersetzerischen Konzepts drückt sich mittelbar auch in Punkt 1 aus, denn wenn der Übersetzer sich für das Translat, wie es oben auf S. 158 f. definiert ist, interessiert, so ist er oft genug auf ein iteratives Kooperieren angewiesen.

---

224 Die Wortverwendung erfolgt hier in Anlehnung an den Begriff des *deutschen Berufskonzepts* in Schelten (2000:34).

225 Zur Bewertung des Faktors Direktionalität bzw. Linearität beim Übersetzen s. überblicksweise Horn-Helf (1999:85).

Abbildung 104: Umfrageergebnis „In der Softwarelokalisierung sind oft mehrere Durchläufe nötig: sei es, dass die Software parallel zur übersetzerischen Bearbeitung geändert wird, oder, dass die Texte nicht gleich alle räumlich oder kontextuell hineingepasst haben etc.“

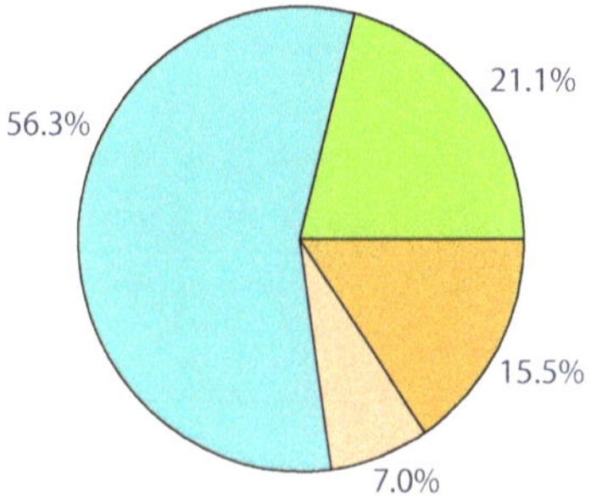

Bitte entscheiden Sie sich für jene Aussage, die für Sie am ehesten zutrifft.

Eine gewisse Iterativität gehört bei mir mit zum Service, es wird nicht jedes Mal ein neuer Auftrag nötig / eine Zusatzvergütung fällig.

Sofern mich keine Mitschuld trifft, ist für jeden Durchlauf ein neuer Auftrag nötig / eine Zusatzvergütung fällig. Kostenlos kann ich leider nicht arbeiten.

In der Regel ist für die Lokalisierung nur ein Durchlauf nötig. Wenn Iterationen entstehen, wurde das Lokalisierungsprojekt wohl nicht so gut geplant.

andere:

- *Bei großen Projekten kriegt man das nicht immer mit.*
- *Aktuell gibt es bei mir keine Iterativität, da ich meine Aufträge von Agenturen erhalte. Allerdings könnte ich mir vorstellen, dass einfach andere Freiberufler einen neuen Auftrag erhalten, wenn ein neuer Durchlauf notwendig ist. In einem früheren Angestelltenverhältnis in einem Softwareunternehmen war allerdings Iterativität der Alltag.*
- *Entscheidung fällt je nach Mehraufwand.*
- *Als Angestellter trifft Antwort 1 zu, als Freiberufler Antwort 2, da Preis und Zeit häufig so bemessen sind, dass nur ein Durchlauf abgedeckt ist. Für einen Kunden habe ich aber auch schon meine eigene Übersetzung kostenlos auf der Web-Seite geprüft und angepasst. Allerdings war der zeitliche Aufwand mit 1-2 Stunden vertretbar*
- *Bei guten Kunden lässt man das durchgehen.*
- *Wird in Form von Updates abgerechnet.*
- *kommt bei mir nicht so oft vor*
- *In der Regel werden erneute Durchläufe erneut vergütet, allerdings wird der Aufwand durch TM -Systeme reduziert, also wird es für den Kunden auch günstiger*
- *Ich bekomme i.d.R. nur den ersten Durchlauf zum Übersetzen vorgelegt. ob weitere Durchläufe durchgeführt werden oder wer diese bearbeitet, entzieht sich meiner Kenntnis*
- *Das kommt ganz auf den Auftraggeber an. Bei manchen ist die Iterativität mit eingepreist, sodass kein neuer Auftrag nötig wird. Bei anderen muss alles neu und einzeln abgerechnet werden, weil man nie weiß, was da noch alles kommt.*
- *Dieser Fall ist bei mir noch nicht eingetreten.*

Ein weiterer Faktor, der zur Vergrößerung der Kooperations-Distanz führt, ist der Handel mit Aufträgen. Bei Aufträgen „aus dritter Hand" (z. B. Endkunde → Agentur →Agentur → Übersetzer) bedienen als Einzelunternehmer tätige Übersetzer Lieferketten, die länger sind als die Wertschöpfungsketten. Mit jeder Streckung der Lieferkette aber sinkt die erzielbare Vergütung des Übersetzers und wächst die Schwergewichtigkeit der Leistung (siehe hierzu auch Schmitt 2016). Letzteres schafft einen Anreiz für ein Ausweichen der Text-Applikatoren auf alternative Wege der Leistungs-Beschaffung, etwa über Communities oder ungeschulte Aktanten aus dem eigenen sozialen Umfeld.

Eine Minderung der Attraktivität des Lokalisierungsmarkts ergibt sich für den Übersetzer schließlich aus der Tatsache, dass der Sprachdienstleistungsmarkt die oben auf S. 71 f. genannten Spezifika der Textsorte UI bei der Vergütung nicht ausreichend berücksichtigt. Speziell in der Softwarelokalisierung liegen die erzielbaren Tagesvolumina meist deutlich unter jenen von Textsorten analoger Medien, was sich in den gezahlten Wortpreisen niederschlagen müsste, aber längst nicht immer tut. Besonders deutlich wird dies bei der Lokalisierung für nicht-vollgrafische Displays, wie sie häufig in eingebetteten Systemen eingesetzt werden. Da der größte zeitliche und kreative Aufwand hier durch die Analyse der Quellstrings und durch das Einkürzen der Zielstrings auf Displaylänge entsteht, sinkt sowohl bei Bezahlung nach Ausgangstextvolumen[226] als auch bei Bezahlung nach Zieltextvolumen[227] mit steigendem Aufwand die Vergütung. Mit Blick auf die Translationsqualität werden damit paradoxe Anreize gesetzt. Dieser Befund mag helfen, die wirtschaftliche Dimension von Übersetzungsmängeln wie in Abbildung 105 (hier Abkürzung für *Benutzerdefinierte Kopie*) zu verstehen. Das Thema der Gratifikation wird auf S. 180 und auf S. 206 noch einmal aufgegriffen.

Abbildung 105: Entstellende Abkürzung in einer Schaltfläche[228]

Da die Kooperation zwischen den unterschiedlichen Aktanten in der Softwarelokalisierung maßgeblich durch den Einsatz von Arbeitsumgebungen wie PM-, TM-, QS- und Lokalisierungs-Werkzeugen geprägt wird, ist der Umgang mit diesen Ar-

226 je kürzer der Ausgangstext ist, desto größer ist der Analyseaufwand – hoher Implikationsgrad, s. hierzu auf S. 167

227 je kürzer der Zielstext sein muss, desto größer ist der Syntheseaufwand

228 Bildquelle: EPSON Scan V.3.9.0.0DE, SEIKO EPSON CORPORATION; ursprünglicher Zielstring: *Benutzerdefinierte Kopie*

beitsmitteln an dieser Stelle mit zu beleuchten. Übersetzungsspeicher helfen die Konsistenz des Translats zu verbessern und die Verarbeitung repetitiver Quellen effizienter zu gestalten. Qualitätssicherungs-Programme können eingesetzt werden, um das Translat regelbasiert zu validieren und so die Werkqualität zu objektivieren. Diese Vorteile wissen Übersetzer auch zu schätzen. Laut einer in Wolf (2015; hier: S. 45) ausgewerteten Umfrage haben 34,7 % der Übersetzer angegeben, mit TM-Systemen wirtschaftlicher zu arbeiten; 24,3 % der Befragten waren der Meinung, mit einem TM-System bessere Qualität liefern zu können (Abbildung 106):

Abbildung 106: Umfrageergebnis „Was war für Sie ausschlaggebend für die Arbeit mit einem CAT-Tool?“

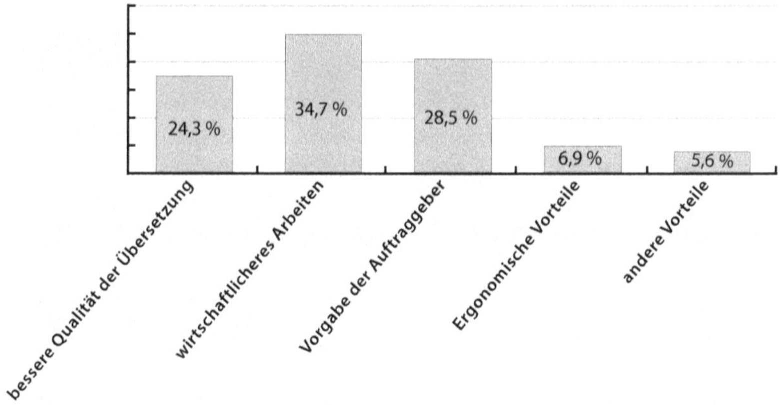

andere:

- *Konsistenz (2 x)*
- *bin nicht sicher, was in diesem Zusammenhang unter ergonomische Vorteile zu verstehen ist*
- *Verringerung des Rechercheaufwandes, z. B. Vertragsformulierungen*
- *bessere Zusammenarbeit mit anderen Kollegen durch Austausch von TMs*
- *Schnelligkeit*
- *schnelleres Arbeiten, bessere Übersicht*
- *Mitunter retten die Fülleingaben (d. h. die verschiedenen Matchgrade) den Zeitplan.*

Ein desintegratives Potenzial bergen Übersetzungsspeicher jedoch, weil sie das Expertenwissen[229] eines Einzelnen einer mit diesem konkurrierenden Gemeinschaft

229 Zum Experten-Begriff s. Presas (2004:203 f.)

zugänglich machen können, und zwar einseitig und ohne ein unternehmerisches Regulativ. Bei betriebsinterner Lokalisierung mag dies wegen der entstehenden Synergien fraglos mit Vorteilen verbunden sein. Für freiberufliche Übersetzer hingegen kann ein einseitiges *Wissenssharing* (Hartmann 2011) zu einer Verzerrung des Wettbewerbs führen, denn es wird, wie Vine (2002:21) beobachtet, nicht die eigentliche übersetzerische Leistung vergütet, sondern ein arithmetisch quantifizierbares Alias dieser Leistung – das Wort oder die Normzeile. Das Übersetzen als hermeneutischer Prozess erweist sich dabei – auch hierauf macht Vine (ebenda) aufmerksam – schnell als unwirtschaftlich, weil schwer quantifizier- und damit fakturierbar. Dieser Aspekt fehlt in Muegge (2013:17), wenn er das Problem in der Kontrolle über das *sprachliche* Kapital des Übersetzers ansiedelt. Mit einer solchen Terminologie wird der Blick auf das eigentliche Übel verstellt, nämlich die Gleichbehandlung von *Fachsprache und Fachsprachendenken* (Baumann 2004:27) bei der Bestimmung des Werts einer Leistung, d. h. die Gleichsetzung von Daten (als außerhalb des Menschen existierender und deswegen auch konsumierbarer Größe[230]) und empirischem Wissen (als kreativer Leistung).

So ermöglichen es TM-Systeme etwa, den Erstauftrag eines Bedarfsträgers von einem sachfachlich kundigen Übersetzer (einem Experten) ausführen zu lassen, der zunächst den Übersetzungsspeicher und die Terminologiedatenbank auffüllt. Folgeaufträge können hiernach von kostengünstigeren Übersetzern (Multiplikatoren) ausgeführt werden, die auf Benennungen und syntaktische Konstruktionen (also Daten) aus dem Übersetzungsspeicher zugreifen können, ohne sich mit den dahinterstehenden Begriffen und den textsortenspezifischen Konventionen vertraut gemacht zu haben. Wo TM-Inhalte präskriptiven Charakter haben, wird hier auch die Verantwortung für das Produkt vom Multiplikator an den Experten delegiert.

Die Unabhängigkeit von einem bestimmten Übersetzer, die der Besteller dank eines Übersetzungsspeichers erwirbt, erlaubt so die personelle Trennung von Expertise und Erfüllung und hilft, die Nachfrage nach Experten und damit den Marktwert von Expertentum zu senken. Eine Hoheit des Bestellers über den Übersetzungsspeicher und die aus dieser resultierende Sicherstellung der freien Übersetzerwahl mag wirtschaftlich zunächst vorteilhaft sein, bei parallelem Zugriff auf Online-Übersetzungsspeicher gar alternativlos – nachhaltig ist sie aber nicht. Es sollte einleuchten, dass Besteller (i. d. R. Agenturen) mit der beschriebenen Trennung von Expertise und Erfüllung den Übersetzer ins „Generalistentum" drängen und damit die Quelle ihres eigenen Daseins aushungern.

230 Die EMT-Expertengruppe spricht von *Informationen* – s. EMT-Expertengruppe 2009:7.

Denn Expertentum ist kein Gut, das durch Suchmaschinen obsolet geworden ist, und „Generalistentum" keine Alternative zu Expertentum, sondern bestenfalls ein Ausdruck für den Glauben an die Möglichkeit einer flexiblen Spezialisierung (Holz-Mänttäri 1984:149) bzw. an eine Art Prozess-Expertise als die übersetzerische Kompetenz schlechthin. Eher noch steht jedoch die Gleichsetzung von Daten und Wissen für die Hybris des Informationszeitalters, in dem Haben als Form des Seins verstanden wird. Zum Ausdruck kommt eine solche Gleichsetzung in Austermühl (2001a:102), wenn er schreibt: „You will simply have to be an expert in quickly finding the information that you are lacking, be it encyclopaedic or linguistic." Sicher ist es im 21. Jahrhundert selbst für Experten eines Sachfachs kaum noch möglich, ein auch nur annähernd erschöpfendes Wissen im eigenen Fachgebiet zu erwerben. Dennoch ist eine Schlussfolgerung wie die gerade zitierte grob simplifizierend, nicht nur, weil die Arbeitsteilung in der Gesellschaft und damit auch der Fachlichkeitsgrad von Texten fortschreitet, sondern auch, weil Texte, auch Fachtexte, mal mehr, mal weniger implizit sind. Analog zum Postulat „Wer Texte übersetzt, muß sie zunächst verstehen." (Paepcke 1986:104, ähnlich auch in Potępa 1993:205) gilt nämlich auch: Wer recherchiert, muss zunächst über einen Wissensrahmen verfügen, der ihm beim Evaluieren des Recherchierten Orientierung bietet. Eine recherchierte Information gleicht einem Puzzleteil, das sich nur zuordnen lässt, wenn die umgebenden Puzzleteile schon gelegt sind. Der Rechercheerfolg selbst ist also maßgeblich abhängig vom sachfachlichen Wissensstand zu Beginn der Recherche, also wieder von Expertentum. Recherche liefert lediglich Daten (Informationen), die, wie Paepcke (1986:139) darstellt, in ein semantisches Ganzes eingebunden werden müssen, damit sie wieder zu Wissen werden und in ein brauchbares Produkt münden können.

Im Gegensatz zur Recherche erfordert Expertentum einen aus translatorischer Sicht indeterminierten und entsprechend langwierigen Umgang mit dem Fachgebiet. Hinter der richtigen Wiedergabe sachfachlicher Zusammenhänge, der Beherrschung von Textsortennormen und dem richtigen Einsatz von Termini können so Jahre investierter Lebenszeit stehen. Gerade weil die für das Übersetzen eines Textes aufzuwendende Expertise maßgeblich vom Implikationsgrad des Textes mitbestimmt wird, müsste der Wert des Experten-Inputs beim Übersetzen nicht anhand des Textvolumens des Originals kalkuliert werden, sondern – umgekehrt – anhand des für eine vollständige Explizitheit in ihm fehlenden Textes, des *Nichtgesagten* (Paepcke ebenda).

Dass dies kaum möglich ist, mag erklären, warum in der Softwarelokalisierung oft mit steigendem Aufwand die Vergütung sinkt, wie oben auf S. 164 begründet, und bei der Gratifikation von Übersetzungsleistungen zwischen einem Experten- und einem Multiplikatoren-Input nicht unterschieden bzw. der Unterschied lediglich über die unterschiedliche Vergütung nach Match-Rate reguliert wird. Letztere stellt jedoch nur ein angemessenes Messinstrument dar, solange der Übersetzungsspeicher in der Hand ein und desselben Übersetzers bleibt. Der aristotelische Grundsatz, der Verstand könne „nichts erkennen, was nicht die Sinne vorher erfahren haben" (Kant 1968:232) fehlt selbst in einem erkenntnistheoretisch ausgerichteten Buch wie Schüßler (2012). Für das Übersetzen ergeben sich aus dem Umgang mit diesem Grundsatz u. a. Fragen zur Eigentümerschaft an Übersetzungsspeichern und zu deren Offenlegung, aber auch die Notwendigkeit, sich zum Begriff des Generalisten als Gegenentwurf zum Experten zu positionieren.

Von der Art des Einsatzes von Hilfsmitteln wie TM-Systemen, gewiss aber auch von den individuellen Voraussetzungen des Übersetzers wird entsprechend abhängen, inwiefern solche Arbeitsmittel vom Übersetzer tatsächlich als Hilfsmittel wahrgenommen werden können. Für die Softwarelokalisierung, die stark von diesen Werkzeugen abhängt, kann dies zur Frage nach der Akzeptanz einer ganzen Disziplin werden. Beste (2006:60) äußert sich hierzu wie folgt:

> Jede Fachsprache ist durch ihre jeweilige Terminologie bis zu einem gewissen Grade normiert und schränkt daher den Übersetzer in seinen Wahlmöglichkeiten ein. Nichtsdestoweniger lässt auch ein Fachtext noch Raum für kreatives Übersetzen. Es gibt ohne Zweifel kulturspezifische Konventionen, an die sich der Übersetzer halten sollte, dafür kann jedoch die Art der thematischen Entfaltung oder der Stil variieren. Softwaretexte ersten und zweiten Grades, die Teil eines Lokalisierungsprojektes sind, sind dagegen noch wesentlich stärker normiert. Zwischen Glossaren, Style Guides und Vorgaben durch ältere Programmversionen bleibt ein vergleichsweise geringer kreativer Freiraum. Was sich als Vorzug für die maschinelle Übersetzung erweist, reduziert die kreativen Möglichkeiten eines Übersetzers. Einen Text zu übersetzen, ohne im *worst case scenario* überhaupt eine Entscheidung treffen zu müssen, ist ein entseeltes Übersetzen. Dieses rein mechanische Umkodieren erfordert weder übersetzerische Kompetenz noch Performanz und ist sicherlich keine kulturmittlerische Tätigkeit, obwohl es millionenfach ausgeführt wird. Die einzige sinnvolle Möglichkeit, dem entgegenzusteuern und Einfluss auf die Entwicklung zu nehmen, scheint in einer Kooperation mit den Herstellern elektronischer Hilfsmittel zur Entwicklung „menschlicher" Hilfsmittel zu liegen, die den Übersetzer in seiner Tätigkeit unterstützen statt bevormunden. Weiterhin stellt sich letzten Endes die Frage, inwiefern für Softwarelokalisierung im engeren Sinn in Zukunft letztendlich noch Übersetzer benötigt werden.

Tatsächlich sind Szenarien, in denen der Übersetzer nur noch linguistische Teilentscheidungen treffen kann, schon heute anerkannte Praxis. Ein individueller, den Neigungen und Fähigkeiten des Übersetzers gerecht werdender und seinem

Expertentum Raum gebender Schaffensstil ist gerade bei hierarchisch-linear organisierten Prozessen, wie sie in der Softwarelokalisierung ab einer bestimmten Projektgröße Anwendung finden, nicht mehr vorgesehen. Tatsächlich fühlen sich laut dem Umfrageergebnis in Wolf (2015:50) insgesamt 20,6 % der Übersetzer durch CAT-Tools in ihrer Kreativität eingeschränkt. (Die vollständige Frage mit den jeweiligen Antworten wird weiter unten auf S. 172 in Abbildung 107 zitiert.)

Wo „die Humanübersetzung aus ihren sozialen, historischen und kulturellen Kontext" (Prunč 2005:169) gerissen wird, können keine qualitativ angemessenen Ergebnisse entstehen; Prunč (1997:120 f.) verwendet für dieses Phänomen den Terminus *strukturelle Suboptimalität*. Da strukturelle Suboptimalität den Übersetzer depotenziert, muss sie ihn langfristig auch prekarisieren. Will man Gewalt als einen Prozess verstehen, der zu Kontrollverlust führt bzw. als „the cause of the difference between the potential and the actual" (Galtung 1969:168), so muss strukturelle Suboptimalität schließlich als Form struktureller Gewalt (*structural violence*, Galtung 1969:170 f.) gesehen werden.

Eine wichtige Funktion bei dieser Form der Gewaltausübung erfüllen auch die Übersetzungswerkzeuge selbst. Die Rollenverteilung zwischen Mensch, Arbeitsgegenstand und Arbeitsmittel wird gestört, wenn Übersetzungsumgebungen durch immer mehr und oft genug auch anfällige Komfortfeatures immer mehr Aufmerksamkeit des Menschen binden und so eine u. U. geleistete Arbeitsersparnis wieder zunichtemachen. (Siehe hier exemplarisch auf S. 172 den Teilnehmer-Kommentar Nr. 4 zu Abbildung 107. Näheres zum Begriff der Selbstwirksamkeit s. unten auf S. 180 f.) Je weiter der Fokus sich weg vom Arbeitsgegenstand und hin zum Arbeitsmittel bewegt, desto mehr muss sich beim Übersetzer das Gefühl von Kontrollverlust einstellen. Dass ein solcher Kontrollverlust neben fachlichen auch unternehmerische Aspekte berührt, soll weiter unten auf S. 174 gezeigt werden; siehe hierzu aber auch auf S. 172 die Kommentare Nr. 4, 8, 10 und 14 zu Abbildung 107.

Solange CAT-Werkzeuge bei einem solchen Kontrollverlust, sei er fachlicher oder wirtschaftlicher Natur, eine auch nur mittelbare Rolle spielen, ist es an der Translationssoziologie, etwaigen „Anfeindungen seitens der Übersetzer" (Kemmann 2005:24) gegen solche Werkzeuge auf den Grund zu gehen, denn nur sie kann „die empirischen Grundlagen für den weiteren Professionalisierungsprozess" (Prunč 2012:327) legen. Während jedoch Darstellungen zum Werkzeug und dessen Bestimmung[231] immer wieder anzutreffen sind[232], haben prozessorientier-

231 Was kann das Werkzeug?

232 Beispiele sind Leinhäuser (2005), Seewald-Heeg (2005 und 2007a), Kästner et al. (2007), Massion (2007), John (2009), Massion (2009), Geldbach (2011b), Herrmann

te[233] oder den sozioökonomischen Kontext berücksichtigende[234] Diskussionen eher Seltenheitscharakter.[235] Eine Auseinandersetzung gar mit den sozioökonomischen Folgen einer asynchronen und unilateral-hierarchischen Kooperation – und genau dies bedeutet ein Arbeiten mit Übersetzungsspeichern – hat die Translationsforschung bislang gescheut. Zu Unrecht; ein Vergleich des oben in Abbildung 106 zitierten Umfrageergebnisses (S. 165: Vorteile von CAT-Tools) mit jenem in Abbildung 107 (S. 172: Nachteile von CAT-Tools) offenbart bei der Beantwortung der Frage zu den Nachteilen eine wesentlich größere Aktivität seitens der Umfrageteilnehmer als bei der Frage zu den Vorteilen. Namentlich beträgt der Umfang (Wortzählung) der Freitextbeiträge zu den Nachteilen das Siebenfache von dem, was die Teilnehmer zu den Vorteilen zu vermerken hatten (s. jeweils die Kategorie *andere*). Dies kann als Hinweis auf einen angestauten Diskussions- und Änderungsbedarf verstanden werden, rechtfertigt zumindest aber, dass eine Untersuchung zu den in ergonomischen und sozioökonomischen Faktoren der Arbeit mit CAT-Tools zu einem Desiderat erhoben wird. Zum Verfolgen einschlägiger Diskussionen eignen sich hier u. a. die Mailinglisten und Fachkonferenzen der Diskussions- und Informationsplattform des Bundesverbands der Dolmetscher und Übersetzer e. V. „MeinBDÜ".

Im handlungstheoretischen Ansatz von Holz-Mänttäri ist wohl die Möglichkeit einer Rollenteilung vorgesehen, dies jedoch unter Voraussetzung der Autonomie des Übersetzers: „Zu einer Rolle gehört immer neben der Verantwortlichkeit auch Entscheidungsbefugnis" (Holz-Mänttäri 1984:109). Weiter schreibt Holz-Mänttäri (ebenda):

> Zur Rolle und Verantwortlichkeit des Translators gehört es, das Funktionsfeld des Zieltextes zu analysieren, die Befunde zu beurteilen und die notwendigen Schlüsse daraus zu ziehen. Die Entscheidung fällt er selbst, oder er stellt das Material für die Entschei-

---

(2011), Keller (2011a), Keller (2011c), Keller (2011d), Kleijn (2011), Seewald-Heeg / Althoff (2011), Dockhorn (2013).

233 Wie beeinflusst die Ergonomie des CAT-Werkzeugs stattfindende mentale Abläufe?

234 Wie wirkt sich das Werkzeug auf den Erwerbserfolg und den Wettbewerb aus? Wie beeinflussen Übersetzungsumgebungen die Zufriedenheit mit dem Beruf, die Selbstwirksamkeit des Translators und die Wertschätzung von Expertentum? Wie beeinflussen die Werkzeuge die Translationsethik?

235 Zu diesen Aspekten referieren López-Ebri (2004), Schnell / Aranda (2007) sowie Czopik (2012), Piróth (2014), Letztere allerdings schriftlich nur in Form eines Abstracts zu einem am 4. August 2014 gehaltenen Vortrag, LeBlanc (2014), ebenfalls lediglich als Abstract, Sum (2014), Ehrensberger-Dow / Massey (2014) und Svoboda (2014).

> dung bereit, trägt es vor und trifft die Entscheidung zusammen mit dem zuständigen, d. h. entscheidungsbefugten Rollenpartner.

Translatorisches Handeln beschreibt sie als analytisch-synthetisch-evaluativen und kreativen Prozess. Kreativ sei translatorisches Handeln,

> [...] weil der translatorisch Handelnde [...] sich neugierig und mit präziser Fantasie weiteres Wissen erarbeiten muss, sich mit Musse [sic!] einer Botschaft widmen muss, im schillerschen Sinne spielerisch und offen Antworten auf Fragen finden muss [...] (ebenda S. 120)

Mit einem solchen Postulat ist Holz-Mänttäri weit entfernt von den fragmentierten und formalisierten Prozessen in der Softwarelokalisierung. Es ist unschwer zu erkennen, dass eine Fragmentierung und Hierarchisierung des Bestell- und Übersetzungsprozesses und die Industrialisierung von Entscheidungsabläufen zu einer Dekontextualisierung von Teilentscheidungen führen muss und ein Übernehmen persönlicher Verantwortung erschwert. Zweifellos stehen hinter einer solchen Fragmentierung nicht zuletzt wirtschaftliche Gesetze; vorausgesetzt werden darf dabei aber auch, dass Übersetzer mit dem praktizierten Selbstkonzept ihre Rolle im Gesamtprozess bewusst oder unbewusst mitgestalten – s. hierzu auch Wußler (1998:241 f.), Schopp (2008:253) und Prunč (1997:112). Ob dies zu Gunsten oder Ungunsten der Übersetzer geschieht, wird davon abhängen, inwiefern sie als größtenteils Selbstständige[236] die sozialen Mechanismen des Markts verstehen und in diesem Sinne auch über Herrschaftswissen verfügen. Selbstständigkeit ist Unternehmertum, und Unternehmertum bedeutet immer auch ein Auseinandersetzen mit (Markt-)Macht. Zu den Gütern, um die bewusst oder unbewusst Machtkämpfe ausgetragen werden, gehören u. a. Übersetzungsspeicher. Beiträge hierzu finden sich in López-Ebri (2004), Beste (2006:60), Imhof (2010:2), Kruse (2014) und Rösner (2014). Diskutiert werden dort u. a. Fragen des Urheberrechts, die Vergütung von Matches und die für den (freiberuflichen) Übersetzer mitunter unvorteilhafte Verteilung der durch TM-Systeme hervorgerufenen Minder- bzw. Mehraufwände zwischen den Aktanten. Letzteres war laut der in Wolf (2015, hier: S. 50) ausgewerteten Befragung der am häufigsten genannte Nachteil des Einsatzes von TM-Systemen (Abbildung 107):

---

236 Siehe Bundesverband der Dolmetscher und Übersetzer e. V. (2014); Rinsche / Portera-Zanotti (2009) sind auf ein Selbstständigen-Angestellten-Verhältnis von 80 % zu 20 % für Übersetzer bzw. von 91,1 % zu 8,9 % für Dolmetscher gestoßen. „Aktuelle Zahlen zum Übersetzungsmarkt in Deutschland: 12 Prozent Wachstum." zitiert eine Statistik des Statistischen Bundesamts aus dem Jahr 2011, der zufolge von 38.000 Translatoren 23.000 Selbstständige sind, also ca. 61 %.

Abbildung 107: Umfrageergebnis: „Bringen CAT-Tools für Sie auch Nachteile? Wählen Sie ggf. aus."[237]

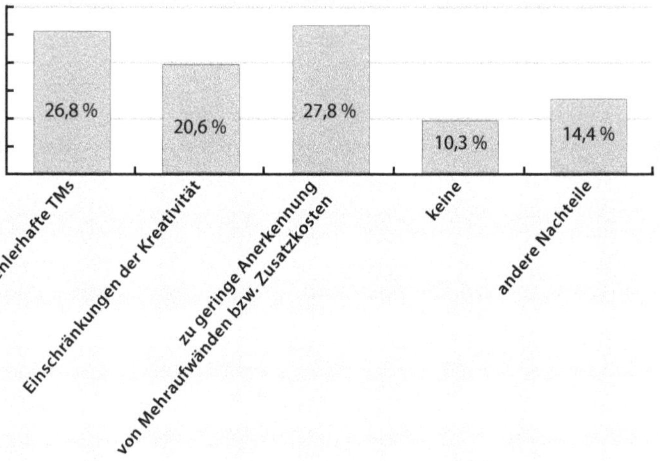

andere:

1. *kann bei technischen Problemen oder schlechter Dateivorbereitung auch zu erheblichem Mehraufwand führen*
2. *Probleme und Frust bei ATs mit mangelhafter Textverarbeitung, die zu fehlerhafter Segmentierung führt; Autopropagate-Fehler wegen Nichtbeachtung des Kontextes (Auftraggeber senden manchmal Pakete mit Autopropagate sodass der Fehler nicht vermeidbar ist)*
3. *mehr Nacharbeit als ohne TM, fehlende Einblicke ins Layout störend*
4. *Ergonomie. Ich kann mit Trados nicht arbeiten, habe es seit 1998 mehrmals versucht, aber nach wenigen Stunden habe ich solche Kopf- und Rückenschmerzen, dass ich nicht mehr weiterarbeiten kann. Bei Transit tritt diese Erscheinung merkwürdigerweise nicht auf, trotzdem arbeite ich nicht gerne mit CAT, weil ich so angestrengt in meinen Monitor schauen muss und mich die automatisch aufpoppenden Fenster, die nicht immer freiwillig wieder verschwinden, nerven, weil sie den Ausgangstext überdecken und ich erst mühselig mehrere Schritte ausführen muss, um das Fenster wieder wegzubekommen und das Ausgangssegment zu sehen. Die eingebundenen Wörterbücher werden vom Kunden nicht gepflegt und sind teilweise wenig aussagekräftig, zweifelhaft bis hin zu falsch, weil der Kunde inzwischen eine andere Terminologie festgelegt hat, aber sein Transit-Wörterbuch nicht entsprechend aktualisiert. Gleiches gilt für*

237 Bildquelle, Frage und Antworten: Wolf (2015:50).

früher übersetzte identische oder fast identische Segmente mit nicht mehr zu verwendender Terminologie. Frustrierend ist auch, wenn ich nach Korrektur meiner Transitdatei anhand einer vom Kunden erzeugten PDF später zufällig die PDF bekomme, die letztendlich verwendet wurde/wird, und feststellen muss, dass es sich um die Übersetzungsversion VOR meiner Korrektur handelt... Chaos, fehlende Koordination/Abstimmung/Konzentration beim Kunden, ich weiß es nicht. Aber es nervt.

5. *Match-Abzüge durch Agenturen*
6. *Formatierungsaufwand*
7. *Nachteile hauptsächlich bei der Verwendung von Kunden-TMs, die entweder nicht gepflegt oder nicht gefüllt sind und wenn ich bei der Arbeit nicht auf mein eigenes gepflegtes TM zugreifen kann. Beispiel Across, Arbeit auf dem Server des Kunden. Ich informiere den Kunden (meistens Agentur) darüber sowie über Fehler im TM, behebe selbst aber keine Fehler im TM.*
8. *Agenturen und manche Direktkunden fordern Rabatt auf Matches, auch wenn diese manchmal keine Arbeitsersparnis bringen. Diesbezügliche Erläuertungen kosten ebenfalls Zeit.*
9. *noch zu wenige KollegInnen eines möglichen Projekt-Teams, die mit CAT-Tools fachlich arbeiten*
10. *schwächere Position bei Preisverhandlungen*
11. *neue technologische Schwierigkeiten, die aus der Anwendung komplexer Programme entstehen*
12. *Umstellung auf neuere Versionen (und damit verbundener Zeitaufwand), auch wenn dies aus meiner Sicht noch nicht notwendig erscheint*
13. *langsame TM-Server*
14. *Preisdrückerei; zu enge Vorgaben in Bezug auf das Verhältnis Inhalt-Ausdruck*

5.2. Selbst- und Fremdkonzept des Übersetzers

Gäbe es einen Preis für den undankbarsten Job der Spielebranche, Michaela Bartelt hätte gute Siegchancen. Für Electronic Arts koordiniert sie von Köln aus die Lokalisierung von Videospielen, die Arbeit an verschiedenen Sprachversionen. Die von Bartelt beauftragten Teams übersetzen jährlich 43 Millionen Wörter in 37 Sprachen. Fast immer klappt das gut, die meisten Helfer sind Muttersprachler, oft Diplomübersetzer. Und doch hält sich das Lob der Spieler in Grenzen. Es sind fast nur die Fehler von Bartelts Teams, die Fans in Internetforen erwähnen. Denn über Übersetzungen wird am liebsten gemeckert, mal zu Recht, mal aus Prinzip.[238]

238 Quelle: http://www.spiegel.de/netzwelt/games/lokalisierung-von-videospielen-wie-die-uebersetzungen-entstehen-a-837075.html (14.03.2013).

Mit Blick auf das übersetzerische Fremdkonzept lässt das Zitat die folgenden Annahmen erkennen:

1. Übersetzer übersetzen Wörter.
2. Beauftragt werden nicht Übersetzer, sondern Teams. Durch die Verwendung dieses Kollektivums geht der Status von Übersetzern als *selbstverantwortliche Handlungspartner* (Prunč 1997:111) verloren. Das Wort bzw. der Wortbestandteil *Team(-)*[239] mit der ihm innewohnenden Anmutung des An-Einem-Strang-Ziehens ist ein verbreiteter Euphemismus für die Unterhöhlung von Expertentum[240] und für die Depotenzierung[241] des Übersetzers. Schließlich wird durch das Wort *Team* auch ein unzutreffendes Bild von den arbeitspsychologischen Belastungen des Übersetzens kolportiert, die in hohem Maße von Isolation und Alleinverantwortung bestimmt werden.
3. Es sind nicht etwa die „Helfer", deren Arbeit undankbar ist, sondern es ist die Projektmanagerin, aus Sicht der Übersetzer also die Bestellerin, die das letzte noch als Individuum wahrgenommene Glied der Bestellkette ist, und die so etwas wie Anerkennung erwarten kann. Venuti (1995) hat hierfür den Ausdruck *translator's invisibility* geprägt; schon Silbermann / Hänseroth (1985) sahen den Übersetzer in *relativer Anonymität.*

Infrastrukturell manifestiert sich der Statusverlust von Übersetzern in der zu beobachtenden Tendenz zum Outsourcing von Translationsleistungen bei gleichzeitiger organisatorischer Einbindung der Übersetzer in einer Form, wie sie im Rahmen einer abhängigen Beschäftigung zu erwarten wäre. Abbildung 108 zeigt einen Dialog aus dem Client eines TM-Systems, welcher unternehmerische Abläufe des Auftragnehmers vordefiniert.

---

239 Beispiele: http://www.wordbee.com/webinars/discover-wordbee-team-edition/ (07.04.2015) http://www.atril.com/node/343 (07.04.2015) http://www.translationzone.com/de/products/sdl-studio-groupshare/ (07.04.2015).

240 Siehe die Ausführungen hierzu auf S. 156 f.

241 s. hierzu S. 169 f. und S. 173 f.

Abbildung 108: Dialog aus dem Client eines TM-Systems[242]

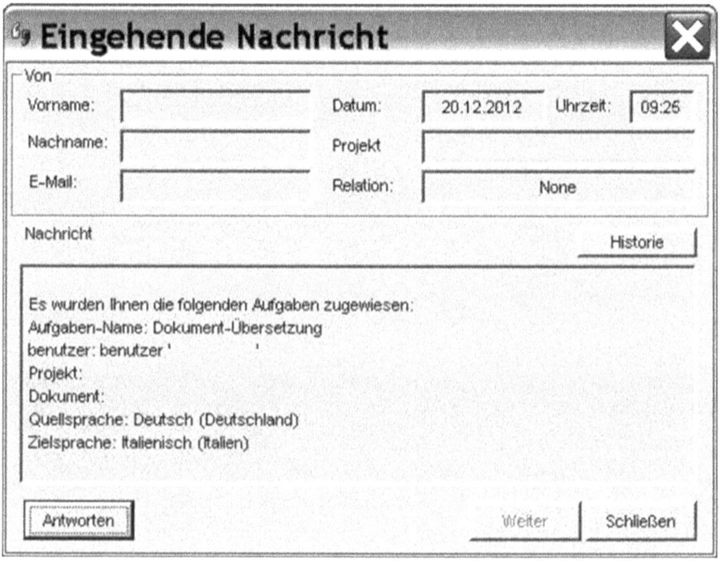

Einem Kooperieren von Besteller und Übersetzer „auf Augenhöhe“ wird so durch vollendete Tatsachen infrastruktureller Natur ein Riegel vorgeschoben; insbesondere wird durch eine solche Organisation externer Dienstleister verhindert, dass Raum für ein offenes Artikulieren von Interessen zwischen den Aktanten entsteht, wie es für wirkliches Unternehmertum charakteristisch wäre. Es sind dies Kooperationsmuster, welche die unternehmerische Autonomie des Übersetzers untergraben, dergestalt, dass der Übersetzer bei der Verteilung von Chancen und Risiken des Markts Erstere weitgehend an den Besteller (hier i. d. R. den Sprachdienstleister) abtritt. Zur unternehmerischen Autonomie gehört u. a. die freie Wahl des Kommunikationskanals, der Arbeitsmittel und der eigenen administrativen Abläufe, ferner die Freiheit einer auftragsabhängigen Aushandlung des Liefertermins, des Preises oder anderer Konditionen (Anfrage / Angebot).

Unternehmerische Aspekte des Einsatzes von TM-Systemen deuten sich auch auf S. 173 in den Kommentaren Nr. 5, 8, 10 und 14 zu Abbildung 107 an. Zur Thematik äußert sich ferner Imhof (2010:2).

242 Bildquelle: across. V.5.3 51408_de, Packet-Version 14, Across Systems GmbH; vertrauliche Daten unkenntlich gemacht; laut Keller (2011a:17) bzw. Keller (2011b:4) ist das hier gezeigte TM-System für freiberufliche Translatoren konzipiert

Abbildung 109 zeigt den Screenshot von einer Seite im Webinterface der Lokalisierungsplattform *Transifex*, in welcher der *non-reviewer translator*[243] (d. h. der „nur" mit Übersetzen betraute Übersetzer) in der Rollenhierarchie an letzter Stelle nach dem Lektor (*reviewer*) erscheint und entsprechend weniger Rechte im System hat.

Abbildung 109: Rollenhierarchie in der Lokalisierungsplattform Transifex[244]

Voraussetzend, dass das Fremdkonzept immer auch eine gesellschaftliche Reaktion auf das Selbstkonzept darstellt, sollen im Folgenden die oben begonnenen Überlegungen zum übersetzerischen Berufsbild wieder aufgegriffen und weiterentwickelt werden.

Das Berufsbild des Übersetzers hat sich mit der Entwicklung der Translationsforschung natürlicherweise gewandelt. Diskussionen aus Letzterer finden sich u. a. in Prunč (1997), Wußler (1998), Prunč (2005), Ahmann (2012) und Prunč (2012:315 f.). Eine Orientierung geben insbesondere die in „Berufsbild Übersetzer", „Transforum. Berufsfelder Übersetzen und Dolmetschen" und „Protokoll. Arbeitsgruppe ‚Anforderungen'" formulierten Profile. Die in solchen Stellungnahmen anzutreffenden Formulierungen zeugen von einem mühevollen

243 Zu den Rollenbeschreibungen s. http://docs.transifex.com/introduction/#user-roles-in-transifex (29.07.2015)

244 Screenshot-Quelle: http://docs.transifex.com/faq/ (25.02.2015)

Findungsprozess und vom Streben, der Komplexität des Berufs gerecht zu werden. Gemeinsam ist diesen Quellen aber auch, dass, was hier *Medienkenntnisse* genannt werden soll, aus dem Berufsbild nach wie vor ausgeklammert wird. In Anlehnung an die bereits auf S. 177 erfolgte Verwendung des Terminus *Medien* für Botschaftsträger gem. Holz-Mänttäri (1984:30) sollen mit *Medienkenntnissen* hier Fertigkeiten nicht nur im Umgang mit natürlichen, sondern auch mit formalen Sprachen gemeint sein. Gemeint ist also ausdrücklich das Arbeiten am *Text* in der Wortverwendung wie oben auf S. 158 und damit maschinennäher als der Anwender. Welche konkreten Kenntnisse hier insbesondere gemeint sind, wird auf S. 195 zusammengefasst.

In den Augen von „Backend-Professionals" wie Softwareentwicklern oder Internationalisierungs- und Lokalisierungs-Ingenieuren sind „Frontend-Arbeiter" zunächst Anwender. Dass Letztere aus dem Produktionskontext heraus schnell als Laien wahrgenommen werden, lässt sich unschwer nachvollziehen, denn die Arbeit am Frontend ist ein Arbeiten mit dem fertigen Produkt. Damit ergibt sich zwischen dem Umfang (genauer: der Integrität) der übersetzerischen Tätigkeit und dem Berufsstatus ein unmittelbarer Zusammenhang, wie ihn auch Ahmann (2012:151) herstellt:

> Die in der Beurteilung von Übersetzungsleistungen immer wieder vorzufindende Reduzierung des Translationsprozesses auf einen sprachlichen Transkodierungsprozess führt ebenfalls zu einer Abwertung des Berufsbildes. Wenn die vielen die Translation begleitenden außersprachlichen Faktoren nicht wahrgenommen werden, ist das Bild des Berufsstandes logischerweise schon im Ansatz vieler Nuancen und Schattierungen beraubt.

Im Gegensatz hierzu sind Austermühl (2001b) und Beste (2006) bei der Einordnung der translatorischen Leistung in den Produktionsprozess immer noch recht deutlich auf die Perspektive des Sprachexperten fokussiert. Im Einklang mit Letzterer antwortete die Mehrzahl der befragten Übersetzer auf die Frage nach dem Umfang der angebotenen Lokalisierungsleistungen wie folgt (Abbildung 110):

Abbildung 110: „Wie weit stecken Sie Ihr Angebot?". Umfrageergebnis

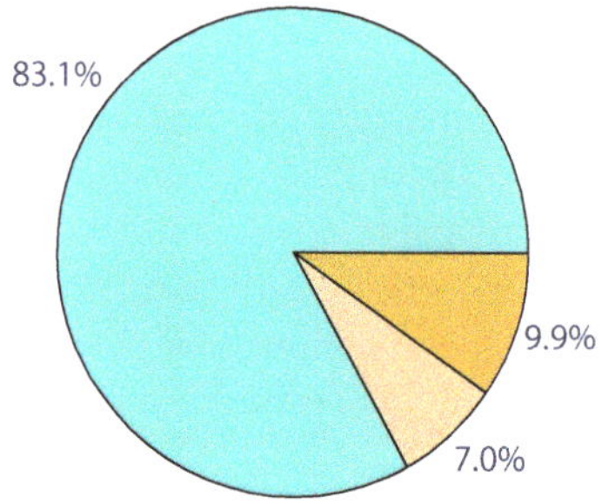

Ich erledige den sprachlichen Teil, d.h. ich übersetze. Die dem Übersetzungs-Schritt vorangehenden / die sich an diesen anschließenden Arbeitsschritte erfordern nichtübersetzerische Qualifikationen und müssen von anderen erledigt werden.

Zum Lokalisieren gehören auch Engineering-Leistungen, die ich mit übernehme.

Ich würde meinen Aufgabenbereich lieber wie folgt eingrenzen:

- *Ich erledige den sprachlichen Teil und versuche, so weit möglich, für die anderen Arbeitsschritte „mitzudenken".*
- *Hauptsächlich Übersetzen, teileweise Längenprüfung, Tests*
- *zwischendrin: ich bearbeite meist Exports in Excel, die unübersichtlich sind und bereite diese so auf, dass eine Erst- bzw. Folgeübersetzung effizient und kostensparend erfolgen kann.*
- *Ich verifiziere darüber hinaus die „Stimmigkeit" der Übersetzungen aus Anwendersicht.*
- *Übersetzen + Resizing + gelegentliche sprachliche Tests (TVT) der übersetzten Oberfläche*
- *Übersetzung, ggf. Anpassung von bounding boxes, QA zur Prüfung der korrekten Darstellung*
- *Die Trennung von Fließ- und Sofwaretexten setzt Know-How/Spezialisierung voraus*

Auch die Bedarfsträger wurden gebeten, sich zum tatsächlichen bzw. gewünschten Leistungsumfang der Lokalisierer zu äußern (Abbildung 111):

Abbildung 111: „Was sind Ihrer Meinung nach die Kernkompetenzen des Übersetzers?". Ergebnisse der Umfrage unter Text-Applikatoren

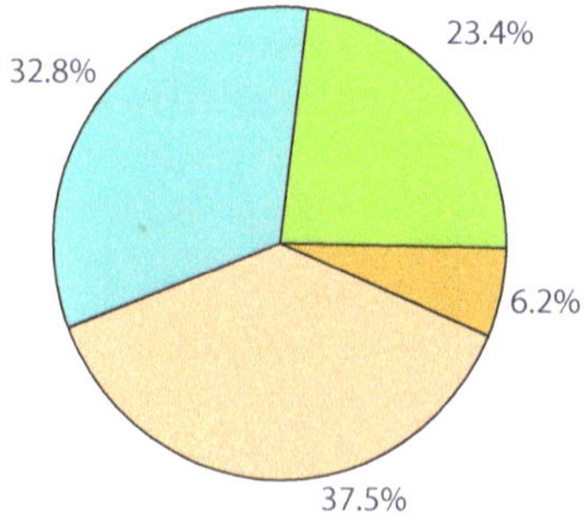

Übersetzer sind Sprachexperten und sollten nicht durch technische Details abgelenkt werden.

Im Lokalisieren steckt etwas Übersetzen und etwas Engineering. Ein auf Lokalisierung spezialisierter Übersetzer versteht sich auf beides und kennt sich auch mit Internationalisierung aus.

Schön wäre, wenn Übersetzer ein bisschen mehr könnten als nur Sprachen, das würde den Lokalisierungsprozess flacher und entsprechend effizienter gestalten.

andere; u. a.:
- *Notwendig Sprachkenntnisse, Kenntnis der Problemdomäne und grundlegende Programmierkenntnisse*
- *Übersetzer sollten sprachexperten mit einer möglichst technischen Ausrichtung sein; Ein Einblick in Lokalisierungsmechanismen in nicht notwendig*
- *Übersetzer sind Sprachexperten, die zwar keine technischen dafür aber domain-spezifische Details wissen sollten*

Demnach beschränken die meisten der befragten Übersetzer (83,1 %) ihr Angebot ausdrücklich auf den Sprachdienstleistungsteil der Lokalisierung, während der größte Teil (70,3 %) der Bedarfsträger die Erledigung von Engineering-Aufgaben als Teil der Lokalisierungsleistung erwartet bzw. sich wünscht. Es muss geschlussfolgert werden, dass die befragte Anbietergruppe aktuell nur eingeschränkt bereit ist, die Anforderungen des für sie zugänglichen Marktsegments zu bedienen, was ein Ausweichen seitens der Bedarfsträger auf den Laienmarkt plausibel erscheinen lässt. Siehe hierzu auch Wußler (1998:241 f.), Schopp (2008:253) und Prunč (1997:112). Es stellt sich deshalb die Frage, ob Übersetzer gegenüber der medialen Entwicklung (*medial* hier mit Bezug auf den Botschaftsträger gem. Holz-Mänttäri 1984:30) nicht Widerstand leisten, wie es schon in Schmitt (2004a:55) zur Sprache kam:

> Zu meiner großen Verblüffung wurde aber im Übersetzungsdienst trotz der Hightech-Umgebung so archaisch übersetzt wie die letzten 500 Jahre: handschriftlich, mit Stift und Papier. Die Translate, buchstäblich Manuskripte, wurden sodann von einer Schreibdame ins Reine abgeschrieben.
>
> [...]

> Das Übersetzen per Schreibmaschine wurde [...] gegen erhebliche Widerstände seitens der weiblichen Mitglieder des Übersetzungsdienstes eingeführt: Sie argumentierten, dass man dann ja aussehe wie eine „Tippse".

Die Darstellung von Kemmann (2005:23), der zufolge das Privatgelehrtendasein freiberuflicher Übersetzer mit der Computerisierung des Übersetzer-Arbeitsplatzes und insbesondere mit der Einführung von TM- und Lokalisierungswerkzeugen der Vergangenheit angehörte, greift vor dem Hintergrund der oben festgestellten Einengung der übersetzerischen Kompetenz zu kurz. Die von Vine (2002:21) gemachten Beobachtungen haben auch mehr als eine Dekade nach ihrer Entstehung nichts an Aktualität eingebüßt:

> Myth #2: Translators choose the best phrase in the target language.
>
> Many folks assume the people translating the product will always choose the best word for the context. The truth is, localizations run on tight schedules and low budgets. Translators usually translate text directly in message catalogs, rather than as they appear on the screen. They are not well versed in product functionality, and there is little time and expertise to perform thorough linguistic checks of the text in the context of the running software. They are usually paid by the word, so volume is their watchword. Imagine what happens to the translation in this situation.

Vine thematisiert damit auch heute noch gültige Konzepte, namentlich die folgenden:

- die Darstellung einer holistischen bzw. handlungstheoretisch fundierten Arbeitsweise als zeitlich wie wirtschaftlich impraktikabel
- die Beschränkung der translatorischen Verantwortung auf die Umkodierung einer dekontextualisierten Zeichenkette und
- die mediale Inkompetenz des Übersetzers.

Ohne eine *Einbettung der Translation in größere Handlungs-, Sinn- und Systemzusammenhänge* (Prunč 1997:106), wie sie als Theorie für translatorisches Handeln Eingang in die Übersetzungswissenschaft gefunden hat – hier: ohne eine ausreichende Berücksichtigung des technologischen und sozialen Kontextes – wird dabei kaum möglich sein, einen prozedural begründbaren Maßstab für die fachlichen Anforderungen an den Übersetzer im Informationszeitalter zu finden. Bedeutung wird Letzterer in den bestehenden Prozessketten dann erlangen, wenn er als selbstwirksamer Teilnehmer eines Gesamtprozesses in der Lage ist, selbstständig eine integre Leistung zu erbringen.[245]

---

245 Siehe hierzu auch die Ausführungen auf S. 74.

Von Integrität kann dann gesprochen werden, wenn der Übersetzer die Verantwortung für das Produkt ab und bis zu einem für den Gesamtprozess bzw. für die Anschlussdisziplinen sinnvollen Abnahmepunkt übernehmen kann, d. h. sein Handeln sich „in das Institutionen-Netz eines sozial organisierten Gefüges" einordnet (Holz-Mänttäri 1984:26), wie sehr ähnlich auch von Ressin / Abdelnour-Nocera / Smith (2011:50) gefordert. Zum Umfang der translatorischen Leistung aus berufsständischer Sicht äußert sich Schopp (2008:253), zur Integrität des Übersetzers Prunč (2005:169 f.)

Die Forderung nach Integrität hat also keineswegs etwas mit Befürwortung entwicklungsfernen Arbeitens zu tun, ja, eine integre Leistung muss nicht einmal zu einem schlüsselfertigen Produkt führen; allerdings ist es die Integrität, die darüber entscheidet, ob in der vom Übersetzer erbrachten Leistung eine Hilfs oder eine Expertentätigkeit gesehen werden muss. In diesem Sinne qualifiziert die Integrität der Leistung den Übersetzer als Experte, dies mit allen sozioökonomischen Implikationen (s. hierzu auch Prunč 1997:106). Damit wird dem Begriff des *deutschen Berufskonzepts* (Schelten 2000:34) gefolgt:

> Es soll die Fähigkeit entwickelt werden, berufliche Tätigkeiten selbständig planen, durchführen und kontrollieren zu können. Teilqualifikationen (Module), die relativ frei aneinander gereiht werden, entsprechen nicht dem Berufskonzept. (ebenda)

Aus den Überlegungen zur Integrität der Leistung und zur Selbstwirksamkeit des Übersetzers ergibt sich nun die Frage, wie die Übersetzer sich im Kunden-Lieferanten-Verhältnis selbst positionieren. Da von den Befragten nicht erwartet werden kann, dass sie die Analyse ihrer Haltungen selbst vornehmen, vor allem aber zur Vermeidung von Erwünschtheitsreaktionen wurde die Frage verdeckt formuliert und der Fokus implizit auf eine paternalistische Verantwortung des Bedarfsträgers gelegt, die vom Übersetzer vorausgesetzt oder abgelehnt werden konnte (Abbildung 112):

Abbildung 112: Umfrageergebnis „Wie gut kennen sich die Endkunden (Software-Entwickler) in übersetzerischen Belangen aus?"

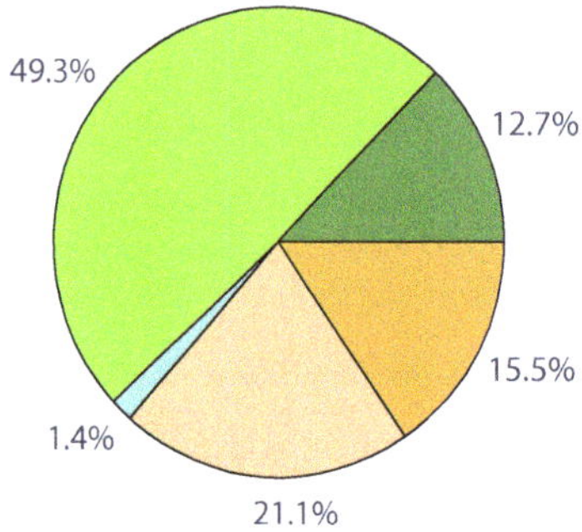

Die Entwickler finden sich gut hinein in die Materie.

Manchmal habe ich das Gefühl, dass die Entwickler keinen Bezug zum Übersetzen haben.

Ich sehe es nicht als die Aufgabe des Kunden, sich in übersetzerische Belange hineinzudenken.

Weiß ich nicht, ich habe keinen direkten Kontakt zu Endkunden.

Anmerkungen:

- *Im Allgemeinen finden sich die Entwickler gut in die Materie hinein. Oft wären Kommentare, z. B. zu verwendeten Platzhaltern, hilfreich, um adäquat formulieren zu können.*
- *Der Kontakt zu Endkunden läuft ausschließlich über Projektmanager, ansonsten sehen es Kunden nicht als ihre Aufgabe an, sich in übersetzerische BElange hineinzudenken.*
- *Dies variiert offenbar über die gesamte Skala.*
- *Pauschal schwer zu sagen, unterscheidet sich je nach zuständigem Projektverantwortlichen.*
- *Da ich aktuell meine Aufträge von Agenturen erhalte, kann ich hierzu nichts sagen. In einem früheren Angestelltenverhältnis fanden sich die Entwickler jedoch gut in die Materie ein.*
- *Kommt wieder auf den Kunden an, Direktkunden Antwort 1+2, Agenturen: 4*
- *Nach längerem Zusammenarbeiten gewöhnen sich Entwickler an die zielsprachtypischen Besonderheiten, auf die der Übersetzer wiederholt hinweist, und lernen die Übersetzer-Inputs und -rückfragen zu schätzen.ers*
- *Antwort 2 trifft zu. Als angestellte ist es mitunter und unter Schwierigkeiten gelungen, Einfluss zu nehmen. Als Freiberufler habe ich keinen direkten Kontakt zum Endkunden.*
- *In der Regel haben die keinen Schimmer.*
- *Software sollte bereits im Hinblick auf die Lokalisierung entwickelt werden, z. B. keine zusammengezogenen Strings verwenden. Mittlerweile befolgen viele Firmen entsprechende Richtlinien bei der Entwicklung.*
- *Das ist sehr stark vom Umfeld der Entwickler anhängig. Global Player mit großer Lokalisierungsabteilung kennen sich sehr gut aus. Bei kleinen Unternehmen mit wenig Erfahrung muss dagegen viel Aufklärung betrieben werden.*

Als sekundäres Indiz für eine Selbstpositionierung des Übersetzers als Lieferant im Sinne einer Kunden-Lieferanten-Beziehung hätte wohl am ehesten die Wahl der dritten Antwortoption („Ich sehe es nicht als die Aufgabe des Kunden, sich in übersetzerische Belange hineinzudenken“) gesprochen; entschieden haben sich für diese Option indes nur 1,4 % der Befragten. Die anderen Optionen implizieren, ganz gleich, ob sie als Lob (erste Antwortoption: „Die Entwickler finden sich gut hinein in die Materie.“) oder als Tadel (zweite Antwortoption: „Manchmal habe ich das Gefühl, dass die Entwickler keinen Bezug zum Übersetzen haben.“) formuliert sind, die Erwartung einer teilweisen Umkehrung der Leistungsrichtung und damit einer Verantwortungsübernahme durch den Kunden. Hieraus muss geschlussfolgert werden, dass die Mehrheit der Übersetzer die eigenen Leistungen als subalterne Tätigkeit versteht.

Damit würde eine Haltung vorherrschen, die ein selbstwirksames Agieren auf dem Markt ausschließt. Nach ihrer Mitwirkung am Internationalisierungsschritt befragt (Abbildung 113), antworteten die Übersetzer recht unterschiedlich. Weniger als zwanzig Prozent der Befragten gaben an, auf die Gestaltung der Ausgangsdaten Einfluss zu nehmen. Eine größere Gruppe sieht in einer solchen Mitwirkung keine übersetzerische Aufgabe. Der größte Teil der Befragten vermisst die Möglichkeit, am Internationalisierungsschritt mitwirken zu können, ist mit dem Grad der Selbstwirksamkeit also nicht zufrieden (Abbildung 113):

Abbildung 113: „Wie groß ist Ihr Einfluss auf die Gestaltung der Ausgangsdaten (Dateiformat, Strukturierung der Strings, Erschließbarkeit des Kontextes, Übersetzbarkeit etc.)?". Ergebnis der Umfrage unter Übersetzern

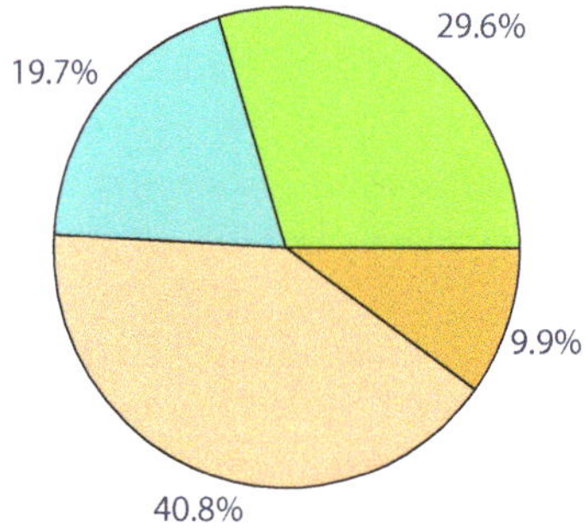

Meine Aufgabe ist zu übersetzen und aus dem, was ich bekomme, das Beste zu machen.

Ich bringe mich in die betreffenden Entscheidungen ein und erarbeite gemeinsam mit dem Kunden den besten Workflow.

Es ist meistens illusorisch, die Gestaltung der Ausgangstexte mit beeinflussen zu wollen, auch wenn ich es gerne täte.

Ich finde mich in keiner der vorgeschlagenen Aussagen wieder und würde es wie folgt formulieren:

- *Es ist meistens illusorisch...., aber ich versuche, möglichst viel Informationen zurück an die Kunden zu geben, aber der Weg bis zu den Entwicklern geht meist über viel zu viele Stationen, wer weiß, ob da überhaupt jemals etwas ankommt.*
- *Zeitvorgaben und Mittelsmänner/-männinnen lassen kreative Mitarbeit meist gar nicht zu, außerdem ist das Kind meist in den Brunnen gefallen, wenns ans Lokaliseren geht. Ich kann meist schon froh sein, wenn Rückfragen beantwortet werden.*
- *Unterschiedlich, je nach Kunde. Bei Übersetzung für Agenturen hat man keinen Einfluss.*
- *Da mir die Aufträge von Agenturen übermittelt werden, habe ich keinerlei Einfluss auf die Gestaltung der Ausgangsdaten usw.*
- *Als Angestellte wäre Antwort 2 mitunter möglich gewesen, als Freiberufler trifft Antwort 3 auf mich zu aber meistens bleibt nur Antwort 1 übrig (auch aus Zeitgründen)*
- *Ich übersetze in erster Linie, würde mich aber gerne mehr mit einbringen und tue dies, wo immer es möglich ist*
- *Hauptaufgabe ist übersetzen; wenn Ausgangstext so gestaltet ist, dass eine eindeutige Übersetzung nicht möglich ist (z.B. ist ein Ein-Wort-String im AT ein Nomen oder ein Verb?), stelle ich eine entsprechende Frage an das Projekt-Team, die diese an den Entwickler weiterleitet. Ich würde gerne Vorschläge machen, wie Entwickler den AT so gestalten, dass in versch. Sprachen eine eindeutige Lokalisierung besser möglich ist. Diese Möglichkeit habe ich als freiberufl. Übersetzerin, die hauptsächlich für große Agenturen arbeitet, nicht.*

Nachdem oben auf S. 180 die Integrität der translatorischen Leistung zum Maßstab für die Qualifikation des Übersetzers als Aktant in der Softwarelokalisierung erhoben wurde, liegt nun nahe, die Softwareunternehmen direkt zur Autonomie des Übersetzers zu befragen (Abbildung 114):

Abbildung 114: „Wie autonom arbeiten Ihre Übersetzer?". Umfrageergebnis

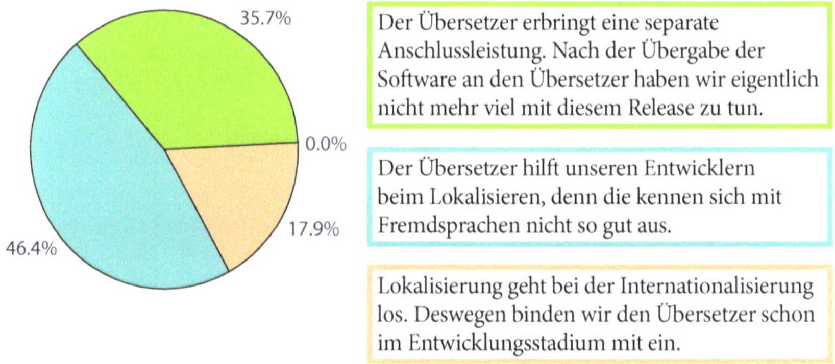

Demnach belassen es 46,4 % Übersetzer bei einer linguistischen Zuarbeit, 35,7 % der Bedarfsträger nehmen eine integre Leistung entgegen.

Auch die Übersetzer wurden um eine Einschätzung der eigenen Qualifikation gebeten. Trotz einer Beschränkung der translatorischen Leistung, wie sie aus Abbildung 110 auf S. 178 und aus Abbildung 114 hervorgeht, schreiben die meisten der Übersetzer sich fortgeschrittene Kenntnisse, Spezial- oder Expertenkenntnisse in der Softwarelokalisierung zu (Abbildung 115):

Abbildung 115: „Bitte beurteilen Sie Ihre Kompetenz als Softwarelokalisierer!". Umfrageergebnis

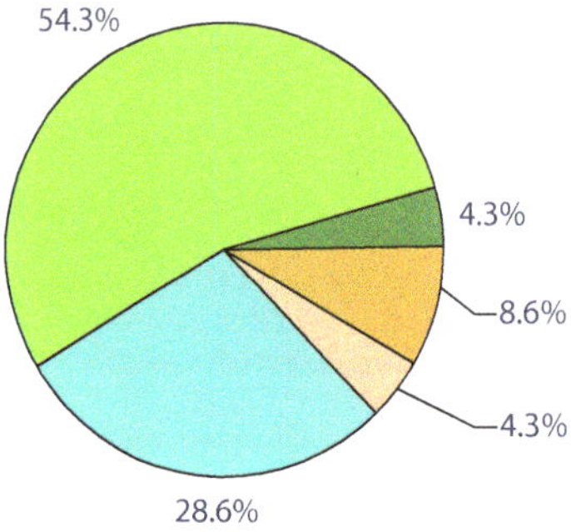

Ich bin noch Einsteiger.

Ich habe fortgeschrittene Kenntnisse in der Softwarelokalisierung.

Ich bin auf Softwarelokalisierung spezialisiert.

Ich bin Experte des Fachs.

Falls Sie sich in keiner der Kategorien wiederfinden – wie würden Sie Ihre Kompetenzstufe bezeichnen oder beschreiben?

- *Ich bin SL-Projekten grundsätzlich aufgeschlossen, nehme aber nur gelegentlich entsprechende Aufträge an, wenn sie insgesamt passen. Ein großes Problem ist, dass Lokalisierungsprojekte meist wie Fließtextübersetzungen bezahlt werden, aber meist aufwendiger (da „zerstückelter") sind.*
- *Ich habe erweiterte Grundkenntnisse in der Softwarelokalisierung.*
- *In den rund sechs Jahren meiner Selbständigkeit hat etwa die Hälfte meiner Aufträge mit Software im weitesten Sinne zu tun. Spiele sind ein wesentlicher Teil davon.*
- *Ich habe als Angestellte fast ausschließlich Software lokalisiert (einschl. vorangehender und nachbereitender Engineering-Services, Testing, Debugging am Kundenstandort. Zu dieser Zeit war ich wirlich sehr versiert und die meisten meiner Antworten beziehen sich auf diesen Zeitraum. Jetzt als Freiberuflerin übersetze ich SW meist nur, da die wenigsten Unternehmen Engineering auslagern, zumindest nicht an Freiberufler.*
- *Ich habe eine reiche Erfahrung mit Lokalisierungsprojekten, allerdings eher aus vergangenen Jahren, weniger aus jüngerer Zeit.*
- *Ich tendiere zu einer Antwort zwischen 2 und 3. Die Probleme bei der Softwarelokalisierung sind gut bekannt. Die praktischen Erfahrungen beschränken sich auf die in unserer Firma übliche Arbeitsweise.*

(Da es hier um eine Selbsteinschätzung der Befragten und um deren Maßstäbe ging, wurden für die verwendeten differenzierenden Ausdrücke *Einsteiger*, *fortgeschrittene Kenntnisse*, *spezialisiert* und *Experte* keine Maßstäbe mitgeliefert.) Bei Gegenüberstellung der in Abbildung 115 veranschaulichten Antworten mit jenen in Abbildung 110 (S. 178) bestätigt sich der schon auf S. 162 angedeutete Befund einer nach wie vor bestehenden Dominanz eines rein sprachmittlerischen Berufsbilds unter den Übersetzern.

Eine solche Haltung kommt mittelbar auch zum Ausdruck, wenn im Fachgebietsregister des BDÜ (Stand: 19.02.2007) Softwarelokalisierung verzeichnet ist, dort mit der Fachgebiet-Nr. 05.03.01.00.00.00. Beste (2006:98) nennt ebenfalls Softwarelokalisierung einen fachlichen Schwerpunkt. Tatsächlich jedoch gehört der Umgang mit formalen Sprachen zu den *Sprachfertigkeiten* (Baumann 2004:30) und damit auch zu den unmittelbar sprachmittlerischen Kompetenzen. Dass der Botschaftsträger als wichtigster Arbeitsgegenstand des Übersetzers immer öfter Elemente formaler Sprache enthalten wird, festigt den Status formaler Sprachen als wesentliches Element des Texts im Sinne von Schmitt (1998b:155) einmal mehr.

Eine korrekte Einordnung medialer Kompetenzen ist von Bedeutung, weil auch Software in einem bestimmten Sachfach eingesetzt wird. Softwarelokalisierer, die Software für die Immobilienverwaltung, für die Steuerung einer Abkantmaschine oder einer Photovoltaikanlage lokalisieren, benötigen wie andere Übersetzer auch die Möglichkeit einer sachfachlichen Spezialisierung, dies umso mehr, als UI-Texte einen besonders hohen Implikationsgrad aufweisen.[246] Es genügt also nicht, wenn man wie Beste (2006:98 f.) „Computerkenntnisse" auf die übersetzerische Hilfsmittelkompetenz beschränkt.

Wenn die Befragung der Text-Applikatoren noch ergab, dass eine Kompetenz dem Übersetzer in der Softwarelokalisierung keineswegs immer abverlangt wird (Abbildung 116: in nur 36,4 % der Fälle übermittelt der Entwickler dem Übersetzer native Resource-Dateien oder würde dies gerne tun), so mag dies wenigstens teilweise auch jenem Tatbestand geschuldet sein, dass die wenigsten der in Abbildung 116 berücksichtigten Übersetzer berufsmäßig arbeiten.[247] Das Ergebnis in Abbildung 116 muss deswegen nicht zwingend der oben dargelegten Position entgegenstehen.

---

246 Näheres hierzu auf S. 167

247 s. hierzu das Umfrageergebnis in Abbildung 99 auf S. 156

Abbildung 116: „Welche Formate gehen an den Übersetzer?". Umfrageergebnis.

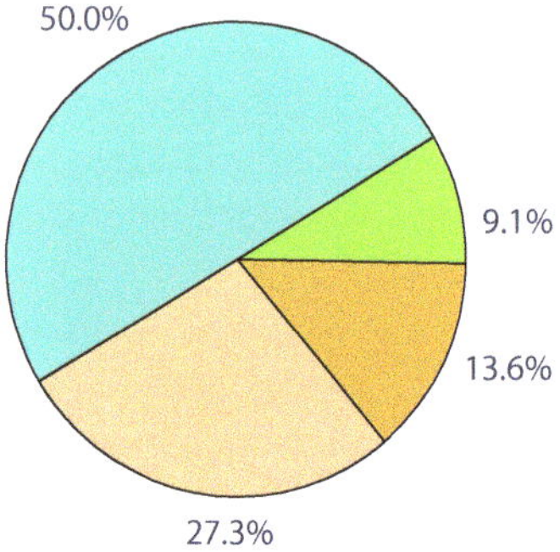

Der Übersetzer erhält von uns die nativen Resource-Files oder die ausführbare Datei.

Der Übersetzer erhält von uns ein Zwischen-Format (csv, xls, doc etc.) Die Umwandlung in das erforderliche Ressourcenformat übernimmt unser Entwickler. **Das ist für uns der optimale Weg / das ist technisch nicht anders umsetzbar.**

Der Übersetzer erhält von uns ein Zwischen-Format (csv, xls, doc etc.), **wenn er dies wünscht.** Die Umwandlung in das erforderliche Ressourcenformat übernimmt unser Entwickler.

andere:
- *Eigene Übersetzungssoftware*
- *Oft im Quellecode, da der Entwickler selber übersetzt*
- *verwendung einer Dictionary-Software, dazu maschinelle Textextraktion aus EXE/Ressource + Rückübertragung in lokalisierte version daraus.*

Abbildung 117 zeigt, welche Formate die Text-Applikatoren an die Lokalisierungsunternehmen zur Bearbeitung übergeben:

Abbildung 117: „Welche Formate gehen an das Lokalisierungsunternehmen?". Umfrageergebnis

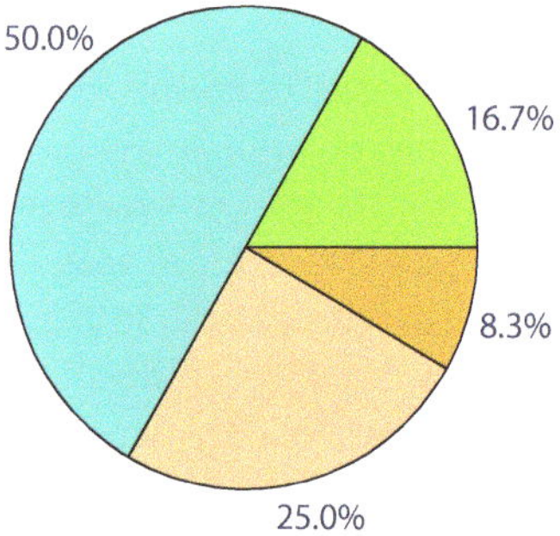

Das Lokalisierungsunternehmen erhält von uns die nativen Resource-Files oder die ausführbare Datei.

Das Lokalisierungsunternehmen erhält von uns ein Zwischen-Format (csv, xls, doc etc.) Die Umwandlung in das erforderliche Ressourcenformat übernimmt unser Entwickler. **Das ist für uns der optimale Weg / das ist technisch nicht anders umsetzbar.**

Das Lokalisierungsunternehmen erhält von uns ein Zwischen-Format (csv, xls, doc etc.), **wenn es dies wünscht.** Die Umwandlung in das erforderliche Ressourcenformat übernimmt unser Entwickler.

andere: [kann wegen Datenverlust nicht angezeigt werden]

6. Lokalisierbarkeit von User-Interface-Strings

In Abschnitt 3.3.5 (S. 60 f.) wurde vorgeschlagen, auf eine begriffliche Abgrenzung von *Übersetzen* vs. *Lokalisieren* wie in Göpferich (2002:335 f.) geschehen zu verzichten; so liegt es nahe, den Begriff der Lokalisierbarkeit vom Begriff der Übersetzbarkeit abzuleiten. Tatsächlich aber wird Übersetzbarkeit in der übersetzungswissenschaftlichen Literatur mit dem gleichgesetzt, was (Neubert 1975:5) *Informationsübertragbarkeit* nennt; Koller (2004:189) verweist auf Jakobson (1959), später auch Bloomfeld (1984), die von *Ausdrückbarkeit* sprechen. Damit ist der Begriff der Übersetzbarkeit, wie er von Schreiber (1993:43 f.) ausführlich behandelt wird, auch ein sprachphilosophischer, der dem Spannungsfeld aus sprachlicher Relativität und Universalität (hier als Wesensmerkmal des Universalismus) entspringt oder, wie Koller (2011:187) es formuliert, aus der Unter und Überbewertung von Sprache. Da digitale Benutzerschnittstellen idealerweise internationalisiert und zumindest nichtkünstlerische UI-Texte stark konventionalisiert sind, kann im Bereich der Softwarelokalisierung von einem hohen Universalitätsgrad (hier in der auf S. 44 genannten Wortbedeutung) und ebenso idealerweise von Konnotationsfreiheit der Oberflächentexte ausgegangen werden. Nach Koller (2004:189) sind (nichtkünstlerische) UI-Texte damit uneingeschränkt übersetzbar.

Eine solche generelle Übersetzbarkeit voraussetzend, sei mit dem Terminus *Lokalisierbarkeit* hier ein Vorliegen solcher Bedingungen gemeint, die der Übersetzer vorfinden muss, damit er die linguistische Wohlgeformtheit des zielsprachlichen Gesamtausdrucks sicherstellen kann. Dies sind namentlich die folgenden:

1. Der Ressourcenstring bildet eine Sinneinheit bzw. eine syntagmatische Einheit. Das Verketten von Teilstrings unterhalb der Syntagma-Ebene wird vermieden. Bei Bedarf werden Platzhalter verwendet. Einzuräumen ist freilich, dass eine Wahrung syntagmatischer Geschlossenheit u. U. leichter gefordert als getan sein mag. Und dennoch, bei einem Verzicht auf eine solche Forderung müsste im Internationalisierungsschritt, vorzugsweise während des Externalisierens der Strings, ein wie auch immer gearteter Algorithmus übereinzelsprachlich entscheiden, wann ein ausgangssprachliches Syntagma noch groß genug ist, um für alle potenziellen Zielsprachen lokalisierbar zu sein. Die Möglichkeit der Schaffung eines solchen Algorithmus wird für den aktuellen Zeitpunkt verneint – s. hierzu die Begründung oben auf S. 101 f.
2. Für die Abbildung morphosyntaktischer Diversifikation ist es dem Übersetzer überlassen zu bestimmen, wie viele und welche Variablen im zielsprachlichen Ausdruck erforderlich sind.

3. Dem Übersetzer stehen hierfür formalsprachliche Kontrollstrukturen (bedingte Anweisungen, Mehrfachanweisungen usw.) zur Verfügung, die geeignet sind, die in der Zielsprache bestehenden Abhängigkeiten in der Ressource abzubilden.
4. Dem Übersetzer stehen hierfür geeignete Übersetzungsumgebungen zur Verfügung, namentlich solche, die a) das Scripten von Übersetzungen ermöglichen, b) semantische Informationen in Strukturdaten einblenden können[248] und c) strukturelle Varianzen zwischen ausganssprachlicher und zielsprachlicher Resource-Datei unterstützen. (Siehe das Beispiel oben auf S. 117, wo das Schema der xml-Datei angepasst werden musste.)
5. Der Übersetzer hat die Möglichkeit, die Reihenfolge der Platzhalter im String frei zu bestimmen, d. h. die Platzhalter sind assoziativ adressiert (nicht von der aufrufenden Funktion indexiert). Eine solche assoziative Kennzeichnung erfolgt i. d. R. mit einer dem Platzhalter vorangestellten Ganzzahl, in der Literatur auch *positional specifier* genannt.
6. Die Konsolidierung von des Stringbestands ist begriffsorientiert und erfolgt ggf. durch Instanzen wie im Beispiel auf S. 98. Hierfür steht eine geeignete Technologie bereit. Ein Beispiel für eine solche ist die .po-Datenkategorie *msgctxt* von *GNU gettext*.
7. Der Markt entwickelt ein übersetzerisches Fremdkonzept, welches es dem Übersetzer ermöglicht, integer und damit berufsmäßig zu agieren. (Siehe hierzu die Ausführungen auf S. 166 f., S. 181 und S. 183 f.).
8. Der Übersetzer verfügt über die nötige Kompetenz und ein geeignetes Selbstkonzept (S. 74 und S. 179 f.).

In Punkt 1 deutet sich an, dass Lokalisierbarkeit nicht immer durch strukturiertes Vorgehen gewährleistet werden kann. Lokalisierbarkeit ist somit letztlich eine Resultante aus dem Zusammenwirken einzelner Sicherheits- bzw. Risikofaktoren.

Aus der Darstellung in den Punkten 2, 5 und 6 ergibt sich, dass die linguistische Wohlgeformtheit des Translats von der verwendeten Internationalisierungs- und Lokalisierungstechnologie mitbestimmt wird. Ein in einer nicht scriptfähigen Ressource gespeicherter ausgangssprachlicher String (Punkt 2) oder ein String mit automatisch indexierten Platzhaltern (Punkt 5) hat beispielsweise ein erhöhtes Risiko, nicht lokalisierbar und damit letztlich defektiv zu sein, und zwar auch dann, wenn er keine der in Schmitt (1999b) charakterisierten Defekte aufweist. In diesem Sinne ist die technologische Basis einer Ressource zu den kontextuellen Faktoren zu zählen. Lokalisierbarkeit ist damit eng an das geknüpft, was oben *Selbstwirksamkeit* genannt wurde (s. S. 158).

---

248 s. etwa Abbildung 82 auf S. 113

7. Softwarelokalisierung im Unterricht an deutschen Hochschulen

Im Jahr 1998 führte die innerhalb der Localization Industry Standards Association gegründete Arbeitsgruppe *LISA Education Initiative Taskforce* (*LEIT*) eine Feldstudie durch mit dem Ziel, Erkenntnisse über den Bedarf und das Angebot an Fachkräften und deren Aus- und Fortbildung in der Internationalisierung und Lokalisierung auf dem US-Markt zu sammeln sowie empfohlene Unterrichtsinhalte in einem Modelllehrplan zu erfassen. Durchgeführt wurde die Studie von Hochschulen in den Vereinigten Staaten und Europa; Gegenstand waren aber nicht die universitäre Ausbildung, sondern Aus- und Fortbildungsmaßnahmen in der Wirtschaft (Melby / Lommel et al.). Das Ergebnis der Feldstudie wurde noch 1998 im Bericht *LEIT Industry Needs Survey* veröffentlicht.[249] Dabei stellten Melby / Lommel et al.[250] fest, dass die Didaktisierung des Themas hauptsächlich in Kleinunternehmen vorangetrieben wurde. Dem gegenüber standen nur wenige universitäre Angebote (Fisguss / Seewald-Heeg 2005:190).

Für den europäischen Markt riefen, ebenfalls 1998, neun Organisationen[251] aus Belgien, Dänemark, Deutschland, Griechenland, Luxemburg, Portugal und Spanien unter der Projektleitung des Instituts der Gesellschaft zur Förderung der Angewandten Informationsforschung e. V. (Saarbrücken) das Projekt *Language Engineering for Translators' Curricula* (*LETRAC*) ins Leben. Das Projekt wurde im April 1999 mit der Veröffentlichung *LETRAC survey findings in the Industrial Context* abgeschlossen, die noch öffentlich zugänglich ist.[252] Ziel des Projekts war es, eine marktgerechte Ausbildungssituation zu schaffen. Die Aufgaben waren ähnliche wie jene des LEIT-Projekts[253]:

- Ermitteln der fachlichen Anforderungen auf dem Arbeitsmarkt
- Gewinnen von Aussagen darüber, inwiefern Hochschulen diesen Anforderungen bereits Rechnung tragen

---

249 Dort Folie 10. Die URL des Dokuments war bis 2011 http://lisa.org/leit/leitpubs.html.

250 http://www.uni-saarland.de/fak4/fr46/workshop/LEIT/sld010.htm (20.08.2015)

251 Dies sind namentlich die folgenden: Institut der Gesellschaft zur Förderung der Angewandten Informationsforschung e. V.; Universität des Saarlandes; Universität Mainz, FASK; Universität Pompeu Fabra; Universität Porto; Ionische Universität; Aarhus Business School; Conférence Internationale Permanente d'Instituts Universitaires de Traducteurs et Interprètes (C.I.U.T.I.); EC-Translation Service (s. Maia).

252 letzter Aufruf 09.01.2013; Reuther (1999)

253 s. hierzu "Language Engineering for Translator Curricula"

- Entwickeln geeigneter Modelllehrpläne
- Gewinnen von Informationen zur Umsetzbarkeit solcher Lehrpläne

Teil des Projekts war auch ein edukatives Begleiten von Unterrichtenden, Lernenden, Arbeitgebern und Übersetzern. Im Fokus stand dabei eine zu schließende Lücke zwischen universitärer Lehre und dem Markt.

Zwischen 2004 und 2007 nahmen neun europäische Ausbildungseinrichtungen[254] ein ähnliches von der Universität Paris VII gefördertes Projekt namens *Multilingual eLearning in LANGuage Engineering* (*MELLANGE*) in Angriff. Ziel war auch hier die Modernisierung der Aus- und Fortbildung von Übersetzern und Sprachmittlern, konkret die Aufbereitung geeigneter Lerninhalte für die Verwendung der eLearning-Plattform *Moodle* in B. A.- und M. A.-Studiengängen im Rahmen des Projekts *European Master's in Translation* (s. „Multilingual eLearning in LANGuage Engineering").

Diese frühen Projekte, an denen Hochschulen und außeruniversitäre Einrichtungen auch aus Deutschland beteiligt waren – unter ihnen das Institut der Gesellschaft zur Förderung der Angewandten Informationsforschung e. V., die Universität des Saarlandes und die Universität Mainz –, lieferten das Ausgangsmaterial für erste Didaktisierungsschritte an deutschen Hochschulen, die zunächst mit Zusatzangeboten in bestehenden translatorischen Curricula reagierten, bevor erstmals im Jahr 2008 an der Hochschule Anhalt im Fachbereich *Informatik und Sprachen* der bis heute einzige Studiengang eingerichtet wurde, der Softwarelokalisierung als Hauptinhalt vermittelt (s. Fisguss / Seewald-Heeg 2005:190 f.). Der sieben Semester umfassende B. Sc.-Studiengang *Fachkommunikation – Softwarelokalisierung* besitzt eine Akkreditierung der Akkreditierungsagentur für Studiengänge der Ingenieurwissenschaften, der Informatik, der Naturwissenschaften und der Mathematik e. V. (ASIIN). Der Studiengang ist dreigeteilt in die folgenden Komplexe[255]:

- Sprachausbildung Deutsch / Englisch

254 namentlich die folgenden: Centre for Translation Studies, University of Leeds; Universität des Saarlandes, Institut für Angewandte Linguistik, Übersetzen und Dolmetschen; Universität Pompeu Fabra, Departament de Traducció i Ciències del Llenguatge; Universität Bologna, Facoltà di Scuola Superiore di Lingue Moderne per Interpreti e Traduttori; Universität Genf, Département de traduction; Milton Keynes Business Centre, Institute of Translation and Interpreting (ITI); Universität Wien, Zentrum für Translationswissenschaft; Praetorius France SAS; Olomouc Training Centre s..r.o.

255 http://www.hs-anhalt.de/uploads/tx_bwhsacourses/60_BA_FSL_PSO_2012_SAE_51_63.pdf (10.05.2015)

- Grundlagen der Informatik, der Informationstechnologie und der Übersetzungstechnologie
- interkulturelle Kommunikation, Projektmanagement, wirtschaftliche Fragestellungen

Die Hochschule Anhalt bietet ferner einen drei Semester umfassenden und ebenfalls ASIIN-akkreditierten M. Sc.-Studiengang *Softwarelokalisierung* an. Der Studiengang baut auf dem B. Sc.-Studiengang *Fachkommunikation – Softwarelokalisierung* auf.

Diese Studiengänge der Hochschule Anhalt sind bis heute (Stand: September 2015) deutschlandweit das einzige Lehrangebot in der Softwarelokalisierung mit einschlägigem Hochschulabschluss. Die anderen translatorischen Lehreinrichtungen in Deutschland sind über ein erstes Einlenken, wie es nach der Jahrtausendwende durch Bereitstellung von Zusatzangeboten in bestehenden Curricula erkennbar wurde, noch nicht hinausgelangt. Am Institut für Angewandte Linguistik und Translatologie der Universität Leipzig gibt es deswegen Überlegungen zur Schaffung eines einschlägigen konsekutiven M. A.-Studiengangs.

Einen ausführlichen Beitrag zur Vermittlung von Kenntnissen in der Softwarelokalisierung an der Universität liefert Beste (2006:96 f.). Zu den Kompetenzanforderungen an Übersetzer in der Softwarelokalisierung schreiben Fisguss / Seewald-Heeg (2005:191 f.). Anknüpfend an die Ausführungen oben auf S. 187 sollen im Folgenden zunächst Schlussfolgerungen aus den Ergebnissen vorgelegter Arbeit für die universitäre Lehre abgeleitet und schließlich der Frage nachgegangen werden, welche Inhalte ein solcher Studiengang bieten sollte.

Will man Lehre als gesellschaftlichen Auftrag verstehen, so wird man die Lehrinhalte direkt aus einem praxisgerechten Berufsbild abzuleiten versuchen. Dies soll hier unter Einbeziehung der Erkenntnisse vorgelegter Arbeit und unter Zugrundelegung gängiger Profilmerkmale[256] nun auch geschehen. Als Maßstab für Praxisgerechtheit mögen hier die zwei von der Conférence Internationale Permanente d'Instituts Universitaires de Traducteurs et Interprètes (CIUTI) genannten Kriterien dienen, namentlich *Zeitgemäßheit* und *Zukunftssicherheit*[257].

Zeitgemäßheit kann die Lehre u. a. dann für sich beanspruchen, wenn sie mit der medialen Entwicklung der Gesellschaft Schritt hält; Forderungen wie jene in Ottmann (2005:102), „Übersetzer sollten sich nicht mit Engineering-Fragen beschäftigen", sind in diesem Sinne nicht länger aufrecht zu erhalten.

---

256 Beispiele hierzu s. auf S. 176

257 s. http://www.ciuti.org/de/forschung/ (30.09.2015)

Zukunftssicher ist sie dann, wenn sie mit der Forschung interagiert, denn nur so können Entwicklungen antizipiert und letztlich Hochschulabsolventen der Gegenwart hervorgebracht werden. Zu Recht warnte Prunč (1997:105/106) vor den Gefahren eines Praktizismus in der Lehre:

> Die Folge des praktizistischen Zugangs zur Ausbildung von Translatoren war, daß die Kompetenzen und Fertigkeiten der Absolventen bereits inaktuell waren, wenn sie die Ausbildungsstätte verließen. Das bloße Tradieren translatorischer Erfahrung konnte nur Translatoren der Vergangenheit, nicht solche der Zukunft hervorbringen. Die Ausbildung mußte somit ständig hinter der realen Entwicklung des Translationsmarktes nachhinken und die Schere zwischen Anforderungs- und Kompetenzprofilen klaffte immer weiter auseinander.
>
> [...] Mit dem Entfallen der Fähigkeit zur theoretischen Reflexion des eigenen Handelns und zur kritischen und diskursiven Einbettung der Translation in größere Handlungs-, Sinn- und Systemzusammenhänge entfiel auch ein wesentliches Unterscheidungskriterium zwischen professionellem und nicht-professionellem Agieren im Handlungsfeld Translation. Damit wurde auch eine wesentliche Chance, durch die akademische Ausbildung neue Maßstäbe für die Qualität von Translation zu setzen, den kritischen Diskurs über Translation auf akademischem Niveau zu führen, öffentliches Bewußtsein zu schaffen und geeignete Diskursstrategien für die Kooperation mit den künftigen Partnern auf dem Translationsmarkt einzuüben, durch Jahre hindurch vertan.

Die Tatsache, dass das hier betrachtete Marktsegment von Anbietern ohne einschlägige Ausbildung dominiert wird[258], mag als Bestätigung dieser Analyse gesehen werden, ja ahnen lassen, dass seitdem noch mehr Jahre vertan wurden.

Es soll an dieser Stelle daher versucht werden zu benennen, welche Kompetenzen einen Übersetzer der Gegenwart auszeichnen. Für die Formulierung eines zeitgemäßen und zukunftssicheren Lehrangebots und im Sinne einer „adaptiven Steuerung des Curriculums" (Schmitt 1993:3, hier zitiert nach Lange 2004:624) wird vorgeschlagen, die folgenden Aspekte aus der vorgelegten Untersuchung in der Lehre zu berücksichtigen:

1. Fachliche Aspekte
1.1. Spezifika der Textsorte UI und Ableitung entsprechender Handlungsstrategien (Näheres hierzu S. 71 f.); Seminar, Übung
1.2. Vermittlung eines praxisnahen Locale-Begriffs (Näheres hierzu S. 106 f. und S. 110); Vorlesung
1.3. Einführung in die Begriffe Internationalisierung und Lokalisierung unter besonderer Berücksichtigung der Interaktion zwischen diesen Teilprozessen

258 s. hierzu das Umfrageergebnis gem. Abbildung 99 auf S. 156

(Näheres hierzu Abschnitt 3.6, S. 80 f.). Hierbei Sensibilisierung für die natürlichsprachliche Überformung der Logik und für hieraus entstehende Lokalisierungsbarrieren (Näheres hierzu S. 94 f.). Erarbeitung von Lösungsmöglichkeiten entwicklungsseitig (Abschnitt 4.1) und lokalisierungsseitig (Abschnitt 4.2); Vorlesung, Seminar, Übung

1.4. Vermittlung einschlägiger Medienkenntnisse (s. u.); Seminar, Übung
2. *Interpersonelle* (EMT-Expertengruppe 2009:5) Aspekte des Unternehmertums
2.1. Projektmanagement in der Softwarelokalisierung (Seminar)
2.2. Betriebswirtschaftliche Grundlagen und Entwicklung angemessener Marktstrategien (Näheres hierzu S. 171 f.). Hierbei Sensibilisierung für die Fragmentierung von Übersetzungsprozessen, Vermittlung eines geschlossenen Berufsbilds (Näheres hierzu S. 23, 29, 75, 158 f., 171, 179 f. und 183 f.); Vorlesung
2.3. Vorgehensmodelle in der Softwareentwicklung; Vorlesung

Im Sinne einer zukunftssicheren Gestaltung der Ausbildung von Übersetzern wäre es gewiss unzweckmäßig, einschlägige mediale Kenntnisse zu exotisieren und einzelne Anwendungs- bzw. Fachgebiete von der digitalen Revolution voreilig „verschont" zu sehen.[259] In diesem Sinn sollten über reine Anwender-Kenntnisse hinausreichende IT-Kompetenzen mit dem Berufsbild des Übersetzers als solches in Verbindung gebracht werden, dies u. U. in einem konsekutiven und interdisziplinär angelegten M. A.-Studiengang, der translatorische Grundfertigkeiten voraussetzt. Zu den in einem solchen zu vermittelnden Medienkenntnissen sollten Kompetenzen mindestens in den folgenden Wissensbereichen gehören:

1. Betriebssysteme, Softwareschichten, Dateitypen, Etappen des Software-Engineerings, Vorgehensmodelle; Vorlesung
2. User Experience Design; Eingabetypen und deren jeweiligen UI-Spezifika; Vorlesung
3. Internationalisierungstechnologien; Vorlesung
4. Lokalisierungstechnologien; Vorlesung und Seminar
5. Formale Sprachen; Vorlesung, Seminar, Übung
5.1. Auszeichnungssprachen
5.2. Reguläre Sprachen
5.3. Layout- und Transformationssprachen
5.4. Abfragesprachen
5.5. Script- und Programmiersprachen
5.6. Schemasprachen

259 s. die Ausführungen hierzu auf S. 75 f. sowie auf S. 187

6. Datenbankerstellung und manipulation, Funktionsweise von Web-CMS und Übersetzen derer Inhalte; Vorlesung und Seminar
7. Arbeitsmittel: IDEs, SDKs, Lokalisierungs- und TM-Werkzeuge, Translation-Scripting-Technologien, Grafikverarbeitungs- und DTP-Programme; Vorlesung, Seminar, Übung
8. Gestikforschung mit Fokus auf grafische Benutzerschnittstellen; Vorlesung

Tatsächlich hat die Vermittlung von Medienkenntnissen in translatorischen, sprachwissenschaftlichen und kommunikationswissenschaftlichen Studiengängen in Deutschland bereits Einzug gehalten. Als wegweisend können zunächst solche Angebote gelten, die auf eine Vermittlung der genannten formalsprachlichen Grundkenntnisse und fertigkeiten abzielen. Geeignete Angebote sind beispielsweise an den folgenden Hochschulen zu finden:

- Universität Bielefeld
- Ruhr-Universität Bochum
- Fachhochschule Köln

Die Universität Bielefeld, Fakultät für Linguistik und Literaturwissenschaft, bietet für Bachelor-Studiengänge das eigenständige Nebenfach *Texttechnologie und Computerlinguistik* an. Das Modul *Einführung in die Computerlinguistik und Texttechnologie* führt in Seminaren aus dem Bereich Computerlinguistik / Texttechnologie in grundlegende Aspekte der Computerlinguistik und Texttechnologie ein und thematisiert praktische Aspekte anhand von Hypertextsystemen und Auszeichnungssprachen.[260] Methodische Grundlagen von Hypertextsystemen und Auszeichnungssprachen sowie Grundlagen der Logik können im Modul *Methoden der Computerlinguistik (für Studierende mit Kernfach Linguistik)* erworben werden.[261] Allgemeine Prinzipen der Programmierung werden im Modul *Programmierung* anhand einer für die Computerlinguistik und Texttechnologie relevanten Programmiersprache vermittelt.[262] Im Modul *Informationsstrukturierung* stehen Formalismen für Dokumentgrammatiken und für die Modellierung von Informationen mit Hilfe von Datenbanken im Mittelpunkt.[263]

---

260 Internetseite des Moduls: http://ekvv.uni-bielefeld.de/sinfo/publ/modul/26802482 (12.05.2015)

261 Internetseite des Moduls: http://ekvv.uni-bielefeld.de/sinfo/publ/modul/26802483 (12.05.2015)

262 Internetseite des Moduls: http://ekvv.uni-bielefeld.de/sinfo/publ/modul/26802488 (12.05.2015)

263 Internetseite des Moduls: http://ekvv.uni-bielefeld.de/sinfo/publ/modul/26802491 (12.05.2015)

An der Ruhr-Universität Bochum, Fakultät für Philologie, Sprachwissenschaftliches Institut, kann im B. A.-Studiengang *Linguistik mit Schwerpunkt Computerlinguistik* ein computerlinguistisches Propädeutikum besucht werden, in diesem wiederum der *Grundkurs Elementare computerlinguistische Programmiertechniken*. Sein Ziel ist die Vermittlung von elementaren Programmierfertigkeiten und Fähigkeiten zur Bewertung sprachtechnologischer Aufgabenstellungen.[264] Im computerlinguistischen Kurs mit Übung *Computerlinguistik 1* werden elementare Kompetenzen in der programmiertechnischen Umsetzung computerlinguistischer Aufgabenstellungen vermittelt; anhand der Sprache Python werden u. a. für linguistische Aufgaben wichtige Funktionen und Datentypen wie z. B. reguläre Ausdrücke, Zeichenkettenfunktionen und komplexe Datenstrukturen vorgestellt (Ruhr-Universität Bochum 2012:18 f.).

Die Fachhochschule Köln, Fakultät für Informations- und Kommunikationswissenschaften, Institut für Translation und Mehrsprachige Kommunikation, hat im M. A.-Studiengang *Terminologie und Sprachtechnologie* ein Pflichtmodul *Lokalisierung* eingerichtet, in dem die Lehrveranstaltung *Lokalisierungstechnologie* als Vorlesung und Übung angeboten wird. Im B. A.-Studiengang *Mehrsprachige Kommunikation*[265] kann die Blockveranstaltung *Auszeichnungs- und Programmiersprachen*[266] besucht werden. Im M. A.-Studiengang *Terminologie und Sprachtechnologie*, Modul *Lokalisierung*, wird die Vorlesung mit Übung *Lokalisierungstechnologie*[267] angeboten, in der Kenntnisse zu zentralen Begriffen und Problemen sowie zu grundlegenden Arbeitsabläufen, Methoden und Werkzeugen der Softwarelokalisierung vermittelt werden.

Auch gerichtete Angebote zur Softwarelokalisierung gibt es bereits. Zu den anbietenden Hochschulen gehören die folgenden:

- Hochschule Anhalt
- Universität Heidelberg
- Johannes Gutenberg-Universität Mainz

264 http://www.linguistics.rub.de/studium/Linguistik-Modulhandbuch-31-03-2012.pdf (12.05.2015)

265 s. https://www.fh-koeln.de/studium/mehrsprachige-kommunikation-bachelor--fuer-studierende_3208.php (14.05.2015)

266 s. http://univis.fh-koeln.de/form?__s=2&dsc=anew/lecture_view&lvs=ik_03/tmk/zentr/mats06&anonymous=1&dir=ik_03/tmk&ref=lecture&sem=2015s&__e=569 (14.05.2015)

267 s. https://www.fh-koeln.de/mam/downloads/deutsch/studium/studiengaenge/f03/term_ma/modulhandbuch_ma_ts_april2012.pdf (14.05.2015)

- Hochschule für Angewandte Sprachen – Fachhochschule des SDI München
- Universität des Saarlandes

Das Angebot der Hochschule Anhalt wurde oben auf S. 193 vorgestellt.

Die Universität Heidelberg hat in Kooperation mit der Fachhochschule Mannheim den B. A.-Studiengang *Translation Studies for Information Technologies* eingerichtet. Im ersten Fachsemester können dort die Lehrveranstaltungen *Informatik 1* und *Theorie der Informatik und Mathematik* belegt werden, im zweiten Fachsemester die Lehrveranstaltungen *Informatik 2* und *Kommunikationstechnik 1 – Grundlagen industrieller Kommunikationstechnik*, im dritten Fachsemester *Informatik 3* und *Internetanwendungen*, im vierten Fachsemester die Lehrveranstaltungen *Computernetze* und *Kommunikationstechnik 2 – Gebäudeautomation 1*, im fünften Fachsemester *Kommunikationstechnik 3 – Gebäudeautomation 2* und im sechsten Fachsemester die Lehrveranstaltungen *Kommunikationstechnik 4 – Automatisierungstechnik, Grundlagen der Softwarelokalisierung, Fachübersetzen VI: Softwarelokalisierung Englisch-Deutsch, Fachübersetzen VII: Betriebssysteme Deutsch-Englisch* sowie *Fachübersetzen VIII: Softwarelokalisierung Deutsch-Englisch.*[268]

An der Johannes Gutenberg-Universität Mainz wird im Fachbereich 06 (Translations-, Sprach- und Kulturwissenschaft) im M. A.-Studiengang *Translation*, Modul *Fachübersetzen 2*, die Übung *Tools im Translationsprozess* angeboten, in der Studierende sich mit neuen Translationsformen wie dem multimedialen Übersetzen und der Softwarelokalisierung vertraut machen können. Der B. A.-Studiengang *Sprache, Kultur, Translation* enthält die Module *Fachübersetzen Internettechnologien* und *Sachfach Internettechnologien.*[269]

An der Hochschule für Angewandte Sprachen – Fachhochschule des SDI München kann im B. A.-Studiengang *Internationale Medienkommunikation & Technikkommunikation* im Modul *M05 Translation* das Seminar *Englisch: Localisation* belegt werden. An derselben Hochschule wird im M. A.-Studiengang *Internationale Medienkommunikation*, Modul *M03 Mehrsprachigkeit und Interkulturelle Besonderheiten der Online-Kommunikation*, eine Vorlesung *Globalisierung, Internationalisierung, Lokalisierung* angeboten. Ein Aufbaustudiengang *Softwarelokalisierung und mehrsprachige Technische Dokumentation* wurde wieder eingestellt.

---

268 http://www.et.hs-mannheim.de/fakultaet/studiengaenge-direktauswahl/translation-studies-ba/regelstudienplan.html (12.05.2015) http://www.hs-mannheim.de/studieninteressierte/studienangebot/bachelorstudiengaenge/translation-studies-for-information-technologies.html (18.05.2015) http://www.uni-heidelberg.de/studium/interesse/faecher/translation_study.html (18.05.2015)

269 http://www.uni-mainz.de/studlehr/ordnungen/PO_BA_Sprache_Kultur_Translation_aktuell.pdf (18.05.2015)

An der Universität des Saarlandes wurde in der Fachrichtung Angewandte Sprachwissenschaft sowie Übersetzen und Dolmetschen im M. A.-Studiengang *Translationswissenschaft*, Modul *Terminologie, Sprachdatenverarbeitung, maschinelle Übersetzung* das Modulelement *Spezifische Fragestellungen der maschinellen und maschinengestützten Übersetzung* eingerichtet, in dem ein praktisches Arbeiten mit Softwarelokalisierungs-Werkzeugen trainiert werden kann. Mit ihrer Schwerpunktsetzung im Bereich Sprach- und Übersetzungstechnologie bedient die Fachrichtung ein wachsendes Interesse an einer interdisziplinären Verflechtung von Linguistik und neuen Medien.[270]

Angebote wie diese zeigen, dass das Bewusstsein für die Bedeutung medialer Kompetenzen in der übersetzerischen Lehre stärker ausgeprägt ist als in der übersetzungswissenschaftlichen Forschung.

Für die Komplettierung der Ausbildung von Übersetzern wäre es u. U. dennoch sinnvoll, in einem Wahlbereich inner- oder interuniversitär auf interdisziplinäre Angebote etwa aus der Computerlinguistik zurückzugreifen. Im Folgenden sollen deswegen Beispiele für einschlägige Lehrangebote deutscher Hochschulen genannt werden, wie sie ggf. von angehenden Übersetzern im Wahlbereich bzw. für den Erwerb einer Schlüsselqualifikation mit genutzt werden könnten.

Gut geeignet für die Vermittlung von Grundlagenkenntnissen sind Lehrveranstaltungen wie die an der Universität Trier im Fachbereich II angebotenen. Dort können im ersten Semester des linguistisch ausgerichteten B. A.-Studiengangs *Computerlinguistik* die Vorlesung *Auszeichnungssprachen* und eine gleichnamige Übung belegt werden. Im Zentrum dieser Lehrveranstaltungen steht die Beschäftigung mit XML, konkret der Auszeichnungssprache HTML, die Abfragesprache XPath sowie der Programmiersprache XSLT („Universität Trier" S. 3 f). Anhand der Programmiersprache Java werden die Studierenden hier mit Datentypen, Kontrollstrukturen und Phänomenen wie Klassen, Objekten, Vererbung und grafischen Oberflächen vertraut gemacht („Universität Trier" S. 4 f). Im zweiten Semester kann die Vorlesung mit Übung *Algorithmen und Datenstrukturen* belegt und darin u. a. der Einsatz von Stringalgorithmen gelernt werden („Universität Trier" S. 6 f). Im dritten Semester wird die Vorlesung mit Übung *Skriptsprachen* angeboten. Vermittelt werden Grundlagen einer modernen Scriptsprache wie Ruby, Perl, Python oder JavaScript („Universität Trier" S. 12 f). Im vierten Semester wird die Vorlesung mit Übung *Computerlinguistische Programmierung* angeboten. Schwerpunkt ist hier die Entwicklung von Programmen, die einfache Algorithmen zur morphologischen, syntakti-

270 http://fr46.uni-saarland.de/ (12.05.2015)

schen und semantischen Analyse und zur statistischen Analyse von Korpora realisieren (Universität Trier S. 15f). Im fünften Semester kann die Vorlesung mit Übung *Softwaretechnik* besucht werden. Vermittelt werden u. a. Kenntnisse über die Phasen des Softwareentwicklungsprozesses, Benutzerschnittstellen, Qualitätssicherung und Testmethoden (Universität Trier S. 20f). Ebenfalls im fünften Semester wird die Vorlesung mit Übung *Datenbanksysteme* angeboten, in der neben Kenntnissen über Datenbanksysteme u. a. auch Datenbanksprachen und Methodenwissen über die konzeptuelle Modellierung von Datenbanken behandelt werden („Universität Trier" S. 21 f.).

Grundkenntnisse im Programmieren werden ferner an der Heinrich-Heine-Universität Düsseldorf vermittelt. Konkret bietet die Philosophische Fakultät, Institut für Sprache und Information, Abteilung für Informationswissenschaft im B. A.-Studiengang *Informationswissenschaft und Sprachtechnologie* im Basismodul *Softwareentwicklung und Programmierung* die Vorlesung mit Übung *Grundlagen der Softwareentwicklung und Programmierung*[271] an, die u. a. in grundlegende Begriffe der Informatik, softwaretechnische Grundprinzipien bei der Programmierung, abstrakte Datentypen und grundlegende Datenstrukturen einführt. Im Aufbaumodul *Datenbanksysteme* liefert die für das fünfte Semester angelegte Vorlesung mit Übung *Datenbanksysteme I*[272] bzw. *Datenbanksysteme 1*[273] theoretische Grundlagen der Architektur von Datenbanksystemen, eine Einführung in relationale Datenbanken sowie in Anfragesprachen für relationale Datenbanken und Normalisierung. An konkreten Anwendungen werden die Programmierung von Datenbankanwendung und die Verarbeitung von Anfragen gelernt.

Nah am Thema vorgelegter Arbeit und damit besonders relevant für die Ausbildung von Übersetzern ist ein Angebot der Universität Stuttgart, Institut für Maschinelle Sprachverarbeitung (IMS). Dort wird für den B.-Sc.-Studiengang *Maschinelle Sprachverarbeitung* im ersten Semester die Vorlesung *Einführung in die Maschinelle Sprachverarbeitung* angeboten. Zu den Inhalten gehört u. a. die

---

271 http://www.philo.hhu.de/fileadmin/redaktion/Fakultaeten/Philosophische_Fakultaet/ALLGEMEIN_Dateien/Modulhandbuecher/Bachelor/Modulhandbuecher_Bachelor_PO2013_v12092014.pdf (10.05.2015)

272 http://www.philo.hhu.de/fileadmin/redaktion/Fakultaeten/Philosophische_Fakultaet/ALLGEMEIN_Dateien/Modulhandbuecher/Bachelor/Modulhandbuecher_Bachelor_PO2013_v12092014.pdf (10.05.2015)

273 https://www.phil-fak.uni-duesseldorf.de/fileadmin/Fakultaet/Downloads/Ordnungen/StO/Vorlaeufige_Fassung_StO_BA_IS_Informationswissenschaft_und_Sprachtechnologie_2011.pdf (10.05.2015)

Verarbeitung morphologischer und syntaktischer Einheiten natürlicher Sprache (Universität Stuttgart 2012a:10). Im zweiten Semester desselben Studiengangs kann die Vorlesung mit Übung *Grundlagen der Maschinellen Sprachverarbeitung* und die Vorlesung *Einführung in die Syntax* besucht werden. Inhaltlich werden in diesen im Modul *Grundlagen der Maschinellen Sprachverarbeitung* zusammengefassten Lehrveranstaltungen u. a. reguläre Ausdrücke, Scripte zur Sprachverarbeitung, Morphologie-Analyse und Dependenzgrammatik vermittelt (Universität Stuttgart 2012a:11).

Ein ähnliches Angebot kann an der Friedrich-Alexander-Universität Erlangen-Nürnberg, Philosophische Fakultät und Fachbereich Theologie, am Studienort Erlangen im B. A.-Studiengang *Linguistische Informatik* die Übung *Werkzeuge und Arbeitstechniken der Computerlinguistik* genutzt werden. Zu den vermittelten Inhalten gehört hier u. a. die Rechnerbenutzung unter Unix, Shell-Programmierung und Markupsprachen (Friedrich-Alexander-Universität Erlangen-Nürnberg 2009a). Die praktische Anwendung einer Programmiersprache zur Bearbeitung computerlinguistischer Fragestellungen kann in den Proseminaren *Grundseminar Programmierung* und *Aufbauseminar Programmierung* erlernt werden (Friedrich-Alexander-Universität Erlangen-Nürnberg 2009b).

Wenn oben auf S. 195 die Entwicklung eines konsekutiven und interdisziplinär angelegten M. A.-Studiengangs in der Softwarelokalisierung vorgeschlagen wurde, so ist freilich zunächst für die Akzeptanz eines solchen Studiengangs Sorge zu tragen. Hierfür muss sich das im grundständigen Studiengang vermittelte berufliche Profil zunächst so weit gewandelt haben, dass die Absolventen des Letzteren fachlich auf den konsekutiven Studiengang vorbereitet werden und vom Sinn eines solchen überzeugt sein können. Und damit nicht genug: In dem von der Hochschule vermittelten Berufsbild (s. Abschnitt 5.2) müssen einschlägige Neigungen – hier insbesondere eine informationstechnische Affinität – bereits im Vorfeld des grundständigen Studiengangs einen angemessenen Raum einnehmen. Am Institut für Angewandte Linguistik und Translatologie der Universität Leipzig wird deswegen in der Eignungsfeststellungsprüfung seit dem Jahr 2013 auch IT-Grundwissen abgefragt. Gestellt wird eine zufällig zugeordnete Single-Choice-Frage aus einem Fragenpool zu einem verbreiteten Begriff des technischen Alltags wie *URL, Zwischenablage, QWERTZ, Upload* oder *WYSIWYG.* Nur etwa die Hälfte der Bewerber konnte jeweils in den Jahren 2013, 2014 und 2015 die Frage richtig beantworten, wenngleich von Jahr zu Jahr mit leicht ansteigendem Erfolg (Abbildung 118):

Abbildung 118: Erfolgsrate bei der Beantwortung der Frage zum IT-Allgemeinwissen, Eignungsprüfung am IALT

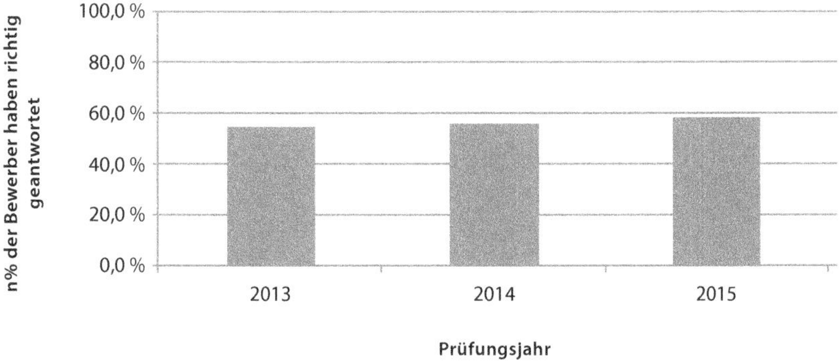

Die Einrichtung eines konsekutiven M. A.-Studiengangs muss entsprechend mit einer Überprüfung des betreffenden grundständigen Studiengangs beginnen.

8. Zusammenfassung und Ausblick

Die in Abschnitt 1.6 (S. 30) formulierten Fragen können wie folgt beantwortet werden:

Bei der Suche nach den Ursachen der beschriebenen Sprachnormverletzungen (Frage 1) hat sich gezeigt, dass es kaum „harte" Faktoren gibt, deren Vorhandensein zwangsläufig zu einem Fehler führt bzw. deren Ausschaltung mit Sicherheit zu einem lokalisierbaren Ergebnis führen würde. Es sind also eher Sicherheits- bzw. Risikofaktoren. Die Frage nach den Sicherheitsfaktoren (Frage 3) konnte auf S. 189 f. zusammenfassend beantwortet werden. Als Risikofaktoren konnten im Laufe der Untersuchung die folgenden identifiziert werden:

1. In der Ausgangssprache dominieren isolierende Markierungsmittel, u. U. einhergehend mit einem stärkeren Vorkommen von abstrakten Kasus / von Synkretismen oder Nullableitungen (s. hierzu die Ausführungen auf S. 97)
2. Die Logikschicht ist ausgangssprachlich überformt, insbesondere durch die Normalisierung des Stringbestands und durch die Bereitstellung von Variablen nach den Bedürfnissen der Ausgangssprache (s. hierzu die Ausführungen auf S. 104 f. und S. 94 f.).
3. Die Datenschicht ist ausgangssprachlich überformt, insbesondere durch eine benennungsorientierte Konsolidierung des Stringbestands (s. hierzu die Ausführungen auf S. 98).
4. Es fehlt eine geeignete Übersetzungsumgebung (konkret hierzu auf S. 205).
5. Der Lokalisierungsprozess ist personell fragmentiert (s. hierzu die Ausführungen auf S. 157 f., S. 171 und S. 181 f.).
6. Durch die Art der Gratifikation von Übersetzungsleistungen werden Fehlanreize für die Translationsqualität gesetzt. Siehe hierzu die Ausführungen auf S. 164 f. und auf S. 206; s. auch das Zitat aus Vine (2002:21) auf S. 180
7. Die Übersetzer entfernen sich durch die Schwergewichtigkeit eigener Prozesse von den Prozessen der Bedarfsträger (s. Abbildung 104).
8. Die Übersetzer verfolgen ein rein sprachmittlerisches Selbstkonzept (s. hierzu die Ausführungen auf S. 74, S. 179 f.).
9. Die Bedarfsträger verfolgen ein mit diesem Selbstkonzept korrelierendes Fremdkonzept, welches sich in der Etablierung von Prozessen niederschlägt, die Expertentum unwirtschaftlich machen (s. hierzu die Ausführungen auf S. 166 f.) und den Übersetzer depotenzieren (s. hierzu S. 168 f. und S. 183 f.).

Solche Risikofaktoren sind aufgrund ihrer vielfältigen Abhängigkeiten durch singuläre Korrekturmaßnahmen nicht zu beherrschen, auch, weil die wenigsten Faktoren aus dem Produktionskontext herausgelöst und nach Belieben eliminiert werden können. Die Schaffung einer maschinellen Entscheidungshilfe für den Internationalisierungs-Ingenieur (etwa durch Erweiterung von Externalisierungsassistenten im SDK) ist m. E. nicht möglich, weil hierfür Methoden fehlen.[274] Insgesamt wird damit die Frage nach einer infrastrukturellen Eliminierbarkeit der Risikofaktoren (Frage 2 auf S. 30) wohl eher negativ zu beantworten sein. Gleichwohl können die Erkenntnisse vorgelegter Untersuchung gerade im hier berücksichtigten Marktsegment einzelne Aktanten befähigen, durch iteratives Kooperieren zu einem qualitativ hochwertigen Ergebnis zu kommen.

Über die Arbeitshypothesen (Kapitel 2) kann wie folgt Rechenschaft abgelegt werden:

Zur Hypothese 1 („Lokalisierbarkeit ist keine textuelle, sondern eine kontextuelle Eigenschaft."): UI-Texte sind, wie auf S. 49 f. begründet wurde, idealerweise internationalisiert und – als i. d. R. konventionalisierte Fachtexte – konnotationsfrei, dies zumindest dann, wenn sie keinen künstlerischen Charakter haben (Lokalisierung von Spielen). Damit sind UI-Texte in der Theorie uneingeschränkt übersetzbar.[275] Eine Verschiebung des Fokus auf den Kontext ist vor diesem Hintergrund durchaus zu rechtfertigen. Der extralinguistische Charakter von Lokalisierungsbarrieren wurde denn auch bald in den Darstellungen zur Technologie auf S. 94 f. deutlich. Als Kontextfaktoren konnten namentlich die technologische Basis (SDK, Lokalisierungstechnologie: Abschnitt 4.2) und sozioökonomische Faktoren, hier Kooperationsmuster (Abschnitt 5.1) und das Berufsbild (Abschnitt 5.2) identifiziert werden.

Zu Hypothese 2 („UI-Texte sind schon heute uneingeschränkt lokalisierbar."): In Abschnitt 4.2 hat sich gezeigt, dass die verschiedenen Technologien sich in unterschiedlicher Weise zum Übersetzen dynamischer Strings eignen. Hypothese 2 konnte konkret am Beispiel des *Android SDK* und des *iOS SDK* sowie am Beispiel der Lokalisierungsbibliothek *GNU gettext* widerlegt werden. Die Hypothese ist falsch, weil die technologische Basis sich aus dem Produktionskontext ergibt und damit nicht nach Belieben ausgetauscht werden kann. Den Anforderungen des Referenz-Strings `Failed to find the %0 %1 requested.` waren nur die in den Abschnitten 4.2.4 und 4.2.5 vorgestellten Technologien gewachsen. Genutzt können diese Technologien zudem nur dann werden, wenn die verwen-

274 s. hierzu die Ausführungen auf S. 89 f.

275 zur Begründung siehe S. 179

dete Programmierumgebung über eine entsprechende API verfügt. Und selbst dann werden diese Technologien in industriellem Umfang nur dann zur Geltung kommen können, wenn sie von den Übersetzungswerkzeugen unterstützt werden. Die kommerziellen Übersetzungswerkzeuge schaffen mit aktuellem Stand der Technik in den folgenden Punkten Barrieren:

1. Die kommerziellen TM-Werkzeuge sind werkseitig noch nicht mit Code-Editoren ausgestattet (Näheres hierzu auf S. 148 f.).
2. Die kommerziellen TM-Werkzeuge sind noch nicht ausreichend auf die Notwendigkeit makrostruktureller Veränderungen im Text vorbereitet (s. das Beispiel oben auf S. 117 f. oder die Beispiele in Abbildung 83 und Abbildung 84, S. 114).
3. Die kommerziellen TM-Werkzeuge werden noch nicht mit Schnittstellen für das Aus- und Einchecken von Ressourcen von bzw. in Repositories ausgeliefert.

Seit Veröffentlichung der *Integration API*[276] für das TM-System *SDL Trados Studio 2014* ist es für Übersetzer allerdings möglich, unabhängig von den großen Werkzeugherstellern Funktionen wie die vorgenannten zu entwickeln oder entwickeln zu lassen. Um diese Chance nutzen zu können, müssten sich Übersetzer allerdings zunächst als Bedarfsgruppe wahrnehmen. Eine solche Feststellung weist unmittelbar den Weg zu Hypothese 3 („Das übersetzerische Selbstkonzept hat Einfluss auf die Entstehung bzw. Vermeidbarkeit untersuchter Sprachnormverletzungen."): Mit dieser Hypothese wird Beste (2006:60) widersprochen, der in der „Kooperation mit den Herstellern elektronischer Hilfsmittel" die einzige sinnvolle Maßnahme gegen das sah, was oben auf S. 154 die Depotenzierung des Übersetzers genannt wurde. Wohl wurde auch in vorgelegter Arbeit vertreten, dass Lokalisierbarkeit als prozeduraler Kontextfaktor die Selbstwirksamkeit des Übersetzers voraussetzt. Im Unterschied zu Beste aber wurde hier das Selbstkonzept stärker in den Mittelpunkt gerückt und eine Modernisierung des Berufsbilds gefordert.[277]

Zu Hypothese 4 („Im Zuge der digitalen Revolution werden die Grenzen zwischen den Begriffen *Übersetzen* und *Lokalisieren (von Software)* immer schwerer aufrecht zu erhalten sein."): Im Vorfeld von Hypothese 1 wurde ausgeführt, dass die beobachteten Probleme mit dem Begriff der *Übersetzbarkeit* nicht beschrieben werden können, und *Lokalisierbarkeit* einen eigenen Begriff darstellt. Es fügt sich daher, so scheint es, dass in der Literatur tatsächlich *Übersetzen* und *Lokalisieren* als unter-

276 Die Integration API wird in „SDL Trados Studio 2014 Integration API" dokumentiert. Das hierfür verwendete SDK ist unter „Software Development Kit" verfügbar.

277 Näheres hierzu auf S. 74, S. 166 f. sowie S. 179 f.

schiedliche Begriffe gehandhabt werden wie etwa im Flächenmodell von Cadieux / Esselink (Abbildung 35 auf S. 74). Tatsächlich aber hat der tradierte Unterschied zwischen *Übersetzen* und *Lokalisieren* mit der oben postulierten Unterscheidung zwischen *Übersetzbarkeit* und *Lokalisierbarkeit* nichts gemein. Zu Recht ging Hypothese 4 vom Schwinden der Grenzen zwischen den Begriffen *Übersetzen* und *Lokalisieren (von Software)* aus; neben dem einleitend hierfür angeführten Grund (Eroberung neuer Textsorten durch digitale Medien) lieferte vorgelegte Untersuchung noch weitere Argumente für eine solche Hypothese, namentlich auf S. 75 f., wo einer unglücklich verwirklichten Trennung von *Übersetzen* und *Lokalisieren* die in vorgelegter Arbeit untersuchten Defekte mit angelastet werden. Insbesondere kann der Versuch einer solchen begrifflichen Trennung mit der Forderung nach der Integrität der übersetzerischen Leistung kollidieren, wie sie auf S. 181 f. begründet wird: Übersetzer können nicht mehr länger hoffen, von technischen bzw. technologischen Fragenstellungen „verschont" zu bleiben. Die Begriffsdiskussion *Übersetzen* vs. *Lokalisieren* ist damit auch eine sozioökonomische.

Insgesamt drängt sich damit die Frage nach der perspektivischen Rolle freiberuflicher Übersetzer auf bzw. konkret danach, ob der noch in Wandlung befindliche freie Softwarelokalisierungsmarkt Verwendung für Berufsübersetzer haben wird. Der Übersetzungsbedarf steigt in der Softwarelokalisierung zweifellos auch im hier beobachteten Marktsegment – wir haben es mit einem Angebotsmarkt zu tun, allerdings einem, der mit Anbietern übersättigt ist. Dieses Paradoxon ergibt sich aus der geringen Eignung der Anbieter für die in der Softwarelokalisierung anstehenden Aufgaben.

Berufsmäßig tätige Übersetzer mit einschlägigem Abschluss müssten nicht mit freizeitlichen Wettbewerbern[278] um eine subalterne Rolle konkurrieren, wären Sie besser in der Lage, die Bedürfnisse des Markts zu bedienen. Die konzeptuellen Differenzen zwischen Übersetzern und Text-Applikatoren beginnen dabei bereits beim Begriff (Begriffsumfang) der Softwarelokalisierung[279]; nicht deckungsgleich ist bei den Aktanten auch die Bedeutung von (bzw. der Umgang mit) Iterativität und Agilität[280], dies wahrscheinlich nicht zuletzt auch wegen unterschiedlicher Vergütungsanreize. Da Entwickler, wie Ressin / Abdelnour-Nocera / Smith (2011:51) feststellen, nach Zeit, Übersetzer aber nach Textmenge bezahlt werden, sind die Aktanten unterschiedlichen wirtschaftlichen Anreizen ausgesetzt. Ein seitens der Übersetzer verhaltener Umgang mit Iterativität und damit Agilität, wie

278 s. hierzu Abbildung 99 auf S. 156
279 s. hierzu die Ausführungen auf S. 179
280 Zum Terminus *Agilität* s. Glossar auf S. 264 des Anhangs.

er im Umfrageergebnis in Abbildung 104 auf S. 163 zum Ausdruck kommt, mag in diesem Sinne einer ökonomischen Logik folgen; einer ökonomischen Logik entspricht jedoch ebenso der von Seewald-Heeg (2012:86) erkannte Umstand, dass agile Softwareentwicklung ein „agiles Projektmanagement und ein flexibles Reagieren auf Produktveränderungen bei der Lokalisierung" erfordert. In diese Logik fügt sich auch das in Abbildung 99 auf S. 156 gezeigte Umfrageergebnis. Dort ist es die Anbietergruppe mit den stärksten Agilitätsmerkmalen – das soziale Umfeld mit 48,4 % –, die den Markt anführt, während die Anbietergruppe mit der am stärksten ausgeprägten Schwergewichtigkeit – Lokalisierungsunternehmen mit 10,9 % – in dem Segment am schwächsten vertreten sind. Auch wirtschaftlich sind haupterwerbsmäßige Anbieter gegenüber freizeitlichen Helfern nicht wettbewerbsfähig. Zumindest kleine Entwicklungsunternehmen sind auf universitär ausgebildete Berufsübersetzer wohl also nicht angewiesen. Befunde aus der AI[281]-Forschung, wie sie in Pinker (2010:190) zum Ausdruck kommen, lassen zudem ahnen, dass sich hieran nicht so schnell etwas ändern wird:

> The main lesson of thirty-five years of AI research is that the hard problems are easy and the easy problems are hard. The mental abilities of a four-year-old that we take for granted – recognizing a face, lifting a pencil, walking across a room, answering a question – in fact solve some of the hardest engineering problems ever conceived. …
> As the new generation of intelligent devices appears, it will be the stock analysts and petrochemical engineers and parole board members who are in danger of being replaced by machines. The gardeners, receptionists, and cooks are secure in their jobs for decades to come.
> Understanding a sentence is one of these hard easy problems.

Gut möglich ist demnach, dass grafische Toolchains in naher Zukunft genau jene Aufgaben zu lösen in der Lage sein werden, die ein integriertes Arbeiten ausmachen, während unqualifizierte Teilschritte des Übersetzens (z. B. das Verstehen der Intention einer Aussage) für die Maschine noch längere Zeit unlösbar sein werden. Wirtschaftlich überlegen sind Crowd-Translation-Technologien (bzw. solcher Technologien, die für Crowd-Translation geeignet sind)[282] gegenüber traditionellen client-basierten CAT- und Lokalisierungswerkzeugen schon heute, dies mit weit reichenden Folgen für das berufsmäßige Übersetzen. Da der *arbei-*

---

281 Abkürzung für *artificial intelligence – künstliche Intelligenz*

282 Beispiele: http://pootle.translatehouse.org/ (16.05.2015) http://www.getlocalization.com/ (10.10.2013), http://translate.sourceforge.net/wiki/pootle/index (10.10.2013), http://www.wordbee.com/ (14.10.2013), https://www.transifex.com/ (12.03.2015) http://www.welocalize.com/welocalize-launches-open-source-crowdsourcing-application/ (06.04.2015)

tende Kunde (Voß / Rieder 2005) für seine Leistungen i. d. R. keine Vergütung erhält, führen *crowd-translation*-Plattformen zu einer Entwertung von Übersetzungsleistungen. (Siehe hierzu auch Fuchs 2009 und Geldbach 2010).

Die nachstehenden Abbildungen zeigen zwei Beispiele für Crowd-Sourcing; namentlich zeigt Abbildung 119 ein Web-Interface für das Postediting durch den Anwender und Abbildung 120 den Crowd-Translation-Client einer Desktop-Software:

Abbildung 119: Postediting durch die Crowd im Web-Interface.

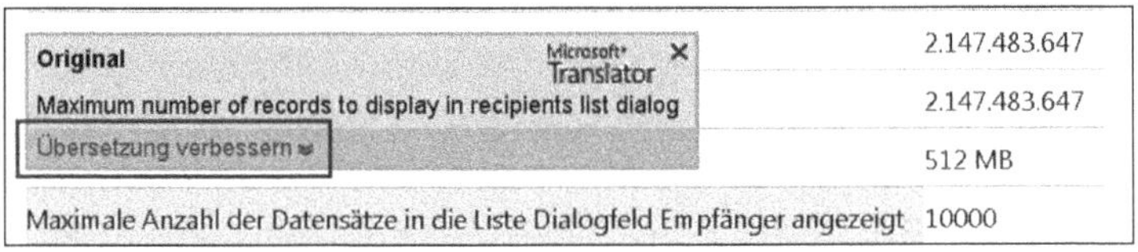

Abbildung 120: Dialog in einem Crowd-Translation-Client[283]

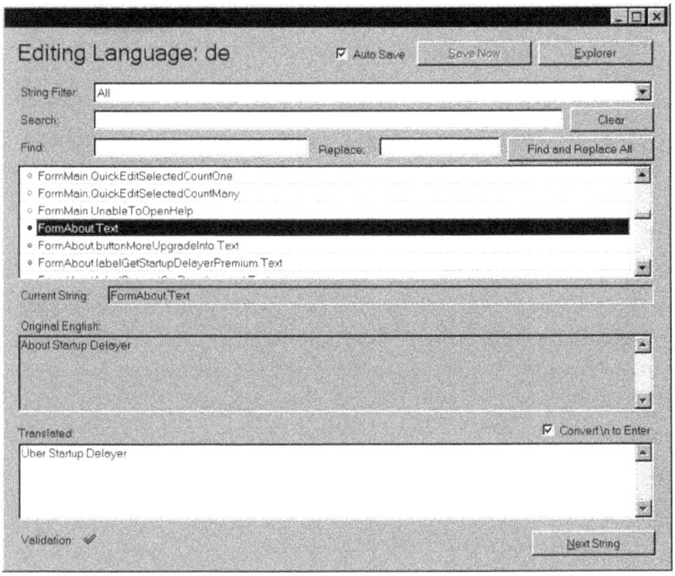

283 Screenshot-Quelle: Startup Delayer Localizer V.3, build 326, r2 Studios; Icon und Fenstertitel wurden vom Verfasser entfernt.

Der auf S. 156 erhobene Befund – dort zeigte sich, dass der Softwarelokalisierungsmarkt im hier berücksichtigten Marktsegment hauptsächlich ein Laienmarkt ist – wird sich umso eher festigen und ein Überflüssigwerden von Übersetzern, vor dem Beste (2006:60) warnt, um so früher bewahrheiten, je länger Übersetzer an den Konzepten des analogen Zeitalters festhalten.[284] Den auf S. 71 f. genannten Spezifika der Textsorte UI ist geschuldet, dass viele von den Übersetzungsproblemen geisteswissenschaftlicher Natur, auf die Übersetzer an den Hochschulen systematisch vorbereitet werden – gedacht sei etwa an pragmatische Aspekte der Translation –, beim Übersetzen von Benutzerschnittstellen eher selten entstehen. Mehr aber noch durch die depotenzierenden Bedingungen im Lokalisierungsprozess entgeht universitär ausgebildeten Übersetzern ein Alleinstellungsmerkmal gegenüber dem tendenziell wortbezogen arbeitenden Wettbewerb, etwa der Crowd oder anderen Anbietern aus dem sozialen / familiären Umfeld der Bedarfsträger.

Gleichzeitig fehlt im beruflichen Selbstkonzept selbst universitär ausgebildeter Übersetzer der aktive Umgang mit formalen Sprachen. Viele ausgebildete Übersetzer müssen deswegen als überqualifiziert und unterqualifiziert zugleich gelten. Die auf dem Softwarelokalisierungsmarkt tätigen Anbieter (größere Sprachdienstleister, haupterwerbsmäßig tätige Freiberufler, freizeitliche Helfer / Crowd) bringen mit Blick auf solche Faktoren wie Agilität und Gewerblichkeit somit zwar unterschiedliche Voraussetzungen mit, jedoch unterscheiden sie sich aus Sicht des Bedarfsträgers in dem berufsständisch so bedeutsamen Merkmal der Qualifikation nur marginal voneinander.[285] Letzteres beobachtet Prunč (1997:106) übrigens auch außerhalb der Softwarelokalisierung.

Mit der auf S. 169 thematisierten *strukturellen Suboptimalität* (Prunč 2003:76) hat die beschriebene sozioökonomische Dynamik rekursive Züge angenommen, was eine topologische Sortierung der dort genannten Faktoren erschwert. So wird es mittlerweile kaum noch möglich sein zu bestimmen, ob Übersetzer suboptimale Qualität liefern, weil sie depotenziert werden, oder depotenziert werden, weil sie suboptimale Qualität liefern. Für singuläre Korrekturen wird es entsprechend zu spät sein; ein Entkommen aus der in Prunč (2003:86) angesprochenen Dumpingspirale wird vielmehr ein koordiniertes Zusammenspiel unterschiedlicher Entwicklungen erfordern. Zu Letzteren wird auch gehören, inwieweit die Hochschulen willens und in der Lage sind, Übersetzer hervorzubringen, die den

---

284 s. hierzu das Umfrageergebnis gem. Abbildung 110 auf S. 178 und die auf S. 193 zitierte Äußerung aus Ottmann (2005:102)

285 Näheres hierzu auf S. 162, S. 179 f., S. 183 und S. 210.

Markt einer digitalisierten Gesellschaft bedienen können. Ohne das Problem der strukturellen Suboptimalität in Frage stellen zu wollen, sei in diesem Sinne davor gewarnt, Übersetzende ausschließlich in der Opferrolle zu sehen, dies aus den folgenden Gründen:

1. Der von Prunč (1997:105) beobachtete Praktizismus in der Lehre mag darauf hinweisen, dass es nicht nur das Selbstkonzept ist, welches das Fremdkonzept bestimmt, sondern auch umgekehrt Übersetzer und die universitäre Lehre im Fremdkonzept „mittreiben". Eine Besonderheit in der Softwarelokalisierung ist dabei, dass der Bedarfsträger aufgrund seiner eigenen Kompetenzen mediale Kompetenzdefizite des Anbieters kompensieren kann. Dies tut er u. U., wenn er die Ressourcenstrings für die translatorische Verarbeitung in die Textverarbeitungsdatei eines geläufigen Office-Programms extrahiert (s. Umfrageergebnis gem. Abbildung 116, hier mit 27,3 % sowie gem. Abbildung 117 hier mit 25 %). Mit der Entwicklung von Crowd-Translation-Clients oder CMS-Backends stellt der Bedarfsträger dem Anbieter die Arbeitsmittel und formt auf diese Weise dessen Prozesse nach seinen eigenen Vorstellungen.
2. Als unmittelbare Folge genannten Praktizismus an den Hochschulen darf gesehen werden, wenn diese den Anschluss an die mediale Entwicklung verpassen. Im Zuge der Emanzipation der Translationsforschung von der Linguistik und mit dem angesichts der *‚glänzenden Misserfolge'* (Prunč 2005:169) einsetzenden Rückzug der Translatologie ins Humanwissenschaftliche wurden so wichtige Entwicklungen versäumt. Gedacht sei hier etwa an die Leistungen der Übersetzungslinguistik, die mit den Enttäuschungen über die Misserfolge der maschinellen Übersetzung allzu schnell in den Hintergrund gerieten. Dabei steht bei der formalsprachlichen Abbildung einzelner Übersetzungsentscheidungen – und hierum geht es insbesondere beim *translation scripting* – in der Softwarelokalisierung gar nicht die kontrastive Linguistik im Mittelpunkt, wie dies in der Übersetzungslinguistik der Fall war; worum es hier geht, sind vielmehr intralinguale Algorithmen[286], die erst nach Erfüllung des Skopos in der Zielsprache relevant werden.

Mit den Betrachtungen zur Assimilation oben auf S. 81 f. ist die Diskussion des Lokalisierungsprozesses mit seinen technologischen Bedingungen in einen makrosoziologischen Kontext geraten. Denn die von Prunč (2005:165) konstatierte Auflösung der Kulturgrenzen wie auch der ebenda beklagte kulturelle „Kahlschlag des Cyberspace" zeigen, dass diese Form der Anpassung nicht auf den Umgang

286 s. hierzu auf S. 189, Punkt 2 sowie auf Seite 190, Punkt 5

mit dem Medium beschränkt bleibt. Wenn Parks (1998:27) beobachtet, dass die Reichweite der Hochliteratur der USA eher regional ist, jene der Populärkultur jedoch global, so mag dies der Tatsache geschuldet sein, dass die digitalen Medien primär für die Erschließung neuer Massenmärkte geschaffen wurden und der Assimilationsprozess, der angesichts der Marktkomponente auch ein Prozess kultureller Kolonisierung ist, entsprechend asymmetrisch (d. h. nicht für jede Kulturform in gleicher Weise) voranschreitet. Insbesondere aber darf aus der Beobachtung von Parks geschlussfolgert werden, dass den Medien (und damit auch den digitalen Medien) nicht nur eine verbindende, sondern auch eine selektierende und damit kulturell prägende Funktion zukommt. Tatsächlich geht die Verbreitung digitaler Medien mit einer zunehmenden Verstrickung von Anwendergemeinschaften in Konformität und letztlich in Konsum einher. Im Fortschreiben dieser Tendenz wäre als Zukunftsszenario eine wachsende Formalisierung zwischenmenschlicher Kommunikation bei gleichzeitigem Rückgang von Nationalsprachlichkeit zugunsten regionaler Pidginsprachen oder gar einer Weltsprache zu erwarten, insgesamt also ein Prävalieren von Assimilationsprozessen[287] gegenüber Lokalisierungsprozessen und damit langfristig auch ein Sinken des weltweiten Übersetzungsbedarfs. Letzteres ist schon deswegen wahrscheinlich, weil Lokalisierung Intention voraussetzt, Kosten verursacht und – da sie an jedem Produkt von neuem vollzogen werden muss – nur temporär wirkt, während Assimilation autonom vonstattengeht, kostenneutral ist und additiv verläuft.

Dass Assimilation sogar eine bereits erworbene Internationalität ungeschehen machen kann, zeigt die wachsende Beliebtheit von Emojis. Emojis sind expliziter (d. h. weniger universell) als Emoticons. Die Verdrängung von Emoticons durch Emojis in sozialen Medien repräsentiert damit einen Prozess der Reregionalisierung.

Speziell Texte im WWW werden wegen ihrer *Kurzlebigkeit* (Sandrini 2009:141) wohl kaum ein passendes Anwendungsfeld für das Humanübersetzen sein, ja, möglicherweise nicht einmal für das maschinelle Übersetzen. Denn je nachdem, wie stark assimilatorische Dynamiken in der Zukunft sich entfalten werden, ist ein Schrumpfen oder gar Schwinden des Softwarelokalisierungsmarkts selbst (und damit auch des Übersetzungsmarkts[288]) ein mögliches Zukunftsszenario, ein Szenario, welches notwendigerweise auch die maschinelle Übersetzung einholen würde.

287 s. hierzu S. 81 f.

288 s. Hypothese 4 auf S. 41 sowie die Ausführungen auf S. 75 f.

Dass die Assimilation mit einer sinkenden Sensibilität für Interferenzen einhergehen muss[289], macht sie zu einer rekursiven Erscheinung: mit wachsender Gewöhnung an Interferenzen (also mit fortschreitender Assimilation) sinkt das Bewusstsein für Interferenzen als Defekt und damit die Hemmschwelle für die Generierung neuer Interferenzen. Dies mag nicht nur für einzelne Lexeme gelten, sondern für die Strategie der Übersetzung selbst, d. h. es wird u. U. mit einer fortschreitenden Habitualisierung von Direktübertragung als Übersetzungstechnik zu rechnen sein. Wegen ihres rekursiven Charakters hat Assimilation als Kulturtechnik durchaus das Potenzial für eine exponentielle Entwicklung. Ab einem bestimmten Stadium könnten sich assimilatorische Erscheinungen daher relativ abrupt bemerkbar machen.

Solche Überlegungen tangieren freilich auch die Zukunft universitärer Ausbildung von Übersetzern und konkret die Frage, ob oder wie lange der Markt noch Verwendung für Berufsübersetzer haben wird. Denn ein Lösungsbedarf (Forschung) und ein Bedarf an lösungskompetenten Übersetzern (Lehre) wird nur so lange bestehen, wie Übersetzungsprobleme noch als Probleme wahrgenommen werden, d. h. solange die Assimilationsprozesse nicht bereits schneller voranschreiten als etwaige Entwicklungen in der Translation. Ein Beitrag der Translationsforschung würde gewiss dazu beitragen, dass die für die Erzielung einer hohen Translationsqualität nötigen infrastrukturellen Bedingungen in der Softwarelokalisierung auch tatsächlich geschaffen werden. Mit höheren übersetzerischen Standards wiederum würde der Assimilationsprozess langsamer vonstattengehen und die Wertschätzung von Nationalsprachlichkeit eine größere sein.

289 s. hierzu die Argumentation auf S. 84

9. Desiderata

Im Anschluss an die Argumentation auf S. 169 f. liegt es nahe, eine empirische Untersuchung sozioökonomischer Aspekte des Einsatzes von CAT-Systemen durch freiberufliche Translatoren durchzuführen, hier speziell zu den folgenden Faktoren:

- Ergonomie (Wie gut entsprechen bestehende Oberflächen und die designierten Abläufe den übersetzerischen – auch mentalen – Abläufen? Sind alle wichtigen Funktionen des übersetzerischen Verarbeitung und der Textverarbeitung mit Shortcuts erreichbar? Sind die Werkzeuge barrierefrei? Können administrative Abläufe und übersetzerische Abläufe voneinander getrennt werden?)
- Arbeitszufriedenheit (Arbeiten Übersetzer gerne und aus eigenem Antrieb mit diesen Werkzeugen oder wird, wo immer möglich, mit einem Office-Programm bearbeitet? Fühlen Übersetzer sich durch die elektronischen Arbeitsmittel entlastet oder mitunter auch zusätzlich belastet?)
- Erwerbserfolg (Kommen die oft beworbenen wirtschaftlichen Vorteile beim Übersetzer an, z. B. Kostenersparnisse durch Match-Erkennung? Können die Übersetzer Mehraufwände, wie sie bei der Arbeit mit solchen Werkzeugen entstehen, bei der Kalkulation des Preises ausreichend geltend machen? Wie steuern Übersetzer ein Wissenssharing durch den Austausch von Übersetzungsspeichern wirtschaftlich? Wie positionieren sich Übersetzer zum Eigentum am Übersetzungsspeicher?)

Ein zentrales Thema in vorgelegter Arbeit war die Fragmentierung des Gesamtprozesses in der Lokalisierung von UI-Texten. Als Beitrag zur prozessorientierten Übersetzungswissenschaft wäre eine kognitionspsychologisch ausgerichtete Untersuchung zu den Auswirkungen der Dekontextualisierung von Zeichenketten und allgemein der Fragmentierung des Gesamtprozesses von Nutzen, hier insbesondere in Gegenüberstellung zur Arbeit mit traditionell präsentierten Texten, also mit einer kontextuellen WYSIWYG-Präsentation und -Verarbeitung. Zu berücksichtigen wären hier u. a. die folgenden Fragen:

- Wie wirkt sich das Arbeiten mit Satzbestandteilen, die imaginiert werden müssen, auf die Translationsqualität und die Verarbeitungsgeschwindigkeit aus? Siehe hierzu Abbildung 61 und Abbildung 62 auf S. 96 sowie Abbildung 81 und Abbildung 82 auf S. 113.

- Wie wirkt sich die Arbeit mit Übersetzungsumgebungen auf den Faktor Linearität / Konzentrizität der Textverarbeitung aus (s. hierzu überblicksweise Horn-Helf 1999:85)?
- Wie wirkt sich die Verhinderung eines kreativen Flows[290] auf die Translationsqualität und die Verarbeitungsgeschwindigkeit aus? Verhindert wird ein solcher Flow auf sprachlicher Ebene[291] u. a. durch eine starke linguistische und grafische Dekontextualisierung der UI-Strings oder durch das Arbeiten mit formalsprachlichen Elementen (s. beispielsweise den russischsprachigen Zielsatz auf S. 150).

Lohnenswert wäre eine kognitionspsychologische Untersuchung zur Frage, wie die Digitalisierung der Arbeitsmittel sich auf die Translationsqualität auswirkt. Wie beeinflusst die Virtualisierung der Arbeitsmittel, das schrittweise Schwinden haptischer bzw. realer Komponenten des Arbeitens die Aufnahme- und Denkfähigkeit des Übersetzers? Verarbeitet das Gehirn einen Text, der in Lichtfarben präsentiert wird, anders als einen Text, der auf einem reflektierenden Körper (i. d. R. auf Papier) fixiert ist? Gibt es einen Unterschied zwischen den Generationen (Prä- vs. Peri- / Post-Y)? Bei einer solchen Studie könnte es um eine Untersuchung der folgenden Parameter gehen:

- Aufmerksamkeit gegenüber objektiven, maschinell aber nicht erkennbaren Verstößen wie Tippfehlern (wider / wieder), Kollokationsfehlern, Wortwiederholungen
- die prosodische Qualität der Übersetzung

Auf S. 87 und S. 90 wurde deutlich, dass zu den zu lokalisierenden UI-Bestandteilen nicht nur linguistische Inhalte gehören, sondern auch das Layout und Formen. Zu den Letzteren dürfen auch Gesten gezählt werden. Dass die Regionalität der Semantik von Gesten nicht immer erkannt wird, zeigt Abbildung 18 auf S. 55. Speziell Raumgesten[292] gewinnen in Alltagsanwendungen wie dem intelligenten Wohnen und der Fahrzeugbedienung an Bedeutung[293], sodass hier im Interna-

290 Hier in der motivationspsychologischen Verwendung nach Csikszentmihalyi (2010), also im Sinne einer Tätigkeitsfreude, die eine Eigendynamik entwickelt und sich dadurch positiv auf die Produktivität auswirkt..

291 betreffend beispielsweise die prosodische Qualität, die Kreativität auf der Suche nach syntaktischen Lösungen oder die Zugriffszeiten auf das Kurz- und Langzeitgedächtnis beim Suchen nach einem geeigneten Lexem

292 s. Abbildung 19 auf S. 55

293 s. „Gestensteuerung im Auto: Her mit dem Wisch", „Samsung arbeitet an Smart Watch mit Gestensteuerung", „CES: VW zeigt Gestensteuerung im Auto", „Kreise in die Luft malen"

tionalisierungs-Kontext mit einem wachsenden Forschungsbedarf zu rechnen ist. Ein Desiderat stellt die Untersuchung regionaler Aspekte von Bedienungsgesten (Berührungs- und Raumgesten) dar und damit auch deren Internationalisierungs- und Lokalisierungspotenzial. Dies gilt namentlich mit Blick auf die folgenden Faktoren:

- Kulturabhängigkeit
- Sprachabhängigkeit, etwa bei der Motivierung einer Geste durch die jeweilige Schreibrichtung

In Fortführung der Diskussion auf S. 81 f. und insbesondere auf S. 90 stellt sich die Frage nach der Zukunft von Nationalsprachlichkeit und Lokalisierung, hier mit Fokus auf das berufsmäßige Übersetzen unter Einbeziehung einer historischen Analyse der Tendenz zur Assimilation. Sinnvoll wäre u. U., im Rahmen einer soziophysikalischen Untersuchung ein Prognosemodell zu entwickeln, mit dessen Hilfe verschiedene Wahrscheinlichkeiten für die Entwicklung bestimmter Szenarien ermittelt werden können:

- eine Trendprognose zwischen den Polen *Weiterentwicklung von Nationalsprachlichkeit* und *Verschwinden von Nationalsprachlichkeit (zugunsten einer Weltsprache)*; wenn Letzteres, welche?
- eine Trendprognose zwischen den Polen *Wachsen des Übersetzungsmarkts durch Globalisierung (infolge einer wachsenden internationalen Kommunikation)* und *Tilgung des Übersetzungsmarkts durch Globalisierung (durch Assimilation)*
- eine Trendprognose zur Entwicklung der traditionellen Rollen *Softwareentwickler / Ingenieur – Übersetzer – Anwender*, hier mit Blick auf die Rolle der Anwendergemeinschaft als Dienstleister (Crowd)
- eine Trendprognose zur Digitalisierung von Botschaftsträgern in anderen Textsorten (Vertrag, Montageanleitung, Geschäftsbericht, Speisekarte usw.)

Anknüpfend an die Diskussion zur Zeitgemäßheit und Zukunftssicherheit der Ausbildung von Übersetzern auf S. 193 f. gilt es zu erkunden, inwiefern die deutschen Hochschulen für das digitale Zeitalter gerüstet sind. Mit einem praktizistischen Denken in der Lehre schaffen die Hochschulen ein fachliches Vakuum, welches von der Gesellschaft gefüllt werden muss. Den diskutierten Mechanismen der Fragmentierung[294] und Assimilation[295] kann in diesem Sinne auch eine kom-

294 s. S. 158 f., S. 171 und S. 181 f.
295 s. S. 81 f.

pensatorische Funktion zugeschrieben werden. Da für Forschung an den Universitäten entsprechende personelle Ressourcen zur Verfügung stehen müssen, ist die Forschungs- und damit Lehrqualität immer auch an administrativen Willen geknüpft. Die Frage nach der Lokalisierbarkeit von UI-Strings gerät über die technologische (Kapitel 4) und sozioökonomische (Kapitel 5) Ebene hinaus damit schließlich in einen politischen Kontext. Die Forschung sollte sich beständig selbst überprüfen und sicherstellen, dass sie nicht zum Selbstzweck wird. Das auf S. 206 genannte Paradoxon und namentlich die Tatsache, dass der Softwarelokalisierungsmarkt ein mit Anbietern übersättigter Angebotsmarkt ist, weist auf ein Versäumnis der Forschung und der Lehre an den ausbildenden Hochschulen hin. Konkret zeigt es, dass Absolventen translatorischer Studiengänge fehlqualifiziert in den Softwarelokalisierungsmarkt eintreten. (Siehe hierzu die Argumentation auf S. 209). Wünschenswert wäre daher eine Lenkung von Forschung durch Forschung und eine praxisgerechte Formulierung von Maßstäben für Forschungsziele. Wenn an dieser Stelle eine verstärkte Praxisorientierung der Forschung gefordert wird, so geschieht dies nicht aus wirtschaftsutilitaristischen Gründen, sondern um sicherzustellen, dass die Lehreinrichtungen auch in Zukunft ihren gesellschaftlichen Auftrag werden erfüllen können.

10. Quellen und Literatur

10.1. Quellen und Literatur in Latinica

10.1.1. Quellen und Literatur mit Autorenangabe

Ahmann, Heiko (2012). *Das Trügerische am Berufsbild des Übersetzers*. Berlin: Logos.

Akkaş, Emre: "Internationalization tips for developers – I18N checklist." http://www.emreakkas.com/internationalization/10-internationalization-tips-for-developers-i18n-checklist (04.11.2012)

Austermühl, Frank (2001a): *Electronic Tools for Translators*. Manchester / Northhampton / Boston: St. Jerome.

Austermühl, Frank (2001b): *Übersetzen im Informationszeitalter: Überlegungen zur Zukunft fachkommunikativen und interkulturellen Handelns im Global Village*. Trier: Wissenschaftlicher Verlag Trier.

Baumann, Klaus-Dieter (2004): „Die Integrativität translatorischer Kompetenz." Fleischmann, Eberhard / Schmitt, Peter A. / Wotjak, Gerd (2004)(Hrsg.): *Translationskompetenz*. Tagungsakten der LICTRA 2001, VII. Leipziger Internationale Konferenz zu Grundfragen der Translationswissenschaft. Tübingen: Stauffenburg, 25–42.

Beck, Kent et al. (2001): "Manifesto for Agile Software Development." Agile Alliance. http://agilemanifesto.org/principles.html (02.11.2012)

Beschnitt, Martin: „Nutzen Sie ‚Kulturdimensionen' zur erfolgreichen Internationalisierung und Lokalisation." http://www.usabilityblog.de/2013/11/nutzen-sie-kulturdimensionen-zur-erfolgreichen-internationalisierung-und-lokalisation/ (24.05.2015)

Best, Reiner et al. (2008): *Software-Internationalisierung*. Aus der Reihe: Methoden und Verfahren. Frankfurt am Main: VDMA.

Beste, Kai (2006): *Softwarelokalisierung und Übersetzung*. Trier: Wissenschaftlicher Verlag Trier.

Bickel, Baltasar / Nichols, Johanna (2007): "Inflectional morphology." Shopen, Timothy (Hrsg)(2007): *Language typology and syntactic description*. Cambridge: Cambridge University Press. 169–240.

Bossong, Georg (2001): „Die Anfänge typologischen Denkens im europäischen Rationalismus." Haspelmath, Martin et al. (Hrsg.)(2001): *Language Typology and Language Universals. Sprachtypologie und Sprachliche Universalien. La typologie des langues et les universaux linguistiques*. Berlin, New York: Walter de Gruyter, 249–263.

Brandt, Mathias „Android festigt Vorherrschaft im Mobile Web." http://de.statista.com/infografik/2526/anteil-android-ios-am-weltweiten-mobile-traffic/ (15.07.2015)

Cadieux, P. / Esselink, B. (2002): "GILT: Globalization, Internationalization, Localization, Translation." *The LISA Newsletter XI*:1.5, 1–9

Catford, John Cunnison (1965): *A Linguistic Theory of Translation: An Essay in Applied Linguistics.* Oxford: Oxford University Press.

Comrie, Bernard (2001): "Different views of language typology." Haspelmath, Martin et al. (Hrsg.)(2001): *Language Typology and Language Universals. Sprachtypologie und Sprachliche Universalien. La typologie des langues et les universaux linguistiques.* Berlin, New York: Walter de Gruyter, 25–39.

Coseriu, Eugenio (1970): „Adam Smith und die Anfänge der Sprachtypologie." Narr, Gunter (1970): *Tübinger Beiträge zur Linguistik* 3, 15–25.

Csikszentmihalyi, Mihaly (2010). *Das Flow-Erlebnis: Jenseits von Angst und Langeweile: Im Tun aufgehen.* Stuttgart: Klett-Cotta.

Czarnecki, David / Deitsch, Andy (2001): *Java Internationalization.* Sebastopol (California): O'Reilly & Associates.

Czopik, Jerzy (2012): „Houston, wir haben einen Match! Abrechnungsmodelle für CAT-unterstütze Übersetzungen." *MDÜ* 4 / 2012, 40–45.

de Groot, Annette (2000): "A complex-skill approach to translation and interpreting." Tirkkonen-Condit, Sonja / Jääskeläine, Riitta (Hrsg): Tapping and Mapping the Processes of Translation and Interpreting. Amsterdam / Philadelphia: John Benjamins B. V.

Diller, Hans-Jürgen / Kornelius, Joachim (1978): *Linguistische Probleme der Übersetzung.* Tübingen: Niemeyer.

Dockhorn, Renate (2013): „Redundanzen sind nicht alles. Translation-Memory-Systeme in der Praxis.[296]" *MDÜ* 5 / 2013, 42–45.

Dong, Ying / Lee, Kun-Pyo (2008): "A Cross-Cultural Comparative Study of Users' Perceptions of a Webpage: With a Focus on the Cognitive Styles of Chinese, Koreans and Americans." *International Journal of Design* Vol 2, No. 2, 19–30. http://www.ijdesign.org/ojs/index.php/IJDesign/article/view/267/163 (24.05.2015)

Dorau, Rainer (2011): *Emotionales Interaktionsdesign: Gesten und Mimik interaktiver Systeme.* Berlin, Heidelberg: Springer Berlin Heidelberg

296 Titel im Inhaltsverzeichnis der Zeitschrift: „Redundanzen sind nicht alles. Translation-Memory-Systeme können mehr."

Drewer, Petra (2006): „Mit GILT in die weite Welt – Lokalisierung als Schlüssel zum Unternehmenserfolg auf internationalem Parkett." http://doku.info/doku_article_215.html (01.11.2012)

Ehrensberger-Dow, Maureen / Massey, Gary (2014): "Translators and machines: working together." Baur, Wolfram et al. (Hrsg.)(2014): *Man vs. Machine? Im Spannungsfeld zwischen Mensch und Maschine. Tagungsband des 20. FIT-Weltkongresses*. Berlin: BDÜ Fachverlag. I:183–185.

EMT-Expertengruppe (2009): „Kompetenzprofil von Translatoren, Experten für die mehrsprachige und multimediale Kommunikation." http://ec.europa.eu/dgs/translation/programmes/emt/key_documents/emt_competences_translators_de.pdf (18.03.2015)

Esch, Alexander (2003): *Grundlagen und Methoden der Softwarelokalisierung. Das Lokalisierungstool PASSOLO: Evaluation und Entwicklung eines virtuellen Lernmoduls*. Trier: WVT Wissenschaftlicher Verlag Trier

Esselink, Bert (2000a): *A Practical Guide to Software Localization*. Amsterdam / Philadelphia: John Benjamins Publishing Company.

Esselink, Bert (2000b): "Translation versus Localization." http://www.translatortips.net/tranfreearchive/tf10-localization-one.html (31.10.2012)

Esselink, Bert (2000c): *A Practical Guide to Localization*. Amsterdam / Philadelphia: John Benjamins Publishing Company.

Esselink, Bert (2002): "Localization Engineering: The Dream Job?" Revista Tradumàtica, Nr. 1, 10/2002. http://www.raco.cat/index.php/Tradumatica/article/view/29123/28959 (21.10.2012)

Fisguss, Ursula / Seewald-Heeg, Uta (2005): „Ausbildung in Softwarelokalisierung." Reineke, Detlef / Schmitz, Klaus-Dirk (Hrsg.)(2005): *Einführung in die Softwarelokalisierung*. Tübingen: Gunter Narr Verlag Tübingen, 189–204.

Freigang, Karl-Heinz (1996): „Software-Lokalisierung. Ein Gegenstand übersetzungswissenschaftlicher Reflexion?" Lauer, Angelika / Gerzymisch-Arbogast, Heidrun / Haller, Johann / Steiner, Erich (Hrsg.): *Übersetzungswissenschaft im Umbruch: Festschrift für Wolfram Wilss zum 70. Geburtstag*. Tübingen, 9–19.

Friederich, Wolf (1977^2)(1969): *Technik des Übersetzens: Englisch und Deutsch. Eine systematische Anleitung für das Übersetzen ins Englische und ins Deutsche für Unterricht und Selbststudium*. München: Max Hueber Verlag.

Fuchs, Andreas (2009): „Der Kunde als Knecht. Crowdsourcing erreicht die Übersetzerbranche." *MDÜ* 4 / 2009, 34–36.

Galtung, Johan (1969): "Violence, peace and peace research." *Journal of Peace Research*, Vol. 6, No. 3, 167–191. http://www.jstor.org/stable/422690 (11.05.2015)

Geldbach, Stefanie (2010): „Ein Twitter-Stern für eine gute Übersetzung. Crowdsourcing bei Übersetzungen." *MDÜ* 4 / 2010, 39–42.

Geldbach, Stefanie (2011a): „Am Puls der Zeit. Herausforderungen und Trends in der Softwarelokalisierung." *MDÜ* 2 / 2011, 10–13.

Geldbach, Stefanie (2011b): „Der Kunde ist König. Translation-Memory-Systeme." *MDÜ* 5 / 2011, 38–41.

Gerhardt, Stefan (1999): „Softwarelokalisierung." Snell-Hornby, Mary / Hönig, Hans G. / Kußmaul, Paul, Schmitt, Peter A. (Hrsg.) *Handbuch Translation*. Tübingen: Stauffenburg Verlag, 213–217.

Goldfarb, Charles F. (1990): *The SGML Handbook*. Oxford: Clarendon Press.

Göpferich, Susanne (1998): *Interkulturelles Technical Writing: Fachliches adressatengerecht vermitteln. Ein Lehr- und Arbeitsbuch*. Tübingen: Narr.

Göpferich, Susanne (1999): „Text, Textsorte, Texttyp." Snell- Hornby, Mary / Hönig, Hans G. / Kußmaul, Paul / Schmitt, Peter A. (Hrsg.): *Handbuch Translation*. Tübingen, 61–64.

Göpferich, Susanne (2002): *Textproduktion im Zeitalter der Globalisierung. Entwicklung einer Didaktik des Wissenstransfers*. Studien zur Translation 15. Tübingen: Stauffenburg.

Göpferich, Susanne (2008): *Translationsprozessforschung: Stand – Methoden – Perspektiven*. Translationswissenschaft 4. Tübingen: Narr.

Göpferich, Susanne / Schmitt, Peter A. (1996): „Begriff und adressatengerechte Benennung: Die Terminologiekomponente beim Technical Writing." Krings, Hans Peter (Hrsg.)(1996): *Wissenschaftliche Grundlagen der Technischen Kommunikation. Forum für Fachsprachenforschung* 32. Tübingen: Narr, 369–402.

Greenberg, Joseph H. (1960): "A Quantitative Approach to the Morphological Typology of Language." *International Journal of American Linguistics*, Vol. 26, No. 3, 178–194. http://www.jstor.org/stable/1264155 (08.03.2015)

Greenberg, Joseph H. (1974): *Language Typology. A Historical And Analytic Overview*. The Hague & Paris: Mouton.

Grossbart, Zack (o. J.): "Twelve Commandments Of Software Localization." http://coding.smashingmagazine.com/2012/07/18/12-commandments-software-localization/ (10.10.2013)

Hartmann, Wolfgang (2011): „Exklusives Wissenssharing: Wenn Unternehmer vertrauliches Know-how teilen." Wissensmanagement: Das Magazin für Führungskräfte 3/2011, 14–15.

Henschelmann, Käthe (1995): „Zum Aufbau übersetzerischer Kompetenz." Beyer, Manfred et al. (Hrsg.)(1995): *Realities of Translating*. anglistik & englischunterricht, *55 / 56*. Heidelberg: Universitätsverlag C. Winter, 91–110.

Henschelmann, Käthe (2004): „Übersetzungsverfahren." Kittel, Harald / Frank, Armin Paul / Greiner, Norbert / Hermans, Theo / Koller, Werner / Lambert,

José / Paul, Fritz (2004)(Hrsg.): *Übersetzung – Translation – Traduction.* 1. Teilband / Volume 1 / Tome 1. Berlin / New York: Walter de Gruyter, 388–406.

Herrmann, Achim (2011): „Geeignete Werkzeuge. Anforderungen und Werkzeuge der Lokalisierung von Software." *MDÜ* 2 / 2011, 20–24.

Herrmann, Achim (2012): *Softwarelokalisierung für Übersetzungsagenturen.* Vortragsfolie. Saarbrücken: Loctimize GmbH

Heumann, Brian (2010): „Leitfaden Internationalisierung des Internetauftritts." Bonn: iMOVE beim Bundesinstitut für Berufsbildung (BIBB).

Hofstede, Geert (1991): *Cultures and Organizations: Software for the Mind.* London (u. a.): McGraw-Hill.

Holz-Mänttäri, Justa (1984): *Translatorisches Handeln: Theorie und Methode.* Helsinki: Suomalainen Tiedeakatemia.

Horn-Helf, Brigitte (1999): *Technisches Übersetzen in Theorie und Praxis.* Tübingen, Basel: Francke-Verlag.

Horvath, Alan (2007): "Think Internationalization in Everyday Design." MultiLingual Getting Started Guide to Internationalization April / May 2007, 3–4.

Humboldt, Wilhelm von (1836): *Über die Verschiedenheit des menschlichen Sprachbaues und ihren Einfluß auf die geistige Entwicklung des Menschengeschlechtes.* Berlin: S. Calvary & Co.[297]

Imhof, Thomas (2010): „Translation-Memory-Systeme 2010 – im Westen nichts Neues?" Sonderdruck: ADÜ-Nord-Infoblatt 5 / 2010 http://www.across.net/clipping/ADUE_Nord_Translation_Memory_Systeme_2010.pdf (12.03.2013)

Jäger, Gert (1975): *Translation und Translationslinguistik.* Halle / Saale: Niemeyer.

Jakobson, Roman (1959): „Linguistische Aspekte der Übersetzung." Wilss, Wolfram (1981) (Hrsg.): Übersetzungswissenschaft. Darmstadt: Wissenschaftliche Buchgesellschaft: 189–198.

John, Elisabeth (2009): „Ein Tool aus der Praxis für die Praxis. Einsatzmöglichkeiten von Wordfast Classic für Freiberufler." *MDÜ* 4 / 2009, 20–23.

Johnson, Jason: "An Arabic programming language could spur game development in the Middle East." http://killscreendaily.com/articles/news/arabic-programming-language-middle-eastern-games/ (04.02.2013)

297 Die Ausgabe von 1836 kann auch online unter http://books.google.de/books/about/%C3%9Cber_die_Verschiedenheit_des_menschlich.html?id=dV4SAAAAIAAJ eingesehen werden

Jumpelt, Rudolf Walter (1961): *Die Übersetzung naturwissenschaftlicher und technischer Literatur: Sprachliche Maßstäbe und Methoden zur Bestimmung ihrer Wesenszüge und Probleme*. Berlin: Langenscheidt.

Kade, Otto (1968): *Zufall und Gesetzmäßigkeit in der Übersetzung*. Beiheft zur Zeitschrift Fremdsprachen I. Leipzig: Verlag Enzyklopädie.

Kalverkämper, Hartwig (2004): „Translation – Anforderungen an eine Inter-Kunst." Rega, Lorenza / Magris, Marella (Hrsg.)(2004): *Übersetzen in der Fachkommunikation – Comunicazione specialistica e traduzione*. Tübingen: Gunter Narr Verlag Tübingen, 21–74.

Kano, Nadine (1995): *Developing International Software for Windows 95 and Windows NT: A Handbook for Software Design*. Redmond / Washington: Microsoft Press

Kant, Immanuel (1968): „Von den Vorstellungen der Sinne selbst." Akademie der Wissenschaften zu Göttingen (1968): *Kant's Vorlesungen*. Band V. Vorlesungen über Metaphysik und Rationaltheologie. Erste Hälfte. Kant's Gesammelte Schriften. Herausgegeben von der Deutschen Akademie der Wissenschaften zu Berlin. Berlin: de Gruyter.

Kästner, Astrid et al. (2007): „Standardmäßig schnell, sicher, effizient. Einsatz der TM-Technologie beim Corporate Language Management von Daimler." *MDÜ* 4 / 2007, 26–29.

Keller, Nicole (2006): *Neue Wege in der Hilfsmittelkunde der Übersetzungswissenschaft: Zur Herleitung webbasierter Terminologiedatenbanken im Kontext von CAT-Systemen*. Trier: Wissenschaftlicher Verlag Trier.

Keller, Nicole (2011a): „Neun auf einen Blick. Translation-Memory-Systeme." *MDÜ* 5 / 2011, 16–31.

Keller, Nicole (2011b): *Neun Translation-Memory-Systeme im Praxiseinsatz*. Ausführliche PDF-Version zu Keller (2011a), Service für BDÜ-Mitglieder zum *MDÜ* 5–2011.

Keller, Nicole (2011c): „Durchblick für Einsteiger. Translation-Memory-Systeme." *MDÜ* 5 / 2011, 10–14.

Keller, Nicole (2011d): „Im Einsatz: SDL Trados Studio 2011. Translation-Memory-Systeme." *MDÜ* 5 / 2011, 32–37.

Kemmann, Michael (2005): „Der Lokalisierungsmarkt." Reineke, Detlef / Schmitz, Klaus-Dirk (Hrsg.)(2005): Einführung in die Softwarelokalisierung. Tübingen: Gunter Narr Verlag Tübingen, 19–26.

Kleijn, Alexandra (2011): „Open-Source-Software für Übersetzer." http://www.heise.de/open/artikel/Open-Source-fuer-Uebersetzer-1204029.html (12.03.2013)

Kleijn, Alexandra (o.J.): „Übersetzen in der Cloud.“ http://www.heise.de/open/artikel/Open-Source-fuer-Uebersetzer-1204029.html?artikelseite=2 (12.03.2013)

Koch, Gabriele (2014): „Dialoge gerade ziehen – Softwarelokalisierung am Beispiel von Transit^{Nxt}.“ Baur, Wolfram et al. (Hrsg.)(2014): *Man vs. Machine? Im Spannungsfeld zwischen Mensch und Maschine. Tagungsband des 20. FIT-Weltkongresses*. Berlin: BDÜ Fachverlag. I:155–166.

Koller, Werner (2004): „Die Übersetzung als Gegenstand der Sprachwissenschaft.“ Kittel, Harald / Frank, Armin Paul / Greiner, Norbert / Hermans, Theo / Koller, Werner / Lambert, José / Paul, Fritz (2004)(Hrsg.): *Übersetzung – Translation – Traduction*. 1. Teilband / Volume 1 / Tome 1. Berlin / New York: Walter de Gruyter, 180–191.

Koller, Werner (2011): *Einführung in die Übersetzungswissenschaft*. Heidelberg, Wiesbaden: Quelle & Meyer.

Koschmieder, Erwin (1965): *Beiträge zur allgemeinen Syntax*. Heidelberg: Carl Winter Universitätsverlag.

Kruse, Astrid (2014): „Besitzansprüche. Urheberrecht und elektronische Datensammlungen.“ *MDÜ* 3–14, 10–15.

Kuhn, Wilfried (1977): *Implikative Universalien, linguistische Prinzipien und Sprachtypologie*. Arbeitspapier Nr. 34. Köln: Institut für Sprachwissenschaft, Universität Köln.

Lange, Winfried (2004): „Der Faden der Ariadne oder der Erwerb von Übersetzungskompetenzen durch Projektarbeit.“ Fleischmann, Eberhard / Schmitt, Peter A. / Wotjak, Gerd (2004)(Hrsg.): *Translationskompetenz*. Tagungsakten der LICTRA 2001, VII. Leipziger Internationale Konferenz zu Grundfragen der Translationswissenschaft. Tübingen: Stauffenburg, 623–640.

LeBlanc, Matthieu (2014): “’Do I really have to recycle this segment?’ Translation technologies, business practices and professional status.” Baur, Wolfram et al. (Hrsg.)(2014): *Man vs. Machine? Im Spannungsfeld zwischen Mensch und Maschine. Tagungsband des 20. FIT-Weltkongresses*. Berlin: BDÜ Fachverlag. I:166.

Leinhäuser, Udo (2005): „Vorüberlegungen zum Kauf eines Translation-Memory-Systems.“ *MDÜ* 4–5 / 2005, 6–7.

Lommel, Arle R. (2007): “The Globalization Industry Primer.” Localization Industry Standards Association. http://www.acclaro.com/assets/files/downloads/whitepapers/lisa_globalization_primer.pdf (21.10.2012)

López-Ebri, Enrique (2004): „Translation Memories und ihre Bumerangeffekte.“ *MDÜ* 4–5 / 05, 40–41.

Lorenz, Mark[298] (2010): "Localizing concatenated or dynamic strings." http://stackoverflow.com/questions/2459390/localizing-concatenated-or-dynamic-strings (04.11.2012)

Maia, Belinda: "LETRAC – Language Engineering for Translation Curricula". http://www.hd.uib.no/AcoHum/abs/Maia1.htm (08.01.2013)

Massion, François (2005): *Translation Memory Systeme im Vergleich*. Reutlingen: doculine.

Massion, François (2007): „Welcher Anbieter hat die besten Karten? TMS aus der Sicht des Übersetzungsdienstleisters." *MDÜ* 4 / 2007, 30–33.

Massion, François (2009): „Aufsteigender Stern aus dem Osten. Überblick über das Translation-Memory-System MemoQ." *MDÜ* 4 / 2009, 24–28.

Massion, François (2011): „Schwierigkeiten meistern. Lokalisierung von Maschinensoftware." *MDÜ* 2 / 2011, 14–19.

MDÜ-Redaktion (2013): „Wordbee Freelance Entrepreneur: komplettes Projektmanagement." *MDÜ* 1 / 2013, 28–30.

Melby, Alan K. / Lommel, Arle et al.: "LEIT: The LISA Education Initiative Taskforce." Folien zu einem Vortrag an der Universität des Saarlandes. http://www.uni-saarland.de/fak4/fr46/workshop/LEIT/sld001.htm (07.01.2013)

Muegge, Uwe (2013): „Wer teilt, gewinnt. Cloudbasierte Translation-Memory-Systeme" *MDÜ* 1 / 2013, 14–17.

Neubert, Albrecht (1975): „Verständlichkeit, Verstehbarkeit, Übersetzbarkeit." Neubert, Albrecht / Růžička, Rudolf (1975): *Verständlichkeit, Verstehbarkeit, Übersetzbarkeit. Sprachwissenschaft und Wissenschaftssprache*. Berlin: Akademie-Verlag.

Newmark, Peter (1988). *A textbook of translation*. New York u. a.: Prentice-Hall.

Nida, Eugene A. (1964): *Towards a Science of Translating. With Special Reference to Principles and Procedures Involved in Bible Translating*. Leiden: Brill.

Nord, Christiane (1987): „Übersetzungsprobleme – Übersetzungsschwierigkeiten. Was in den Köpfen von Übersetzern vorgehen sollte." Mitteilungsblatt für Dolmetscher und Übersetzer 33 / 2, 5–8

Ottmann, Angelika (2005): „Lokalisierung von Softwareoberflächen." Reineke, Detlef / Schmitz, Klaus-Dirk (Hrsg.)(2005): *Einführung in die Softwarelokalisierung*. Tübingen: Gunter Narr Verlag Tübingen, 101–116.

Paepcke, Fritz (1986): *Im Übersetzen leben. Übersetzen und Textvergleich*. Herausgegeben von Klaus Berger und Hans-Michael Speier. Tübinger Beiträge zur Linguistik 281. Gunter Narr Verlag Tübingen: Tübingen.

298 unter dem Pseudonym „SooDesuNe"

Parks, Gerald (1998): "Towards A Sociology Of Translation". Scarpa, Federica (Hrsg.)(1998): *Rivista internazionale di tecnica della traduzione* 3. 25–35. Triest: Edizioni Università di Trieste.

Payer, Margarete „Internationale Kommunikationskulturen." http://www.payer.de/kommkulturen/kultur042.htm (31.08.2015)

Phillips, Addison / Davis, Mark (Ed.): "Tags for Identifying Languages." Google und Yahoo! Inc. http://www.rfc-editor.org/rfc/bcp/bcp47.txt (02.11.2012)

Pielmeier, Hélène: „Can LSPs Become the Exclusive Language Service Vendor for their Clients?" http://www.commonsenseadvisory.com/Default.aspx?Contenttype=ArticleDetAD&tabID=63&Aid=21635&moduleId=390 (14.12.2015)

Pinker, Steven (2010): *The Language Instinct: How the Mind Creates Language.* New York u. a.: Harper Perennial.

Piróth, Attila (2014): "Man vs. Machine: who is who in the master-slave relationship." Baur, Wolfram et al. (Hrsg.)(2014): *Man vs. Machine? Im Spannungsfeld zwischen Mensch und Maschine. Tagungsband des 20. FIT-Weltkongresses.* Berlin: BDÜ Fachverlag. I:76.

Plank, Frans (Hrsg.)(2003): *Noun Phrase Structure in the Languages of Europe.* Mouton de Gruyter: Berlin, New York.

Potępa, Maciej (1993): „Die hermeneutische Dimension des Textübersetzens." Frank, Armin Paul (1993): *Übersetzen, verstehen, Brücken bauen.* Göttinger Beiträge zur internationalen Übersetzungsforschung 8, Teil 1. Berlin: Schmidt.

Presas, Marisa (2004): „Translatorische Kompetenz als Expertenwissen: eine Annäherung aus kognitiv-psychologischer Sicht." Fleischmann, Eberhard / Schmitt, Peter A. / Wotjak, Gerd (2004)(Hrsg.): Translationskompetenz. Tagungsakten der LICTRA 2001, VII. Leipziger Internationale Konferenz zu Grundfragen der Translationswissenschaft. Tübingen: Stauffenburg, 199–208.

Prunč, Erich (1997): „Translationskultur. Versuch einer konstruktiven Kritik des translatorischen Handelns." *TEXTconTEXT. Translation, Theorie, Didaktik, Praxis* 2, 99–128.

Prunč, Erich (2003): "Óptimo, subóptimo, fatal: Reflexiones sobre la democracia etnolingüística en la cultura europea de traducción." Kelly, Dorothy et al. (Hrsg.)(2003): *La direccionalidad en traducción e interpretación. Perspectivas teóricas, profesionales y didácticas.* Granada: Atrio, 67–89.

Prunč, Erich (2005): „Translationsethik." Sandrini, Peter (Hrsg.)(2005): *Fluctuat nec mergitur. Translation und Gesellschaft. Festschrift für Annemarie Schmid zum 75. Geburtstag.* Frankfurt am Main, Berlin, Bern, Wien u. a.: Lang. 165–194.

Prunč, Erich (2008): „Zur Konstruktion von Translationskulturen." Schippel, Larissa (Hrsg.)(2008): *Translationskultur – ein innovatives und produktives Konzept*. Berlin: Frank & Timme, 19–41.

Prunč, Erich (2012): *Entwicklungslinien der Translationswissenschaft. Von den Asymmetrien der Sprachen zu den Asymmetrien der Macht*. Berlin: Frank & Timme.

Reineke, Detlef (2005): „Softwarelokalisierungswerkzeuge." Reineke, Detlef / Schmitz, Klaus-Dirk (Hrsg.)(2005): *Einführung in die Softwarelokalisierung*. Tübingen: Gunter Narr Verlag Tübingen, 73–87.

Reineke, Detlef / Schmitz, Klaus-Dirk (Hrsg.)(2005): *Einführung in die Softwarelokalisierung*. Tübingen: Gunter Narr Verlag Tübingen, 189–204.

Reineke, Uwe (o. J.): „Vorlesung ‚Einführung Sprachdatenverarbeitung' (Teil 5)". Vorlesungsskript. http://www.f03.fh-koeln.de/imperia/md/content/personen/reinke_uwe/sdv_cl_5.pdf (09.09.2013)

Reiter, Anja „Schutzbrille ab, Datenbrille auf." http://www.zeit.de/2015/37/industrie-4-0-roboter-maschinen (06.10.2015)

Ressin, Malte / Abdelnour-Nocera, José / Smith, Andy (2011): "Of Code and Context: Collaboration Between Developers and Translators". Cataldo, Marcelo et al. (Hrsg.)(2011): *Proceedings of the 4th International Workshop on Cooperative and Human Aspects of Software Engineering*. New York: ACM. 50–52.

Reuther, Ursula (Hrsg.)(1999): *LETRAC survey findings in the Industrial Context*. Abschlussbericht des Projekts "Language Engineering for Translator Curricula (LETRAC)". http://www.iai-sb.de/docs/D22.pdf (09.01.2013)

Rinsche, Adriane / Portera-Zanotti, Nadia (2009): "The size of the language industry in the EU. Study report to the Directorate General for Translation of the European Commission." http://ec.europa.eu/dgs/translation/publications/studies/size_of_language_industry_en.pdf (26.02.2015)

Rösner, Sabine (2014): „Im Preis enthalten? Streitfall um ein Translation Memory." *MDÜ* 3–14, 16–19.

Rothe, Horst / Uhlig, Axel (1986): *BASTARD. Basissystem zur terminalorientierten Aktualisierung und Recherche in Datenbasen*. Schriftenreihe „Informationsverarbeitung im Hoch- und Fachschulwesen". Heft 14. Berlin: Zentralinstitut für Hochschulbildung.

Russel, Tracy (2005): "Get Ready to Go International." MultiLingual Getting Started Guide to Internationalization April / May 2005, 3–5.

Sachse, Florian (2004): „Begriffe aus der Softwarelokalisierung. Von ASCII bis XLIFF." *technische kommunikation*, 26.Jahrgang, 4 / 2004, 45–48.

Sachse, Florian (2005): „Lokalisierungsformate." Reineke, Detlef / Schmitz, Klaus-Dirk (Hrsg.): *Einführung in die Softwarelokalisierung*. Tübingen: Gunter Narr Verlag Tübingen, 145–168.

Sandrini, Peter (2005): "Website Localization and Translation." http://www.euroconferences.info/proceedings/2005_Proceedings/2005_Sandrini_Peter.pdf (21.10.2012)

Sandrini, Peter (2009): „Lokalisierung globaler Webinhalte: Eine Herausforderung für Translationswissenschaftler." Zybatow, Lew (Hrsg.)(2009): *Translation – neue Entwicklungen in Theorie und Praxis: SummerTrans-Lektionen zur Translationswissenschaft*. Forum Translationswissenschaft, Band 11. IATI-Beiträge I. Frankfurt am Main: Peter Lang, 139–148.

Sapir, Edward (1949²)(1921): *Language: An introduction to the study of speech*. Erstausgabe durch New York: Harcourt, Brace & World. Cambridge: Cambridge University Press.

Savourel, Yves (2001): *XML Internationalization and Localization*. Indianapolis: Sams Publishing.

Schelten, Andreas (2000). *Begriffe und Konzepte der berufspädagogischen Fachsprache: Eine Auswahl*. Stuttgart: Steiner

Schlegel, August Wilhelm von (1818): *Observations sur la langue et la littérature provençales*. Paris: Librairie Grecque-Latine-Allemande.

Schlegel, Friedrich von (1808): *Über die Sprache und Weisheit der Indier*. Mikrofiche. Heidelberg: Mohr und Zimmer.

Schlesinger, Arielle (2013): „Feminism and Programming Languages." http://www.hastac.org/blogs/ari-schlesinger/2013/11/26/feminism-and-programming-languages (10.03.2015)

Schlesinger, Arielle (2014): "Feminist Code: Critical Code Studies Working Group 2014." http://www.hastac.org/blogs/ari-schlesinger/2014/07/14/feminist-code-critical-code-studies-working-group-2014 (10.03.2015)

Schmitt, Peter A. (1993): „Der Translationsbedarf in Deutschland. Ergebnisse einer Umfrage." *Mitteilungen des BDÜ* 5, 3–9.

Schmitt, Peter A. (1997): „Was ist ein Text?" Fleischmann, Eberhard / Kutz, Wladimir / Schmitt, Peter A. (1997) (Hrsg.): *Translationsdidaktik. Beiträge zu Grundfragen der Translationswissenschaft*. Tübingen: Narr. 15–27.

Schmitt, Peter A. (1998a): „Berufsbild". Snell-Hornby, Mary / Hönig, Hans / Kussmaul, Paul / Schmitt, Peter A. (1998): *Handbuch Translation*. Tübingen: Stauffenburg, 1–5.

Schmitt, Peter A. (1998b): „Technical Writing und Übersetzen." Snell-Hornby, Mary / Hönig, Hans / Kussmaul, Paul / Schmitt, Peter A. (1998): *Handbuch Translation*. Tübingen: Stauffenburg, 154– 159.

Schmitt, Peter A. (1999a): „Maßeinheiten." Snell-Hornby, Mary / Hönig, Hans / Kussmaul, Paul / Schmitt, Peter A. (1998): *Handbuch Translation*. Tübingen: Stauffenburg, 298–301.

Schmitt, Peter A. (1999b): „Defekte im Ausgangstext." Snell-Hornby, Mary / Hönig, Hans / Kussmaul, Paul / Schmitt, Peter A. (1998): *Handbuch Translation*. Tübingen: Stauffenburg, 147–151.

Schmitt, Peter A. (2004a): „Vom TippEx zum Translation Memory – Veränderungen des Berufsbilds des Übersetzers." *MDÜ* 2 / 04, 55–57.

Schmitt, Peter A. (2004b): „Ingenieur vs. Übersetzer: Wird Hochtechnologie zu hoch für Übersetzer?" Fleischmann, Eberhard / Schmitt, Peter A. / Wotjak, Gerd (2004)(Hrsg.): *Translationskompetenz*. Tagungsakten der LICTRA 2001, VII. Leipziger Internationale Konferenz zu Grundfragen der Translationswissenschaft. Tübingen: Stauffenburg, 539–550.

Schmitt, Peter A. (2016): "Crowdsourcing and cloud-based free content: Its impact on the T&I industry." Forstner, Martin / Lee-Jahnke, Hannelore (Hrsg.): *CIUTI Forum 2015: Pillars of communication in times of uncertainty*. Bern: Peter Lang (in Druck).

Schmitz, Klaus-Dirk (2000): „Softwarelokalisierung – Eine Übersicht." Schmitz, Klaus-Dirk / Wahle, Kirsten (Hrsg.)(2000): *Softwarelokalisierung*. Tübingen: Stauffenburg, 1–10.

Schmitz, Klaus-Dirk (2005a): „Internationalisierung und Lokalisierung von Software." Reineke, Detlef / Schmitz, Klaus-Dirk (2005)(Hrsg.): *Einführung in die Softwarelokalisierung*. Tübingen: Narr, 1–18.

Schmitz, Klaus-Dirk (2007a): „Translationsqualität durch Terminologiequalität – wie und wo sollte Terminologiearbeit den Übersetzungsprozess unterstützen." Schmitt, Peter A. / Jüngst, Heike (2007)(Hrsg.): *Translationsqualität. Leipziger Studien zur angewandten Linguistik und Translatologie*, Band 5. Frankfurt: Peter Lang Europäischer Verlag der Wissenschaften, 537–552.

Schmitz, Klaus-Dirk / Wahle, Kirsten (Hrsg.)(2000): *Softwarelokalisierung*. Tübingen: Stauffenburg.

Schnell, Bettina / Aranda, Marcos (2007): „Engeres Blickfeld, andere Reformulierungen. Translation-Memory-Systeme und der Übersetzungsprozess." *MDÜ* 4 / 2007, 34–38.

Schopp, Jürgen F. (2008): „Qualitätssicherung im Übersetzungsprozess durch translatorische Netzwerke." Schippel, Larissa (Hrsg.)(2008): *Translationskultur – ein innovatives und produktives Konzept*. Berlin: Frank & Timme, 237–270.

Schreiber, Michael (1993): *Übersetzung und Bearbeitung. Zur Differenzierung und Abgrenzung des Übersetzungsbegriffs*. Tübingen: Narr.

Schreiber, Michael (1997): „Übersetzungsverfahren. Klassifikation und didaktische Anwendung." Fleischmann, Eberhard / Kutz, Wladimir / Schmitt, Peter A. (1997) (Hrsg.): Translationsdidaktik. Grundfragen der Übersetzungswissenschaft. Tübingen: Narr, 219–226.

Schreiber, Michael (1999): „Defekte im Ausgangstext." *Handbuch Translation*. Tübingen: Stauffenburg Verlag, 147–154.

Schüßler, Hanna (2012): *„Wer suchet, der findet?" – Die Vermittlung von InternetrechercheKompetenz in der Translatorausbildung*. Hamburg: Verlag Dr. Kovač.

Seewald-Heeg, Uta (2005): „Der Einsatz von Translation-Memory-Systemen am Übersetzerarbeitsplatz. Aufbau, Funktionsweise und allgemeine Kaufkriterien." *MDÜ* 4–5 / 2005, 8–38.

Seewald-Heeg, Uta (2007a): „Vielfalt auf dem Markt. Wachsende Anforderungen – neue Entwicklungen." *MDÜ* 4 / 2007, 12–25.

Seewald-Heeg, Uta (2010): *Grundlagen der Lokalisierung*. Vortragsfolien der Herbstschule Softwarelokalisierung 2010. Hochschule Anhalt

Seewald-Heeg, Uta (2012): „ Lokalisierung von Software – Informationstechnologische Anforderungen an Übersetzer im Zeitalter der Globalisierung." *Социально-экономические науки* № 16 (41), 85–96.

Seewald-Heeg, Uta / Althoff, Katja (2011): „Die richtige Konfiguration. Funktionalitäten von Lokalisierungswerkzeugen." *MDÜ* 2 / 2011, 26–31.

Sgall, Petr (1979): „Die Sprachtypologie V. Skaličkas." Skalička, Vladimir / Hartmann, Peter (Hrsg.)(1979): *Typologische Studien. Mit einem Beitrag von Petr Sgall*. Schriften zur Linguistik 11. Braunschweig / Wiesbaden: Friedr. Vieweg & Sohn.

Sikes, Richard (2009): "Localization: The Global Pyramid Capstone." *MultiLingual Getting Started Guide to Internationalization* April / May 2009, 3–6

Silbermann, Alphons / Hänseroth, Albin (1985). *Der Übersetzer: Eine berufs- und literatursoziologische Untersuchung*. Buchwissenschaftliche Beiträge aus dem Deutschen Bucharchiv München. Band 12. Wiesbaden: Harrassowitz.

Skalička, Vladimir (1958): „Über den gegenwärtigen Stand der Typologie." Skalička, Vladimir / Hartmann, Peter (Hrsg.)(1979): *Typologische Studien. Mit einem Beitrag von Petr Sgall*. Schriften zur Linguistik 11. Braunschweig / Wiesbaden: Friedr.Vieweg & Sohn.

Skalička, Vladimir (1966): „Ein ‚typologisches Konstrukt'." Skalička, Vladimir / Hartmann, Peter (Hrsg.)(1979): *Typologische Studien. Mit einem Beitrag von Petr Sgall*. Schriften zur Linguistik 11. Braunschweig / Wiesbaden: Friedr. Vieweg & Sohn.

Smith, Adam (1767): "Considerations Concerning the First Formation of Languages and the Different Genius of Original and Compounded Languages." Smith, Adam (1767^3): *The Theory of Moral Sentiments. To which is Added a Dissertation on the Origin of Languages.* London: A. Millar, A. Kincaid and J. Bell in Edinburgh, 437–478.[299]

Smith, Adam / Coseriu, Eugenio (1970): *A dissertation on the origin of languages: or Considerations concerning the first formation of languages and the different genius of original and compounded languages. Adam Smith und die Anfänge der Sprachtypologie Eugenio Coseriu. Kritik der glottogonischen Theorie Adam Smiths Antonio Rosmini Serbati.* Herausgegeben und mit einer Einleitung versehen von Gunter Narr. (Tübinger Beiträge zur Linguistik 3). Tübingen: Narr.

Sum, Lissa (2014): „Übersetzungstechnologie: Fluch oder Segen?" Baur, Wolfram et al. (Hrsg.) (2014): *Man vs. Machine? Im Spannungsfeld zwischen Mensch und Maschine. Tagungsband des 20. FIT-Weltkongresses.* Berlin: BDÜ Fachverlag. I:183–185.

Svoboda, Tomáš (2014): "Man and Machine: Translation in the Era of Augmented Reality." Baur, Wolfram et al. (Hrsg.)(2014): *Man vs. Machine? Im Spannungsfeld zwischen Mensch und Maschine. Tagungsband des 20. FIT-Weltkongresses.* Berlin: BDÜ Fachverlag. I:93–100.

Symmonds, Nick (2002): *Internationalization and Localization Using Microsoft .NET.* New York: Apress.

Tanriverdi, Hakan: „Programmierprojekt: Codesprache Arabisch." http://www.spiegel.de/netzwelt/gadgets/alb-ramsey-nasser-kreiert-eine-neue-programmiersprache-a-880362.html 04.02.2013

Topping, Suzanne (2002): "Introduction to Internationalization." *MultiLingual. Getting Started Guide to Internationalization.* April / May 2005, 5–6.

Vennemann, Theo (1982): „Isolation – Agglutination – Flexion? Zur Stimmigkeit typologischer Parameter". Heinz, Sieglinde / Wandruszka, Ulrich (Hrsg.) (1982): *Fakten und Theorien. Beiträge zur romanischen und allgemeinen Sprachwissenschaft. Festschrift für Helmut Stimm zum 65. Geburtstag.* Tübingen: Narr, 327–334.

Venuti, Lawrence (1995): *The Translator's Invisibility.* London / New York: Routledge.

299 Das Faksimile dieser Ausgabe ist elektronisch abrufbar unter http://find.galegroup.com/ecco/infomark.do?contentSet=ECCOArticles&docType=ECCOArticles&bookId=0711400200&type=getFullCitation&tabID=T001&prodId=ECCO&docLevel=TEXT%5FGRAPHICS&version=1.0&source=library (12.11.2013)

Vine, Andrea S. (2002): "Designing User Interfaces for an International Audience." *MultiLingual Getting Started Guide to Internationalization* April / May 2005, 15–22.

Voß, Gerd Günter / Rieder, Kerstin (2005): *Der arbeitende Kunde: Wenn Konsumenten zu unbezahlten Mitarbeitern werden*. Frankfurt: Campus.

Weisgerber, Leo (1962): *Grundzüge der inhaltbezogenen Grammatik* (3., neu bearbeitete Auflage). Düsseldorf: Pädagogischer Verlag Schwann.

Whorf, Benjamin Lee (1963): *Sprache, Denken, Wirklichkeit: Beiträge zur Metalinguistik und Sprachphilosophie*. Reinbek bei Hamburg: Rowohlt.

Wilss, Wolfram (1992): *Übersetzungsfertigkeit. Annäherung an einen komplexen übersetzungspraktischen Begriff*. Tübingen: Narr.

Wolf, Roman (2015): *Sozioökonomische Aspekte des Einsatzes von CAT-Systemen durch freiberufliche Translatoren. Prozesse, Arbeitszufriedenheit und Erwerbserfolg*. Masterarbeit. Leipzig: Institut für Angewandte Linguistik und Translatologie, Behrens / Baumann.

Wotjak, Gert (1985): „Techniken der Übersetzung." *Lebende Sprachen*. 24–34

Wußler, Annette (1998): „Vom Wasserträger zum Experten – Überlegungen zum Status des Translators." *Textcontext. Translation, Theorie, Didaktik, Praxis* 3 / 4, 235–249.

Yunker, John (2003): *Beyond Borders. Web Globalization Strategies*. Indianapolis: New Riders Publishing.

Zielinsky, Daniel (2012): *Schnupperkurs Softwarelokalisierung*. Übersetzen in die Zukunft, Berlin, 29.9.2012. Präsentation zum Vortrag. Saarbrücken: Loctimize GmbH.

10.1.2. Quellen und Literatur ohne Autorenangabe

"11.2.6 Additional functions for plural forms." https://www.gnu.org/software/gettext/manual/html_node/Plural-forms.html#Plural-forms (27.05.2015)

"12.6 Translating plural forms." http://www.gnu.org/software/gettext/manual/html_node/Translating-plural-forms.html (19.11.2013)

"12.6 Translating plural forms." https://www.gnu.org/software/gettext/manual/html_node/Translating-plural-forms.html (27.05.2015)

"15. Adapting Translations To Screen Size." http://l20n.org/learn/adapting-translations-to-screen-size/ (09.12.2014)

"Adding Localized Text Resources." http://msdn.microsoft.com/en-us/library/ms853587.aspx (10.10.2013)

"Android Studio." https://developer.android.com/sdk/index.html (04.09.2015)

"Apple." http://de.wikipedia.org/wiki/Apple (29.10.2012)

"Autodesk Maya Plugin Internationalization White Paper." http://images.autodesk.com/adsk/files/maya_plugin_internationalization_whitepaper.pdf (04.11.2012)

"Avoid String Concatenation in Applications to be Localized." http://bodeuxinternational.com/avoid-string-concat/ (10.10.2013)

„Berufsbild Übersetzer." http://www.bdue.de/der-beruf/uebersetzer/ (06.09.2015)

„CES: VW zeigt Gestensteuerung im Auto." http://www.heise.de/newsticker/meldung/CES-VW-zeigt-Gestensteuerung-im-Auto-2511297.html (27.07.2015)

"Codes for the Representation of Names of Languages." http://www.loc.gov/standards/iso639-2/php/English_list.php (31.10.2012)

„Aktuelle Zahlen zum Übersetzungsmarkt in Deutschland: 12 Prozent Wachstum." http://uepo.de/2012/09/29/aktuelle-zahlen-zum-ubersetzungsmarkt-in-deutschland-12-prozent-wachstum/ (26.02.2015)

"Developing International Software (1)." Microsoft Developer Network. http://msdn.microsoft.com/en-us/library/cc194758.aspx (24.10.2012)

"Developing International Software (2)." Microsoft Developer Network. http://msdn.microsoft.com/en-us/library/cc194760.aspx (24.10.2012)

"Extracted CLDR Supplemental Data." http://unicode.org/repos/cldr-tmp/trunk/diff/supplemental/index.html (14.02.2013)

"Facts and Figures. Language Services Market." http://www.commonsenseadvisory.com/Resources/FactsandFigures.aspx (07.11.2012)

"FOSS Open Standards/Standards and Internationalization/Localization of Software." http://en.wikibooks.org/wiki/FOSS_Open_Standards/Standards_and_Internationalization/Localization_of_Software (21.10.2012)

"Foundation Functions Reference." https://developer.apple.com/library/mac/documentation/Cocoa/Reference/Foundation/Miscellaneous/Foundation_Functions/ (05.06.2015)

„Gestensteuerung im Auto: Her mit dem Wisch." http://www.spiegel.de/auto/aktuell/kfz-technikder-zukunft-gestensteuerung-ersetzt-tasten-und-schalter-a-971985.html (26.02.2015)

"gettext."(b) http://www.gnu.org/software/gettext/ (21.10.2012)

"Globalization Step-by-Step. Understanding Internationalization." Microsoft Developer Network. http://msdn.microsoft.com/en-us/goglobal/bb688112.aspx (24.10.2012)

"GNU gettext utilities." http://www.gnu.org/software/gettext/manual/gettext.html (21.05.2014)

"GNU gettext." http://de.wikipedia.org/wiki/gettext (01.03.2013)

„Google Driverless: Patent zum Autofahren per Gestensteuerung." http://www.computerbild.de/artikel/cb-Aktuell-Internet-Google-Driverless-Autofahren-per-Gestensteuerung-8762719.html (26.02.2015)

"Guideline A: User interface." http://www-01.ibm.com/software/globalization/guidelines/a3.html (30.07.2015)

„Handzeichen Andere Länder, andere Gesten." http://www.beobachter.ch/konsum/reisen/artikel/handzeichen_andere-laender-andere-gesten/ (31.08.2015)

"ICU Home Page." http://site.icu-project.org/ (01.03.2013)

"ICU User Guide." ftp://ftp.software.ibm.com/software/globalization/icu/3.4/icu-3.4-userguide.pdf (26.10.2012)

„Ifo-Berechnung: Deutschland hat weltweit höchsten Exportüberschuss." http://www.spiegel.de/wirtschaft/soziales/exportueberschuss-deutschland-spitzenreiter-bei-leistungsbilanz-saldo-a-1016265.html (26.02.2015)

"Input method." http://en.wikipedia.org/wiki/Input-method_editor (14.01.2013)

"International Components for Unicode. Locale Explorer." http://demo.icu-project.org/icu-bin/locexp (14.02.2013)

„Internationalisation."
http://harmattan-dev.nokia.com/docs/platform-api-reference/xml/daily-docs/libmeegotouch/i18n.html (10.10.2013)

„Internationalisierung (i18n)." http://www.phpwcms-howto.de/wiki/doku.php/deutsch/ersetzer_rts/integrierte-tags/sprach-tags/i18n (21.10.2012)

"Internationalization (i18n) Framework." http://www.openoffice.org/l10n/i18n_framework/ (21.10.2012)

"Internationalization Functions." http://www.php.net/manual/de/book.intl.php (21.10.2012)

"Internationalization with Qt."
http://www.kde.gr.jp/~ichi/qt/i18n.html (21.10.2012)

"Introduction to gettext."
http://www.gnu.org/software/gettext/gettext.html (06.03.2013)

"Invoking the msgmerge Program." https://www.gnu.org/software/gettext/manual/html_node/msgmerge-Invocation.html (14.12.2015) "iOS Plurals Library." http://www.smartling.com/blog/2013/03/26/international-ios-plurals-library/ (15.07.2013)

"ISO 3166–1 decoding table." http://www.iso.org/iso/iso-3166–1_decoding_table (24.10.2012)

"Its0504ReqKeyDefinitions." http://www.w3.org/wiki/Its0504ReqKeyDefinitions (23.10.2012)

"JQUERY.I18N.PROPERTIES." http://archive.plugins.jquery.com/project/jquery_i18n_properties (21.10.2012)

"jquery-i18n-properties." http://code.google.com/p/jquery-i18n-properties/ (21.10.2012)

„Kikoriki." http://de.wikipedia.org/wiki/Kikoriki (06.01.2013)

„Kreise in die Luft malen." http://www.handelsblatt.com/auto/test-technik/bmw-gestensteuerung-kreise-in-die-luft-malen/11190434.html (27.07.2015)

"L20N BY MOZILLA." http://l20n.org/ (03.07.2014)

"L20n." https://wiki.mozilla.org/L20n (11.10.2013)

"L20n/Background." https://wiki.mozilla.org/L20n/Background (15.05.2014)

"L20n/Characteristics." https://wiki.mozilla.org/L20n/Characteristics (25.06.2014)

"L20n/Design." https://wiki.mozilla.org/L20n/Design (07.12.2014)

"L20n: the next stage of l10n for localizers." http://blog.mozilla.org/l10n/2012/03/15/l20n_next_stage/ 26.06.2014

„Langnese (Eismarke)." http://de.wikipedia.org/wiki/Langnese_(Eismarke)(18.11.2012)

"Language Engineering for Translator Curricula." http://www.iai-sb.de/forschung/content/view/37/50/ (08.01.2013)

"Language Plural Rules." http://unicode.org/repos/cldr-tmp/trunk/diff/supplemental/language_plural_rules.html (13.02.2013)

"Language Wrappers." http://site.icu-project.org/related (06.03.2013)

„Liste von Gesten." https://de.wikipedia.org/wiki/Liste_von_Gesten (31.08.2015)

"Locale IDs Assigned by Microsoft." http://msdn.microsoft.com/en-us/goglobal/bb964664.aspx (31.10.2012)

"Localization and Plurals." https://developer.mozilla.org/en-US/docs/Localization_and_Plurals (06.03.2013)

"Localization Process." http://help.multilizer.com/documents/productinfo/Multilizer%20Process%20Overview.pdf (30.01.2013)

"Localization/Concepts/Transcript." http://techbase.kde.org/Localization/Concepts/Transcript (11.10.2013)

„Lokalisierung vs. Internationalisierung.“ http://www.w3.org/International/questions/qa-i18n.de.php (01.11.2012)

“Monthly merchandise trade value.” https://www.wto.org/english/res_e/statis_e/daily_update_e/monthly_trade_e.xls (26.02.2015)

“Mozilla Firefox.” http://de.wikipedia.org/wiki/Mozilla_Firefox (29.10.2012)

“Mozilla Localizability Guidelines.” http://www-archive.mozilla.org/docs/refList/i18n/l12yGuidelines.html (04.11.2012)

“Multilingual eLearning in LANGuage Engineering.” http://mellange.eila.jussieu.fr/mellange_presentation_en.ppt (08.01.2013)

“ngettext.” http://php.net/manual/de/function.ngettext.php (06.11.2012)

“NinJump.” https://play.google.com/store/apps/details?id=com.bfs.ninjump&hl=de (17.02.2013)

„Online Umfragen kostenlos erstellen, durchführen und auswerten.“ http://www.q-set.de/ (09.12.2013)

„Online-Umsätze von Dienstleistungen und digitalen Gütern in Deutschland in den Jahren 2013 und 2014 (in Millionen Euro).“ http://de.statista.com/statistik/daten/studie/203206/umfrage/online-umsatz-mit-dienstleistungen-im-jahr-2010-nach-kategorien/ (15.03.2015)

„Online-Umsätze von Dienstleistungen und digitalen Gütern in Deutschland in den Jahren 2013 und 2014 (in Millionen Euro).“ http://de.statista.com/statistik/daten/studie/203206/umfrage/online-umsatz-mit-dienstleistungen-im-jahr-2010-nach-kategorien/ (15.03.2015)

„Piet.“ http://www.dangermouse.net/esoteric/piet/samples.html (04.08.2015)

“Principaux exportateurs et importateurs mondiaux de marchandises, 2013.” https://www.wto.org/english/res_e/statis_e/its2014_e/section1_e/i07.xls (15.03.2015)

“Principaux exportateurs et importateurs mondiaux de services commerciaux, 2013.” https://www.wto.org/english/res_e/statis_e/its2014_e/section1_e/i09.xls (15.03.2015)

„Programmable UI translations.“ http://nedohodnik.net/misc/cotras-intro.html (13.10.2015)

„Protokoll. Arbeitsgruppe ‚Anforderungen‘.“ http://www.transforum.de/download/Anforderungen.pdf (06.09.2015)

“QtInternationalization.”http://wiki.meego.com/QtInternationalization#String_Concatentation (04.11.2012)

“QT Reference Documentation. Internationalization with Qt.” http://doc.qt.digia.com/latest/internationalization.html (21.10.2012)

"Quantity Strings (Plurals)." http://developer.android.com/guide/topics/resources/string-resource.html#Plurals (13.07.2015)

"Related ICU Projects." http://site.icu-project.org/related (01.03.2013)

„Richtlinien und Empfehlungen." http://de.halo.wikia.com/wiki/Hilfe:Richtlinien (20.11.2012)

"Romanization Systems and Policies." http://earth-info.nga.mil/gns/html/romanization.html (14.02.2013)

„Samsung arbeitet an Smart Watch mit Gestensteuerung." http://www.android-welt.de/samsung-arbeitet-an-smart-watch-mit-gestensteuerung (26.02.2015)

"SDL Trados Studio 2014 Integration API." http://www.translationzone.com/slideshare/sdl-trados-studio-2014-integration-api/53752/ (06.09.2015)

„Smartling.i18n.framework." https://github.com/Smartling/ios-i18n/blob/master/README.md#slpluralizedstring (15.07.2013)

„Software Development Kit." http://www.translationzone.com/openexchange/developer/sdk.html (06.09.2015)

"String-Related Issues." https://msdn.microsoft.com/en-us/library/aa292178%28v=vs.71 %29.aspx#vxconstring-relatedconsiderationsanchorstringconcatenation (03.03.2015)

"Sun Developer Network (SDN). FAQ. Solaris Xi18n framework" http://dsc.sun.com/dev/gadc/xi18nfaq.html (21.10.2012)

"Text expansion during translation." http://www.argotrans.com/blog/2013/01/expansion-translated-text (30.07.2015)

"Text size in translation." http://www.w3.org/International/articles/article-text-size.en (30.07.2015)

„Texttechnologie und Computerlinguistik' / Bachelor: Nebenfach (fw) // Module" http://ekvv.uni-bielefeld.de/sinfo/publ/variante/22966036 (06.06.2013)

"The Java™ Tutorials. Trail: Internationalization." http://docs.oracle.com/javase/tutorial/i18n/index.html (21.10.2012)

"The Knee-Jerk Reflex of Internationalization" http://www.valerie-antoinette.com/news/the-knee-jerk-reflex-of-internationalization (24.10.2012)

"The Localization Process." http://msdn.microsoft.com/en-us/library/cc194763.aspx (30.01.2013)

"The Universals Archive." http://typo.uni-konstanz.de/archive/ (26.08.2013)

„Transforum. Berufsfelder Übersetzen und Dolmetschen." http://www.transforum.de/download/berufsbilder_2014.pdf (06.09.2015)

"Translation Rules for Plurals." http://doc.qt.digia.com/latest/i18n-plural-rules.html (04.11.2012)

"Translation Text Expansion: How it affects Design." http://www.kwintessential.co.uk/read-our-blog/translation-text-expansion-how-it-affects-design.html (30.07.2015)

„Umsatz von Unternehmen im Bereich IT-Services in Deutschland in den Jahren 2012 und 2013 (in Millionen Euro)." http://de.statista.com/statistik/daten/studie/36537/umfrage/umsatz-von-it-service-unternehmen-in-deutschland/ (16.03.2015)

„Umsätze der wichtigsten Industriebranchen in Deutschland im Jahr 2013 (in Milliarden Euro)." http://de.statista.com/statistik/daten/studie/241480/umfrage/umsaetze-der-wichtigsten-industriebranchen-in-deutschland/ (16.03.2015)

"Unicode CLDR Project." http://cldr.unicode.org/ (24.02.2013)

"Web Localization." http://www.globaledgesolutions.com/localization.asp (30.01.2013)

„Wert der deutschen Exporte von Dezember 2013 bis Dezember 2014 (Originalwerte in Milliarden Euro)." http://de.statista.com/statistik/daten/studie/3302/umfrage/exportvolumen-in-deutschland/ (26.02.2015)

"What is software localization?" http://www.sdl.com/technology/language-technology/what-is-software-localization.html (30.01.2013)

"Writing Source Code for Translation". http://doc.qt.digia.com/latest/i18n-source-translation.html#handling-plurals (04.11.2012)

„Würfel." https://play.google.com/store/apps/details?id=com.qwertyfshag.t50409143&feature=search_result (17.02.2013)

„Wußten Sie eigentlich schon..." http://kommdesign.de/fakten/seite2.htm#Farben (01.11.2012)

Apple Inc. (2012): "Internationalization Programming Topics. User Experience." Cupertino: Apple Inc. http://developer.apple.com/library/ios/documentation/MacOSX/Conceptual/BPInternational/BPInternational.pdf (21.10.2012)

Bundesverband der Dolmetscher und Übersetzer e.V. (2014): *Hintergrundinformation. Presseinformation.* http://www.bdue.de/fileadmin/files/PDF/Presseinformationen/BDUe_Hintergrundinformation.pdf (26.02.2015)

Friedrich-Alexander-Universität Erlangen-Nürnberg (2007, 2009a): *Grundlagen der Computerlinguistik I.* Modulbeschreibung. Erlangen: Friedrich-Alexander-Universität Erlangen-Nürnberg, Philosophische Fakultät und Fachbereich Theologie. http://www.linguistik.uni-erlangen.de/clue/fileadmin/docs/modules/modul_cl1.pdf (12.05.2015)

Friedrich-Alexander-Universität Erlangen-Nürnberg (2007, 2009b): *Grundlagen der Computerlinguistik II.* Modulbeschreibung. Erlangen: Friedrich-Alexander-Universität Erlangen-Nürnberg, Philosophische Fakultät und Fachbereich Theologie. http://www.linguistik.uni-erlangen.de/clue/fileadmin/docs/modules/modul_cl2.pdf (12.05.2015)

Friedrich-Alexander-Universität Erlangen-Nürnberg (2009a): *Werkzeuge und Arbeitstechniken.* Modulbeschreibung. Erlangen: Friedrich-Alexander-Universität Erlangen-Nürnberg, Philosophische Fakultät und Fachbereich Theologie. http://www.linguistik.uni-erlangen.de/clue/fileadmin/docs/modules/modul_werkzeuge_2009.pdf (12.05.2015)

Friedrich-Alexander-Universität Erlangen-Nürnberg (2009b): *Programmierung.* Modulbeschreibung. Erlangen: Friedrich-Alexander-Universität Erlangen-Nürnberg, Philosophische Fakultät und Fachbereich Theologie. http://www.linguistik.uni-erlangen.de/clue/fileadmin/docs/modules/modul_programmierung.pdf (12.05.2015)

Justus-Liebig-Universität Gießen (2013): *Studienhandbuch Germanistik. Justus Liebig-Universität Gießen. Institut für Germanistik. Version 2.3.2.* Gießen: Justus-Liebig-Universität Gießen. https://www.uni-giessen.de/cms/fbz/fb05/germanistik/studium/orga/studienhandbuch-germanistik (10.05.2015)

Ludwig-Maximilians-Universität München (2010): *Studienplan Bachelor of Science „Computerlinguistik“, Hauptfach (120 ECTS).* Studienverlaufsplan. http://www.cis.uni-muenchen.de/download/studienplan/studienplan_cl.pdf (12.05.2015)

Ludwig-Maximilians-Universität München (2013): *Master o.Sc. Computerlinguistik (90, Pool/Informatik: 30 ECTS).* Studienverlaufsplan. http://www.cis.uni-muenchen.de/download/studienplan/studienplan_cl_master.pdf (12.05.2015)

Mac Developer Library: “Nib Files.” https://developer.apple.com/library/mac/#documentation/Cocoa/Conceptual/LoadingResources/CocoaNibs/CocoaNibs.html#//apple_ref/doc/uid/10000051i-CH4-SW8 (21.10.2012)

Mac Developer Library: “String Resources.” https://developer.apple.com/library/mac/#documentation/Cocoa/Conceptual/LoadingResources/Strings/Strings.html (21.10.2012)

Ruhr-Universität Bochum (2012): *Linguistik – Computerlinguistik – Psycholinguistik. Modulhandbuch.* Bochum: Ruhr-Universität Bochum, Fakultät für Philologie, Sprachwissenschaftliches Institut.

Universität Stuttgart (2012): *Modulhandbuch Studiengang Master of Science Computational Linguistics. Prüfungsordnung: 2011. Wintersemester 2012/13 Stand: 11. Oktober 2012* http://www.uni-stuttgart.de/bologna/modulhandbuecher/SoSe2015/mhb-95–976-1-2011.pdf (12.05.2015)

Universität Trier (o. J.): *Modulhandbuch. Module des Bachelor-Studienganges Computerlinguistik (Hauptfach) im Fachbereich II an der Universität Trier.* Trier: Universität Trier, Fachbereich II.

10.2 Quellen und Literatur in Kyrilliza

10.2.1. Quellen und Literatur mit Autorenangabe

Вежбицкая, Анна (1996): *Язык. Культура. Познание.* Москва: Русские словари.

Галаджий, Елена (2013): «В Henkel извинились, что смыли ‹украинский флаг.› в унитаз.» http://kp.ua/daily/120813/408125/ (14.08.2013)

Зимовец Н.В. / Кобзарева Л.А. (2013): «Декомпрессия текста при переводе с русского языка на английский (на материале перевода романа Б. Пастернака «Доктор Живаго».» *Фундаментальные исследования* 11, 2013. 1728–1731.

Кузнецов, П.С. (2010²)(1956): *Морфологическая классификация языков: Материалы к курсам языкознания.* Лингвистическое наследие XX века. Москва: URSS: Либроком.

Латышев, Л. К. (2000): *Технология перевода. Учебное пособие по подготовке переводчиков.* Москва: НВИ-Тезаурус.

Фёдоров, А. В. (1958): *Введение в теорию перевода.* Москва: Издательство литературы на иностранных языках.

10.2.2. Quellen und Literatur ohne Autorenangabe

«Исходный и целевой язык.» http://litera.in.ua/articl-perevod-4.php (30.07.2015)

«Множественное число на Android.» http://www.dimasokol.ru/plurals-in-android/ (13.07.2015)

«Склонение существительных с числительными.» http://habrahabr.ru/post/37579/ (04.11.2012)

«Смешарики.» http://ru.wikipedia.org/wiki/%D0%A1%D0%BC%D0%B5%D1%88 %D0%B0%D1%80%D0%B8%D0%BA%D0%B8 (06.01.2013)

10.3. Konsultanten, Urheber sonstiger Leistungen

Czopik, Jerzy, Fragen zum Developer Program von SDL (über die Fachkonferenz *Computerunterstütztes Übersetzen (CAT)* in *MeinBDÜ*)

Heimpold, Michael, Konsultation zur Praxis der Softwareinternationalisierung

Ilić, Časlav (Часлав Илић), Belgrad, *KDE Applications*; Listenkorrespondenz, persönliche Mails, Fragen zur Transcripting-Technologie, Bereitstellung einer Hallo-Welt-Anwendung mit dem KDE Framework 5

Kittinger, Randy, Konsultation zur Internationalisierung bei iOS; Schreiben von Objective-C-Code

Rockey, Matthew, M.A., Öffentlich bestellter und allgemein beeidigter Dolmetscher für die englische Sprache, Übersetzung der Zusammenfassung.

Rothe, Horst, Universität Leipzig, Konsultation zu Fragen der Softwareentwicklung

Seidel, Ulrich, Konsultation zur Internationalisierung und Lokalisierung von Software; Aufsetzen der Android-, L20n- und KDE-Installation

Stiebels, Barbara, Universität Leipzig, Konsultationen zur Sprachtypologie

Danksagungen

Die vorliegende Arbeit entstand im Rahmen einer durch den Europäischen Sozialfonds und die IEQualize GmbH (Leipzig) geförderten Industriepromotion am Institut für Angewandte Linguistik und Translatologie (IALT) der Universität Leipzig.

Mein erster Dank gilt meinem Doktorvater Herrn Univ.-Prof. Dr. habil. Peter A. Schmitt, ohne dessen Wohlwollen, wissenschaftliche Versiertheit und gewährendes Eingehen auf Verwegenheiten, die meiner Beschäftigung mit dem Thema mitunter die Richtung gegeben haben, die Arbeit gar nicht erst in Angriff genommen worden wäre.

Frau Prof. Dr. Uta Seewald-Heeg hat mir in der *Herbstschule Softwarelokalisierung* an der Hochschule Anhalt im Jahr 2010 erste Impulse zum Thema gegeben und unterstützte das Vorhaben hiernach aktiv in persönlichen und schriftlichen Konsultationen insbesondere zu Fragen der Softwarelokalisierung.

Gerne denke ich an das wohlwollende und anregende Arbeitsumfeld der IEQualize GmbH (Leipzig), heute TQ-Systems GmbH (Seefeld). Besonderes verbunden fühle ich mich Herrn Mario Zenker, damals Geschäftsführer der IEQualize GmbH, für die organisatorische und moralische Unterstützung des Projekts.

Herr Ulrich Seidel (Leipzig) war zur Stelle, wenn ich den Rat und die Hilfe eines Softwareentwicklers brauchte.

Mit dem kritischen Lesen des Manuskripts haben es sich Herr Dr. paed. Bernd Bendixen und Herr Horst Rothe nicht leicht gemacht.

Uneigennützig hat mich Herr Časlav Ilić (Belgrad) mit Informationen zum Lokalisierungsframework KDE Framework 5 und mit Quellcode für die KDE-Testinstallation versorgt.

Die an den Erhebungen teilnehmenden Entwickler und Übersetzer haben für den guten Zweck etwas von Ihrer Lebenszeit gespendet und so für die Bereitstellung der nötigen Datengrundlage gesorgt.

Last, not least glaube ich, dass dies der richtige Platz ist, meinem früheren Lehrer und Mentor an der Universität Leipzig, Herrn Dr. paed. Bernd Bendixen, für Jahre der Unterstützung und Ermutigung zu danken.

Diese Studie enthält zusätzliche Informationen als Anhang. Dieser kann von unserer Website heruntergeladen werden: www.peterlang.com/?266194. Dazu müssen Sie den folgenden Freischaltcode eingeben: A5bD3p5P.

Leipziger Studien zur angewandten Linguistik und Translatologie

Diese Reihe hat ihre Wurzeln zum einen in der von Prof. Dr. Rosemarie Gläser gegründeten Reihe "Leipziger Fachsprachen-Studien" (LFS), die nicht fortgeführt wird, zum andern in der "Leipziger Schule der Übersetzungswissenschaft" und der seit 1956 an der Universität Leipzig bestehenden Übersetzer- und Dolmetscherausbildung. Im Gegensatz zu der explizit auf Fachsprachen fokussierten bisherigen LFS-Reihe bietet diese Reihe ein Forum für das erheblich größere Themenspektrum, das charakteristisch ist für die Forschung und Lehre am Institut für Angewandte Linguistik und Translatologie (IALT) seit der Wende. Die Analogie des Reihentitels zum Namen des Instituts ist insofern Programm. Gleichwohl bedeutet dies und die Nennung von Leipzig im Titel nicht, dass hier ausschließlich Arbeiten von Personen publiziert werden, die in Leipzig im Allgemeinen und am IALT im Besonderen arbeiten. Es soll lediglich signalisieren, dass die Reihe in Leipzig angesiedelt ist und dass die Schriften dieser Reihe den inhaltlichen und wissenschaftlichen Kriterien des IALT entsprechen: Arbeiten von hochrangiger Qualität in Inhalt, Form und Sprache, die einen jeweils relevanten Beitrag zur Wissenschaft, Forschung, Lehre und Praxis im Bereich des Übersetzens und Dolmetschens leisten. Ein Aspekt dieses Konzepts ist es, dass hier nicht nur bereits bekannte Personen vertreten sein sollen, sondern dass auch herausragende Nachwuchswissenschaftler und Nachwuchswissenschaftlerinnen ihr Debut in der Forschungsgemeinschaft geben können.

Leipziger Studien zur angewandten Linguistik und Translatologie

Herausgegeben von Peter A. Schmitt

Band 1 Gerd Wotjak (Hrsg.): 50 Jahre Leipziger Übersetzungswissenschaftliche Schule. 2006.

Band 2 Elvira Mertin: Prozessorientiertes Qualitätsmanagement im Dienstleistungsbereich Übersetzen. 2006.

Band 3 Eberhard Fleischmann: Postsowjetisches Russisch. Eine Studie unter translatorischem Aspekt. 2007.

Band 4 Brigitte Horn-Helf: Kulturdifferenz in Fachtextsortenkonventionen. Analyse und Translation. Ein Lehr- und Arbeitsbuch. 2007.

Band 5 Peter A. Schmitt / Heike E. Jüngst (Hrsg.): Translationsqualität. 2007.

Band 6 Silke Nagel / Susanne Hezel / Katharina Hinderer / Katrin Pieper: Audiovisuelle Übersetzung. Filmuntertitelung in Deutschland, Portugal und Tschechien. 2009.

Band 7 Heike Elisabeth Jüngst: Information Comics. Knowledge Transfer in a Popular Format. 2010.

Band 8 Holger Siever: Übersetzen und Interpretation. Die Herausbildung der Übersetzungswissenschaft als eigenständige wissenschaftliche Disziplin im deutschen Sprachraum von 1960 bis 2000. 2010.

Band 9 Patrick Herz: Ein Prozess – vier Sprachen. Übersetzen und Dolmetschen im Prozess gegen die Hauptkriegsverbrecher vor dem Internationalen Militärgerichtshof Nürnberg, 20. November 1945 – 1. Oktober 1946. 2011.

Band 10 Peter A. Schmitt / Susann Herold / Annette Weilandt (Hrsg.): Translationsforschung. Tagungsberichte der LICTRA. IX. Leipzig International Conference on Translation & Interpretation Studies, 19. – 21.5.2010. Teil 1 und Teil 2. 2011.

Band 11 Anne Panier / Kathleen Brons / Annika Wisniewski / Marleen Weißbach: Filmübersetzung. Probleme bei Synchronisation, Untertitelung, Audiodeskription. 2012.

Band 12 Discourses of Translation. Festschrift in Honour of Christina Schäffner. Edited by Beverly Adab, Peter A. Schmitt and Gregory Shreve. 2012.

Band 13 Linus Jung (Hrsg.): Übersetzen als interdisziplinäre Herausforderung. Ausgewählte Schriften von Gerd Wotjak. 2012.

Band 14 Ulrike Thamm: Wörterbücher der Deutschen Gebärdensprache. Sprachspezifische Besonderheiten und deren Bearbeitung in ausgewählten Wörterbüchern. 2014.

Band 15 Annette Weilandt: Terminologiemanagement. Ein prozessorientierter Ansatz am Beispiel der Automobilindustrie. 2015.

Band 16 Alexander Behrens: Lokalisierbarkeit von User-Interface-Strings. Übersetzerische Aspekte der Internationalisierung und Lokalisierung von Software, untersucht anhand der Übersetzungsrichtungen Englisch-Deutsch und Englisch-Russisch. 2016.

www.peterlang.com

www.ingramcontent.com/pod-product-compliance
Ingram Content Group UK Ltd.
Pitfield, Milton Keynes, MK11 3LW, UK
UKHW062147290926
8980IPUK00008B/928

9 783631 661949